新编21世纪高等职业教育精品教材·电子商务类

电子商务法规

（第三版）

主　编 / 王忠元　秦　冲
副主编 / 刘绍君

明德强技　数智赋能　战略引领　产教融合

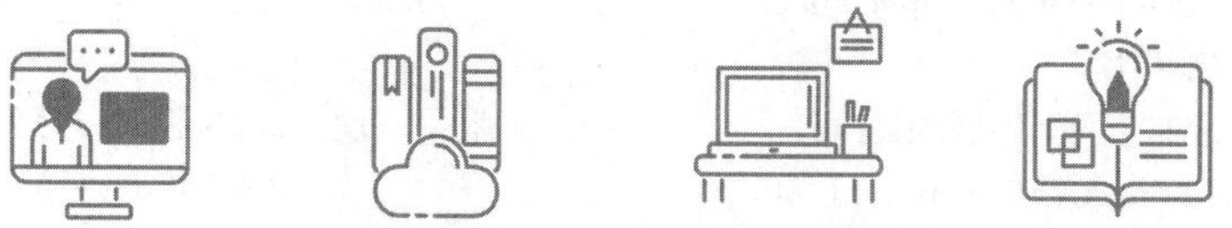

PPT课件　电子教案　课程标准　习题试卷

中国人民大学出版社
·北京·

图书在版编目（CIP）数据

电子商务法规 / 王忠元，秦冲主编. -- 3 版 .
北京 : 中国人民大学出版社，2025. 8. --（新编 21 世纪
高等职业教育精品教材）. -- ISBN 978-7-300-34217-7

Ⅰ. D922.294

中国国家版本馆 CIP 数据核字第 2025ZJ6894 号

新编 21 世纪高等职业教育精品教材・电子商务类

电子商务法规（第三版）

主　编　王忠元　秦　冲

副主编　刘绍君

Dianzi Shangwu Fagui

出版发行 中国人民大学出版社			
社　　址 北京中关村大街 31 号		**邮政编码** 100080	
电　　话 010－62511242（总编室）		010－62511770（质管部）	
010－82501766（邮购部）		010－62514148（门市部）	
010－62511173（发行公司）		010－62515275（盗版举报）	
网　　址 http://www.crup.com.cn			
经　　销 新华书店			
印　　刷 北京溢漾印刷有限公司		**版　　次** 2010 年 10 月第 1 版	
开　　本 787 mm×1092 mm　1/16		2025 年 8 月第 3 版	
印　　张 16.75		**印　　次** 2025 年 8 月第 1 次印刷	
字　　数 350 000		**定　　价** 48.00 元	

第三版前言

自2016年8月本教材第二版出版以来，电子商务业态已经发生了翻天覆地的变化，新媒体营销、跨境电商、直播电商、短视频电商、移动互联网、云计算、大数据、人工智能等新的电商模式、新的电商技术手段、新的电商营销方法不断涌现，并且还处在持续发展演进之中。在此期间，在习近平法治思想的指导下，我国全面推进依法治国基本方略，广大群众办事依法、遇事找法、解决问题用法、化解矛盾靠法，促进经济社会健康稳定和谐发展的氛围正在形成。党的二十大报告中明确提出“坚持全面依法治国，推进法治中国建设”“在法治轨道上全面建设社会主义现代化国家”。自党的十八大以来，我国网络和电子商务领域法治建设取得了长足发展。《电子商务法》[①]《网络安全法》《数据安全法》《个人信息保护法》《反电信网络诈骗法》《民法典》《快递暂行条例》《网络购买商品七日无理由退货暂行办法》《网络直播营销管理办法（试行）》《生成式人工智能服务管理暂行办法》等一批法律法规相继出台，这些法律法规与相关联的《电子签名法》《消费者权益保护法》《海关法》《海商法》《刑法》《反不正当竞争法》《广告法》《食品安全法》等形成了电子商务领域较为成熟全面的法律法规体系。

基于上述原因，本教材在第二版的基础上进行了较大幅度的修订，具体体现在以下几个方面。

1. 思政融入

教材有机融入了社会主义核心价值观、习近平法治思想、

① 为叙述方便，本教材各法律法规名称均采用简称。

党的二十大精神、党的优良传统、职业道德等思政元素，以提升学习者的思政素养，达到“润物细无声”的效果。

2. 内容设计涵盖面广

为了让学习者形成学法、知法、守法、用法的习惯，本教材按照上述各个法律法规的内在联系和现实需要，结合职业教育特点，重新设计了教材框架，认真遴选教材内容和案例，并增加了活动项目，使得教材体系完善、逻辑严密、内容新颖、贴近现实。

3. 强化产教融合并突出案例教学

在教材编写中强化产教融合，编写团队与武汉纵拓电子商务有限公司、唯品会（湖北）电子商务有限公司、荆楚壹号电子商务有限公司等典型电子商务企业及湖北诚明律师事务所深入合作。这些合作伙伴为教材编写提供了丰富素材和真实案例。对于法律法规类课程教学而言，案例是最好的载体。本教材通过产教融合和校企共建遴选了80多个典型的电子商务及互联网领域案例，贴近实际应用，符合高职学生学习特点，可以让学生学以致用、举一反三。

4. 内容更新及时

电子商务发展迅速，新的电子商务及互联网相关法律法规也在不断推出，本教材尽可能融入最新的电子商务相关法律法规介绍及典型案例分析，使得教材内容紧跟电子商务发展的步伐。

5. 突出能力培养

本教材强调电子商务相关法律法规的综合应用，需要学习者不断查阅资料、案例、法律条文，从而有助于其理解和运用能力的形成，并在案例分析和项目活动中提升对电子商务相关法律法规的运用能力。

电子商务仍在飞速发展，电子商务法律法规也处在制定和完善过程之中，加之作者对电子商务法律法规的认识有限以及其他因素，本教材中的错误和不当之处在所难免，敬请广大读者批评指正。

编　者

2025年5月

目录

模块一　总览电子商务及电子商务法规

学习目标

素养目标：

1. 具备全面依法治国的法治观。

2. 能够自觉以习近平法治思想为指导进行课程学习。

3. 能够自觉运用电子商务法律法规维护自身权益。

知识目标：

1. 理解电子商务的概念、功能及概念模型。

2. 理解电子商务对传统法律的挑战。

3. 理解电子商务法的概念、特点、性质及地位。

4. 理解电子商务法的调整对象、电子商务经营者及电子商务法律主体认定策略。

能力目标：

1. 能够说明电子商务及其相关法律法规普及应用情况。

2. 能够说明我国电子商务立法现状。

3. 能够进行基本的电子商务法律法规案例分析，找出其中的法律问题。

4. 能够发现电子商务领域的一般违法行为。

引入案例

未成年人的网购纠纷

一名正在上小学二年级的男孩使用他父亲李某的身份证在某电商平台成功注册了客户身份，并下单购买了一台价值 1 000 元的便携式打印机。当平台将打印机送至李某家中时，李某以其子未满 8 周岁，是无民事行为能力人为由，拒绝接收该打印机，且拒绝支付货款。双方因此发生了纠纷。

李某提出，电子商务合同虽然诞生于虚拟世界，却在现实社会中实施，且该行为应该受到现行法律的约束和调控。根据《民法典》的规定，不满 8 周岁的未成年人为无民事行为能力人，无法独立进行民事活动，必须由其法定代理人代理实施民事法律行为。他的儿子尚未满 8 周岁，不能独立签订货物买卖合同。因此，打印机的网络购销合同无效。作为其法定代理人，自己有权拒绝支付货款。

电商平台主张，尽管李某提出是男孩使用李某的身份证注册并登录交易的，但由于电商平台无法审查身份证的来源，因而电商平台有理由认为签订打印机网络购销合同的当事人是一位具有完全民事行为能力的人，而非该男孩，电商平台已经尽力履行了自己的注意义务，不应对合同的无效承担民事责任。

思考：

1. 男孩的父亲是否应该承担民事责任？
2. 根据本案例分析电子商务立法的必要性。

在 2020 年 11 月召开的中央全面依法治国工作会议上，“习近平法治思想”正式提出。党的二十大报告强调：“我们要坚持走中国特色社会主义法治道路，建设中国特色社会主义法治体系、建设社会主义法治国家，围绕保障和促进社会公平正义，坚持依法治国、依法执政、依法行政共同推进，坚持法治国家、法治政府、法治社会一体建设，全面推进科学立法、严格执法、公正司法、全民守法，全面推进国家各方面工作法治化。”在上述思想指导下，当前我国电子商务领域立法、执法、司法、守法成效显著，已经形成了电子商务领域较为完善的法律体系。我们要想更好地学习、更深入地理解、更熟练地应用这些电子商务领域的法律体系，就有必要知悉电子商务的以下知识：电子商务和移动电子商务的概念、电子商务的功能及概念模型、电子商务对传统法律的挑战；电子商务法的基本概念；电子商务法的性质和地位；电子商务经营者；我国的电子商务立法等。

单元一　电子商务概述

在电子商务模式下，商家和消费者可以通过网络平台实现商品展示、交易磋商、货款支付、物流配送等服务，极大地提高了商业效率和便利性。同时，电子商务也推动了全球化进程，为国际贸易提供了更加便捷的途径。目前，电子商务已经成为全球经济中不可或缺的一部分，也是推动经济发展的重要力量。

一、电子商务的概念

电子商务的产生和发展不仅改变了传统的交易模式，而且也改变了商业伙伴之间建立的合作关系模式以及计算应用平台的模式。随着网络技术的飞速发展，有关电子政务、网络营销、电子银行、跨境电商、新媒体营销、直播电商等概念不断涌现。《电子商务法》中所称的“电子商务”，是指通过互联网等信息网络销售商品或者提供服务的经营活动。

电子商务的概念有狭义和广义之分。狭义的电子商务也称电子交易（E-commerce），主要是指利用互联网开展的交易活动。它是将互联网上进行的交易活动归于电子商务范畴。广义的电子商务是指利用电子技术使整个商业活动实现电子化，如市场分析、客户联系、物资调配等。在本书中，电子商务是指一个具有商业活动能力的社会实体（企业、金融机构、政府组织、个体消费者等）在信息网络环境下所进行的一切规范、有序的商业贸易活动。这个定义强调了电子商务的三个特征：一是活动要有商业背景；二是信息网络和数字化；三是规范有序。

上述特征贯穿商务、信息、资金管理的全过程。在此过程中，任何能加速商务处理过程、减少商务成本、创造商业价值、增加商业机会的活动都应纳入电子商务的范畴。任何一笔交易，买方、卖方交换的是需求，体现的是价格，伴随的是信息流、物流和资金流。通常情况下，不管是“以物换物”的交易方式，还是“一手交钱，一手交货”的交易方式，信息流、物流和资金流都是合而为一的。电子商务的交易方式使物流、资金流和信息流“三流”彻底分离。这种分离使人类的交易活动呈现更加丰富多彩和更加复杂的特征，交易双方也承担特别的风险。驾驭电子商务的有效手段是提供准确及时的信息，使电子商务市场规范有序化，即以信息统领、监督和控制交易过程，由政府立法来规范市场，使之有序。这是电子商务活动能够顺利开展的根本保证。

二、移动电子商务的概念

在互联网尚不普及时，人们就提出了电子商务的概念，各项电子数据处理都能够在局域网或企业专用网络上实现。随着互联网的普及，人们逐渐达成共识：电子商务就是建立在互联网基础之上的一种新型的商务活动。移动互联网发展的速度之快、潜力之大，几乎超出所有人的想象，这也不断推动电子商务向移动端发展，移动电子商务由此产生。

类似于电子商务的概念，移动电子商务的概念也有广义与狭义之分。

（1）广义的移动电子商务，是指通过移动设备随时随地获得的一切服务，涉及通信、娱乐、商业广告、旅游、紧急救助、农业、金融、学习、商业运营等，可看作对应于 Electronic Business 的 Mobile Business。

（2）狭义的移动电子商务，是指通过移动终端（手机、平板电脑或其他移动终端等）进行商品或服务交易的商务类活动，是只涉及货币类交易的商务模式，可看作对应于 Electronic Commerce 的 Mobile Commerce。

上述两种说法中，都有两个重要的特征："移动"和"商务"。也正因如此，国外常用"Mobile Commerce"来表示移动电子商务。在国内倾向于根据"Mobile Commerce"的名称将其称为"移动商务"。

三、电子商务的功能及概念模型

（一）电子商务市场环境

任何企业都与市场有着千丝万缕的联系。市场是一个大系统，企业是这个大系统中的一个单元或子系统，必然同市场保持输入、输出的关系，进行物质、劳动力、信息的交换。市场不仅是企业生产经营活动的起点和终点，而且是企业与外界建立协作关系、竞争关系的传导和媒介。市场可分为产业市场和消费者市场，企业在这两类市场中的活动各有侧重。以企业为中心的电子商务便是在这两种市场环境下进行的。

（二）电子商务的功能

电子商务的功能主要体现在以下几个方面。

1. 信息发布

企业可凭借 Web 服务器在互联网（包括移动互联网）上发布各类商业信息；用户可借助网上的搜索引擎迅速查询到所需的信息。借助互联网，企业发布的信息可以被处于世界任意角落的用户访问到。同时，浏览互联网或其他网络应用上更新的信息，访问者能立即获得最新的资讯。

2. 在线洽谈

电子商务可使交易双方借助实时或非实时的即时通信软件、电子邮件、新媒体、网上论坛等功能进行在线交流，从而了解市场和商品信息，洽谈交易事宜。相对于传统的洽谈形式，网上洽谈能够降低企业的交易成本，突破人们面对面洽谈的限制，方便地实现异地交易。

3. 网上订购

电子商务可借助桌面在线平台或移动应用在网上订购商品或服务。当客户选择所需要的商品或服务并提交后，系统会回复“确认信息”来保证订购信息的收悉。采用加密的方式可以保证客户和商家之间传送的商业信息不被泄露。

4. 网上支付

网上支付包括传统互联网支付和移动支付，比如支付宝、微信支付、网上银行支付等。网上支付是电子商务的一个重要环节。客户、商家和结算银行可以采用信用卡账号实施支付。在网上直接采用电子支付手段可节省交易中的很多开销。网上支付需要更为可靠的信息传输安全性控制，以防止诈骗、窃听、冒用等非法行为的发生。SET 协议可以较好地保障客户、商家、银行之间敏感信息传递的安全性。

5. 电子账户

网上支付必须要有电子金融的支持，即银行、信用卡公司及保险公司等金融单位为电子商务提供资金给付网上操作的服务。电子账户管理是网上支付基本的组成部分。第三方支付账号、信用卡号或银行账号都是电子账户的一种形式，其可靠性由必要的技术措施来保证，如数字凭证、数字签名、加密等手段的应用都是为了保证电子账户的安全性。

6. 物流配送

如何对网上交易成功的商品进行交付也是一个重要的问题。最适合在网上直接交付的商品是信息产品（如软件、视频等数字商品）。对网上交易的有形商品，则可以通过物流快递服务完成。

7. 意见征询

电子商务能非常方便地通过网页交互功能来收集客户对销售服务的反馈意见，从而使企业的市场运营形成一个封闭的回路。客户的反馈意见不仅能使企业提高售后服务水平，而且能使企业获得改进产品的意见，发现市场的商业机会。

8. 交易管理

整个交易的管理涉及人、财、物等多个方面，包括企业和企业、企业和客户及企业内部等各方面的协调和管理。因此，交易管理是涉及商务活动全过程的管理。只有提供一个良好的交易管理的网络环境及多种多样的应用服务系统，才能保障电子商务获得更广泛的应用。

（三）电子商务的概念模型

电子商务的概念模型是对现实世界中电子商务活动的一种抽象描述，它由电子商务实体、电子市场、交易事务和信息流、商流、资金流、物流等基本要素组成。

在电子商务概念模型中，电子商务实体是指能够从事电子商务的客观对象，如企业、银行、商店、认证中心、政府机构和个人等；电子市场是指电子商务实体从事商品和服务交换的场所，是由各种各样的商务活动参与者利用各种接入设备（计算机、平板电脑、手机等）和网络连成的统一的整体；交易事务是指电子商务实体之间所从事的具体的商务活动的内容，如询价、报价、转账支付、广告宣传、商品运输等。

电子商务中的任何一笔交易都包含四种基本的“流”，即信息流、商流、资金流、物流。

信息流是服务于商流和物流的信息活动的总称，既包括商品信息提供、促销行销、技术支持、售后服务等内容，也包括诸如询价单、报价单、付款通知单、转账通知单等商品贸易单证，还包括交易双方的支付能力、支付信誉等。

商流是指商品在购买者和销售者之间进行交易和商品所有权转移的运动过程，具体是指商品交易的一系列活动，包括交易前的商品宣传、用户选择及双方的谈判磋商，交易中的规则确认（合同）及订货、发货过程，交易后的服务行为等，往往涉及商检、税务、海关、运输等各部门。

资金流主要是指资金的转移过程，包括付款、转账、兑换等过程。它始于消费者，终于商家账户，中间可能经过银行等金融部门。

物流是指商品交付配送的流程，包括商品运输、配送、仓储、包装、搬运装卸、流通加工及相关的物流信息等环节。

四、电子商务对传统法律的挑战

作为商业模式的革命，电子商务赖以运行的方式、手段与环境等各个因素在为商界带来新的机会的同时，也给传统的法律法规带来了新的挑战，这必然导致新法规的产生。这些新的挑战主要表现在以下几个方面。

微课

电子商务模式介绍

（一）交易无纸化

电子商务的突出特点是信息数字化（电子化）和网络化。数据电文的应用实现了管理信息、财务记录、交易记录等完全电子化、网络化，如何保证这些信息的安全并具有证据效力就成为必须解决的问题。在交易合同方面，因当事人的意思表示主要是以电子化的形式存储于计算机存储设备（如硬盘、U 盘等）或其他电子介质上，不仅容易被修改、删除、复制、遗失，而且不能脱离其记录工具（如计算机）而作为证据独立存在。电子商务法需要解决由于内部记录、电子合同等信息介质改变而引起的有关电子证据效力的电子记录规则、签章有效性、电子合同订立和履行等方面的问题。

（二）交易环境的改变

基于互联网和移动互联网的电子商务不受地域限制，任何人均可随时从事国内国际贸易；在线商业活动每天24小时随时随地不间断进行。这就为确定交易发生地或行为地、发生的时间带来了困难。

网络构筑了一个区别于现实社会的虚拟商业环境，但是传统的法律不承认虚拟，人们必须判断和确定是在跟谁进行交易，于是交易主体身份认证和信用信息服务成为新的服务领域。

网上购物的便捷性在给消费者带来方便的同时，也对消费者权益保护提出了挑战：当远距离在线购物出现商品质量问题时，如何进行退赔、修理或获得其他方式的救济；在虚拟环境中交易，遇上欺诈（买方付款后卖方不给货或给次货，或者卖方发货后买方不付款）时如何获得救济。

（三）交易内容的变化

在互联网时代，信息本身成为交易的标的物，信息产品既可以以有形载体的形式存在，也可以以无形载体的形式存在，而网络又使没有任何载体的信息交易成为可能。数字化技术使许多原来需要纸、磁介质等物理介质传递的信息产品，如书籍、软件、音乐、影视剧等，如今可以在线下载、阅读、收听、收看等。信息脱离载体成为独立的可交易的“商品”，而有关贸易的传统法律基本上是针对有形货物的，而不是针对无形信息产品的。因此，建立信息产品方面的法律规范成为电子商务立法的首要任务。

另外，电子商务还引发了许多新的问题，如电子代理人的责任，订立电子合同时电子代理人的地位及责任的归属，电子商务交易的隐私权保护、知识产权保护，网络服务提供商的责任，网络信息提供者的义务，以及一些企业不当使用电子方式展示企业形象、展示商品而引起传统法律体系中没有的不正当竞争等。上述这些问题都是对传统法律制度的挑战，对这些问题的解决需要用电子商务相关的法律规则进行规制。

单元二　电子商务法的基本概念

电子商务是通过互联网等信息网络销售商品或者提供服务的经营活动。在网络世界中形成的有别于传统商业的新环境被称为“虚拟”世界。来自全世界的企业和个人通过网络进行交易，无须谋面和使用笔墨，瞬间即可完成寻找交易对象、缔结合同、支付等交易行为。这种交易环境和手段的改变，使得在传统交易方式下形成的规则难以完全适用于新环境下的交易行为，因此需要完善电子商务领域相关的法律规范，并创造适应电子商务运作的法治环境。

一、电子商务法的基本内涵

电子商务是新型信息技术或网络技术被广泛应用于商业领域的结果。商业行为在互联网环境下形成的独立的调整对象孕育了电子商务部门法——电子商务法。作为独立的部门法，电子商务法有其独特的调整对象，即电子商务交易活动中发生的各种社会关系。由于电子商务活动的发展变化异常迅速，而对它的认识需要有个过程，并且由于认识角度不同，电子商务的概念存在广义与狭义之分，所以电子商务法也分为广义的电子商务法和狭义的电子商务法。

（一）广义的电子商务法

广义的电子商务法是与广义的电子商务概念相对应的，指所有调整以数据电文方式进行的商事活动的法律规范。

广义的电子商务法的内容极其丰富，至少可分为调整以电子商务为交易形式和调整以电子信息为交易内容的两大类规范。前者如《联合国国际贸易法委员会电子商务示范法》，后者如联合国国际贸易法委员会的《电子资金传输法》、美国的《统一计算机信息交易法》等。电子商务的形式性规范与以电子信息为内容的实体性规范之间的关系，犹如程序法与实体法之间的关系，其形式性规范可以通过一部法典或法律而确定。实体性规范由于涉及面极广，无法以统一的法典或单行法律予以囊括，而只能分别以单行法律、法规或者判例的形式出现，甚至融合在其他部门法的规范之中。

（二）狭义的电子商务法

分析联合国及世界各国以“电子商务法”或“电子交易法”命名的法律文件的内容可知，它们所解决的问题都集中于诸如计算机网络通信记录与电子签名效力的确认、电子鉴别技术及其安全标准的选定、认证机构及其权利义务的确立等方面。这些文件实质上都是解决电子商务交易操作规程问题的规范。这些规范均与狭义的电子商务概念相对应。因此，狭义的电子商务法是指调整以数据电文为交易手段而形成的由交易形式所引起的商事关系的法律规范的总称。

从目前国际与国内电子商务及电子商务立法的实践来看，人们多偏重从狭义角度理解和使用电子商务法的概念，为此本书也采用狭义的电子商务法概念。

二、电子商务法的特点

电子商务法具有如下特点。

（一）技术性

电子商务是现代高科技（如计算机技术、软件技术、互联网技术、云计算与大数据技术、人工智能技术等）发展的产物，它需要通过互联网来进行，规范这种行为的电子商务法必然要适应这种特点。在电子商务法中，许多法律规范都是直接或间接地由技术规范演变而成的。技术性是电子商务法的重要特点之一。

（二）安全性

虽然电子商务为交易各方提供了极大便利，但最令人感到不安的就是电子商务的安全问题。网络的开放性使电子商务具有与生俱来的脆弱性。计算机及网络技术的发展使各行各业对信息系统有极强的依赖性，同时“黑客”和网络病毒也具备极强的破坏力，这给商家乃至整个社会都造成了极大危害。因此，电子商务法必须以解决电子商务的安全性问题为职责，通过对电子商务的安全性问题进行规范，有效地防范和打击各种计算机和网络犯罪行为，切实保障电子商务乃至整个信息系统的安全运行。

（三）程序性

电子商务法律法规主要解决交易的形式问题，一般不直接涉及交易的具体内容。之所以说电子商务法是商事交易上的程序法，是因为其所调整的是当事人之间因交易形式的应用而引起的权利义务关系，即数据电子市场是否有效，是否归属于某人；电子签名是否有效，是否与交易的性质相适应；认证机构的资格如何，它在证书的颁发与管理中应承担何种责任等。这些规范的主要作用是将传统纸面环境下形成的法律价值移植于电子商务环境中。从民商法的角度来看，这些电子商务法规所解决的都是商事意思表达程序方面的问题。

（四）开放性

从民商法原理上讲，电子商务法是关于以数据电文进行意思表示的法律制度，而数据电文在形式上是多样化的，并且还处在不断发展之中，因此必须以开放的态度对待任何技术手段与信息媒介，设立开放性的规范，能容纳所有有利于电子商务发展的设想和技巧。开放性具体表现在电子商务法的基本定义的开放、基本制度的开放、电子商务法律结构的开放三个方面。

（五）复合性

电子商务法律法规的复合性是与口头及传统的书面形式相比较而存在的。电子商务交易关系的复合性源于其技术手段上的复杂性和依赖性。它表现在通常当事人必须在第三方的协助下完成交易活动，这就使得电子交易形式具有复杂化的特点。实际上，每一笔电子商务交易的进行，都必须以多重法律关系的存在为前提，这是传统口头或纸面条件下的交易所不具备的。它要求多方位的法律调整以及多门学科知识的运用。

三、电子商务法的调整对象

法律是调整特定社会关系或社会行为的法律规范的总和。电子商务的发展和自身的规范要求导致了电子商务法的产生。顾名思义，电子商务法是调整电子商务活动或行为的法律规范的总和。一般来说，电子商务法的基础是电子商务活动（尽管对于“电子商务”有广义和狭义两种理解）。电子商务作为一种商务活动，属于商事行为范畴，应当遵循传统商法的一般规则。之所以会出现一个新的法律来调整电子商务活动，是因为这些商务活动转移至网上进行，其传导介质、交易手段和交易环境发生了重大变化，导致传统的商法难以解决因采用电子商务方式而引起的相关问题。所以，对电子商务法的一个基本定位是：它不是试图涉足所有的商业领域，重新建立一套商业运作规则，而是将重点放在探讨因交易手段和交易方式的改变而产生的特殊商事法律问题。

由此可知，电子商务法的调整对象是作为平等主体的当事人之间通过电子商务行为而形成的财产关系和人身关系，统称电子商务关系。电子商务法的调整对象是独立的。电子商务关系有别于其他部门法的调整对象，同其他部门法的调整对象既不交叉，也不重叠。电子商务法调整作为平等主体的当事人之间以电子行为实施的民商事活动，而不包括以非电子行为实施的民商事活动，更不包括非平等主体之间的活动。主体地位的平等性使得电子商务法的调整对象与民商法以外的其他部门法的调整对象有所不同。

单元三　电子商务法的性质和地位

随着互联网及相关技术的飞速发展和广泛应用，电子商务法在法律领域起到越来越重要的作用。这不仅可以从电子商务技术应用与市场的迅猛发展中看出其巨大的力量，而且可以从国际组织和世界各国的异常活跃的电子商务立法中找到确凿的依据。

一、电子商务法的性质

电子商务法的性质是指电子商务法的公、私法属性。电子商务法是调整以电子交易为内容的商事关系的规范性体系，也就是说，电子商务法调整的对象是一种私法上的关系，从总体上应属于私法范畴。不过其规范体系中又包含一些具有行政管理性质的规范，如认证机构的许可与监督等，而且这些行政管理规范属于重要因素。所以，从公、私法划分的角度来看，电子商务法应属于公、私法之融合。

（一）私法和公法的结合

电子商务法具有私法和公法相结合的性质，它是调和自由与安全两种价值冲突的产物。私法以意思自治为核心，电子商务法中的电子商务交易法体现了交易主体的意思自治，所以电子商务法具有私法的性质。但是，在互联网上进行交易又需要安全保证，安全则体现为国家的必要干预，电子商务法中的电子商务安全法就是以国家的必要干预来实现交易安全的，所以电子商务法又具有公法的性质。有关电子商务的法律规范既有强制性的，又有任意性的。任意性规范主要体现在电子商务交易法中，给予交易主体以充分的选择权，体现了当事人的意思自治；而强制性规范表现为要求当事人必须在法律规定的范围内为或不为一定的行为，违反这种规定就要受到国家强制力的制裁。从这个意义上讲，电子商务法具有私法和公法相结合的性质。违反电子商务法的法律责任不但有民事责任，还有行政责任和刑事责任，这也是电子商务法融私法和公法于一体的表现。

（二）制定法

电子商务法的表现形式是制定法。大陆法系国家以制定法为其传统，而以判例法为特点的英美法系国家也逐渐朝着制定法与判例法相结合的方向发展。以制定法的形式表现电子商务法已是大势所趋，制定法是电子商务法的又一特点。虽然电子商务法的存在形式是制定法，但这并不意味着电子商务法单指某一部法律。电子商务法应该是由一系列成文的法律、法规所组成的，它是调整电子商务活动的法律规范的总称。

（三）具有国际性的国内法

电子商务是一种世界性的经济活动，它的法律框架不应只局限在一国范围内，而应适用于国际经济往来，得到国际的认可和遵守。只有当各国政府、各家公司和其他经济组织都认为电子商务与其目前进行的面对面的或纸上的交易具有同样的确定性时，全球电子商务才能发挥其全部潜能。所以，电子商务法具有国际性。在跨境电子商务高度发展的当下，电子商务法的国际性更加明显。

二、电子商务法的地位

电子商务法的地位，是指电子商务法在整个法律体系中所处的位置，是它应归属于哪一个法律部门的问题。

电子商务法是在新形势下产生的一个新的法律部门，电子商务法的内容涉及社会生活的各个领域，绝非任何一个现有的法律部门可以容纳得下的。判断一个法律部门存在与否的标准，就是看它是否有特定的调整对象。判断电子商务法是否能成为一个新的法律部门，就要考察电子商务法是否有其特定的调整对象。

电子商务中的三个环节——信息流、物流和资金流所产生的社会关系就是电子商务法特有的调整对象。电子商务法调整对象的共性就在于它们都是通过互联网进行的活动，其他法律部门均不以电子商务各个环节活动中所产生的社会关系作为调整对象，而电子商务法则是以电子商务活动所产生的社会关系为调整对象。因此，电子商务法是一个全新的、独立的法律部门。

单元四　电子商务经营者

电子商务经营者即电子商务经营主体，是指参与电子商务法律关系、享有民事权利、承担民事义务的人。在电子商务经营活动中，不同的经营方式和经营内容意味着不同的电子商务经营者应对消费者履行不同的义务、承担不同的责任。

一、电子商务经营者的分类

以电子商务经营者的经营方式、经营内容及在交易中扮演的角色为标准进行划分，电子商务经营者可分为电子商务平台经营者、平台内电子商务经营者和通过自建网站、其他网络服务销售商品或提供服务的电子商务经营者三种。

（一）电子商务平台经营者

电子商务平台经营者是指在电子商务中为交易双方或者多方提供网页空间、虚拟经营场所、交易规则、交易撮合、信息发布等服务，供交易双方或者多方独立开展交易活动的法人或者非法人组织。电子商务平台经营者具有服务提供者和管理者的双重职能，其既要为入驻平台的电子商务经营者提供交易平台服务，又要制定平台内部的管理规范。平台内部的管理规范包括对平台内经营者的身份及与经营有关的其他信息的审查、交易平台进入和退出机制、平台内经营者和消费者之间的矛盾解决、违反平台规则的电子商务主体的追责机制等。以我国电子商务平台淘宝网为例，淘宝网不仅向淘宝商户提供交易平台，也是淘宝商户的管理者和监督者。淘宝网为了规范淘宝网上商家和消费者的交易行为，制定了《淘宝规则》。其中，对交易、市场管理、通用违规行为及违规处理等内容都进行了规定。需要注意的是，从事电子商务平台经营的主体只能是法人或者非法人组织，自然人不能成为电子商务平台经营者。电子商务平台经营者区别于其他主体，不仅有更高的技术要求，亦要承担平台的管理职责，承担相应的法律责任。自然人相较于登记设立的法人和非法人组织，其管理能力和担责能力都相对较弱。因此，《电子商务法》规定自然人不能成为电子商务平台经营者。

（二）平台内电子商务经营者

平台内电子商务经营者是指通过电子商务平台从事销售商品或者提供服务的经营活动的自然人、法人和非法人组织。平台内经营者在我国电商经营中普遍存在，这些经营者以自然人、法人、合伙人等各种形式从事经营活动。平台内电子商务经营者依附于第三方交易平台开展电子商务经营活动，既要遵守相关的法律法规，也要遵守第三方交易平台的相关规则。

（三）通过自建网站、其他网络服务销售商品或者提供服务的电子商务经营者

以上两种类别并不能将电子商务经营者完整地归类。在现实生活中，除电子商务平台经营者和平台内电子商务经营者外，亦存在其他类型的电子商务经营者。比如许多经营者通过微信小程序等软件开展电子商务活动，被统称为“微商”。目前微商发展迅速，逐步成为电子商务活动中不可或缺的一股力量。由于缺乏必要的监管，微商销售假货、以次充好等违法现象亦经常出现。因此，通过规定“其他网络服务”将微商等类似主体纳入电子商务经营者的范畴具有重要的意义。需要说明的是，微商和个人网店有所不同。以微信为例，微信上亦有网购平台，若在网购平台上注册网店从事电子商务活动，则属于平台内电子商务经营者。有些经营者只是通过微信的聊天功能与订阅号功能销售商品或提供服务，这些经营者也不属于平台内电子商务经营者，而是属于通过自建网站、其他网络服务销售商品或提供服务的电子商务经营者。

二、电子商务法律主体认定

（一）电子商务法律主体认定的必要性

电子商务是一种非面对面的交易，电子商务法律主体通过网络平台即可完成整个交易流程，包括商品选择、合同订立、款项支付等。互联网的这种便捷性和虚拟性是电子商务相对于传统商务的优势之一，但也给交易带来了风险。电子商务法律主体中的任何一方对交易中某个环节的否认，例如否认订立合同、否认支付款项等，都将带来电子商务法律关系的不确定性。

从促进电子商务发展的角度来讲，只有确立安全、可靠、值得信赖的交易机制，尤其是法律主体认定的机制，才能消除当事人对电子商务安全性的疑虑；从电子商务法律主体权益维护的角度来讲，只有建立起法律主体认定的机制，才能为电子商务中法律责任的确定提供切实的保障。否则，对电子商务交易的任意否认不仅会导致交易的失败，同时也会使得违约责任、缔约过失等民事责任难以确定。在此意义上，我们完全可以认为电子商务法的首要任务就是要建立完善的电子商务法律主体认定制度，确保电子商务法律主体的真实存在。

（二）电子商务法律主体认定的基本原则

电子商务法律主体的认定需要遵循三个基本原则：主体真实原则、主体资格法定原则和主体公示原则。

1. 主体真实原则

所谓主体真实原则，是指参与电子商务法律关系的各方主体必须是真实存在的，而不应当是“虚拟”的或不存在的。法律不承认也不保护虚拟主体。电子商务就其法律本质而言是一种民商事活动，理应遵循民商事主体真实的原则。

2. 主体资格法定原则

主体资格法定原则是民法的基本原则之一，具体是指参与民事法律关系、享有民事权利、承担民事义务的主体由法律明确规定。该原则在商法上体现为商事主体法定原则，即商事主体的资格必须严格依法取得并维持，法律没有明确规定的，或者不符合法律规定条件的，不能取得商事主体资格。电子商务作为一种商事活动，其参与主体同样需要遵循主体资格法定原则。对电子商务企业而言，也同样需要根据企业的性质领取相应的营业执照才具备参与电子商务法律关系的资格，才能享有权利、承担义务，才可以开展电子商务活动。

3. 主体公示原则

主体公示原则要求电子商务企业必须在网上明确显示其真实身份。该原则体现了电子商务活动受主管部门干预的特点，其意义在于规范电子商务经营主体的资格，以保障电子商务交易的安全和便捷。

单元五　我国的电子商务立法

一、我国电子商务立法现状

我国电子商务立法是伴随着电子商务的发展而逐渐推进并完善的，往往体现“地方先行、行业先行”的特点，即立法首先以地方性法规的形式出现，或者在行业中通过对相对成熟的规则进行总结，最后上升为国家层次的立法。我国在发展电子商务方面，不仅重视私营企业、市场监管部门的推动作用，同时也不断加强政府部门对电子商务发展的宏观规划和指导，并为电子商务的发展提供良好的法律法规环境。

我国的电子商务立法有广义和狭义之分。广义的电子商务立法包括那些涉及电子商务的立法，如《民法典》《网络安全法》《消费者权益保护法》《快递暂行条例》等。广义的电子商务立法还包括我国最高人民法院作出的司法解释，这些司法解释主要有：《最高人民法院关于审理扰乱电信市场管理秩序案件具体应用法律若干问题的解释》（法释〔2000〕12号）、《最高人民法院关于审理涉及计算机网络著作权纠纷案件适用法律若干问题的解释》（法释〔2000〕48号，2003年和2006年作了修正）、《最高人民法院关于审理涉及计算机网络域名民事纠纷案件适用法律若干问题的解释》（法释〔2001〕24号）等。狭义的电子商务立法是指适用于我国的关于电子商务的基本法，即《电子签名法》和《电子商务法》。

二、我国目前电子商务相关法律、规范

目前我国电子商务领域立法多为实质意义上的电子商务法，属于广义上的电子商务法，以规制计算机和网络内容居多。以下介绍近年来通过的比较重要的法律、法规，以及政策性规定和行业规范。有些规范性文件虽然不具有强制性法律效力，但对维护电子商务领域的交易秩序具有重要作用，因此这里也加以介绍。

（一）《电子签名法》

《电子签名法》自2005年4月1日起正式实施。这是我国电子商务和信息化领域第一部专门法律，它通过确立电子签名法律效力、规范电子签名行为、维护有关各方合法权益，从而从法律制度上保障电子交易安全，促进电子商务和电子政务的发展，同时为电子认证服务业的发展创造了良好的法律环境，为我国电子商务安全认证体系和网络信任体系的建立奠定了重要基础。该法于2015年和2019年作了修正。

《电子签名法》规定，可靠的电子签名与手写签名或者盖章具有同等的法律效力；电子签名需要第三方认证的，由依法设立的电子认证服务提供者提供认证服务。《电子签名法》还详细规定了数据电文的法律效力，包括数据电文的书面形式、原件形式要求、文件保存要求等；明确了数据电文作为证据使用的条件，并规定了数据电文的发送时间、接收时间、发送地点、接收地点的确定方式。此外，该法还对电子认证服务提供者的资格条件、业务规则、信息保存期限等进行了详细规定，以确保电子签名的安全性和可靠性。这些规定为电子签名在电子商务、电子政务等领域的应用提供了法律保障。

（二）《电子商务法》

《电子商务法》是调整企业和个人以数据电文为交易手段，通过信息网络所产生的因交易形式所引起的各种商事交易关系，以及与这种商事交易关系密切相关的社会关系、政府管理关系的法律规范的总称。2018年8月31日，十三届全国人大常委会第五次会议通过《电子商务法》，自2019年1月1日起施行。

该法在整体上能够处理好与已有的一些法律之间的关系，重点规定其他法律没有涉及的问题，弥补原有法律制度的不足。比如：在市场准入上，与商事法律制度相衔

接；在数据文本上，与《民法典》和《电子签名法》相衔接；在纠纷解决上，与《消费者权益保护法》相衔接；在电商税收上，与《税收征管法》和《税法》相衔接；在跨境电子商务上，与联合国国际贸易法委员会制定的《电子商务示范法》《联合国国际合同使用电子通信公约》等国际规范相衔接。

（三）《网络安全法》

为了保障网络安全，维护网络空间主权和国家安全、社会公共利益，保护公民、法人和其他组织的合法权益，促进经济社会信息化健康发展，我国于 2016 年 11 月 7 日通过了《网络安全法》，自 2017 年 6 月 1 日起施行。网络安全事关每个人的切身利益，从《网络安全法》的规定不难发现，政府机构是维护网络安全的主体，而《网络安全法》的适用对象是使用、维护和运用网络的企业和个人。对于违反《网络安全法》的行为，司法机关会追究相关责任人的法律责任，对于涉事企业也会处以罚金。有了法律的支持，相关部门才能更好地维护网络安全。

（四）《个人信息保护法》

《个人信息保护法》是我国首部系统规定个人信息处理规则的法律，于 2021 年 8 月 20 日由第十三届全国人民代表大会常务委员会第三十次会议通过，并于 2021 年 11 月 1 日起施行。该法以保护个人信息权益、规范个人信息处理活动、促进个人信息合理利用为宗旨，明确了个人信息处理活动中的权利义务边界。根据《个人信息保护法》，处理个人信息应当遵循合法、正当、必要和诚信原则，不得通过误导、欺诈、胁迫等方式处理个人信息。个人信息处理者处理个人信息应当取得个人同意，并在处理前以显著方式告知个人信息处理规则、目的、方式和范围。对于敏感个人信息的处理，如生物识别、宗教信仰、特定身份、医疗健康、金融账户等，需取得个人单独同意。该法还规定了个人信息处理者的义务，包括保障个人信息安全、不得过度收集个人信息等。对于提供重要互联网平台服务、用户数量巨大、业务类型复杂的个人信息处理者，该法设定了特别的个人信息保护义务，如建立健全个人信息保护合规制度体系、制定平台规则等。此外，《个人信息保护法》还明确了个人信息跨境提供的规则，以及个人在个人信息处理活动中的权利，如知情权、决定权、可携带权等。该法的实施为我国个人信息保护提供了有力的法律保障。

（五）《快递暂行条例》

《快递暂行条例》是为促进快递业健康发展，保障快递安全，保护快递用户合法权益，加强对快递业的监督管理，根据《中华人民共和国邮政法》和其他有关法律制定的。该条例由国务院于 2018 年 3 月 2 日公布，自 2018 年 5 月 1 日起施行，于 2019 年 3 月 2 日修订。

《快递暂行条例》完善了快递服务规则，明确了各方权利义务，保护了消费者合法权益，包括明确快件收寄规则、投递规则；细化无法投递、无法退回快件的处理规则和快件损失赔偿规则；专门规定用户个人信息保护制度，对于出售、泄露或者非法提供快递服务过程中知悉的用户信息等违法行为，规定了严格的法律责任。

（六）《网络直播营销管理办法（试行）》

《网络直播营销管理办法（试行）》由国家互联网信息办公室、公安部、商务部、文化和旅游部、国家税务总局、国家市场监督管理总局、国家广播电视总局七部门联合发布，于 2021 年 5 月 25 日起施行。该办法旨在加强网络直播营销管理，维护国家安全和公共利益，保护公民、法人和其他组织的合法权益，促进网络直播营销健康有序发展。该办法明确了直播营销平台、直播间运营者、直播营销人员及直播营销人员服务机构的定义和职责，要求从事网络直播营销活动的市场主体依法履行责任和义务。该办法规定了直播营销平台应建立健全账号及直播营销功能注册注销、信息安全管理、营销行为规范、未成年人保护、消费者权益保护、个人信息保护、网络和数据安全管理等机制，并加强新技术新应用新功能上线和使用管理。同时，该办法对直播营销人员的行为进行了规范，禁止发布虚假信息、营销假冒伪劣商品、流量造假等行为。此外，该办法还强调了直播营销平台应积极协助消费者维护合法权益，提供必要的证据等支持。通过建立健全投诉、举报机制，明确处理流程和反馈期限，及时处理公众对于违法违规信息内容、营销行为的投诉举报。该办法的实施为网络直播营销行业的健康发展提供了法律保障。

（七）《消费者权益保护法》

消费者权益保护法是调整在保护公民消费权益过程中所产生的社会关系的法律规范的总称，一般指于 1993 年 10 月 31 日颁布、1994 年 1 月 1 日起施行的《消费者权益保护法》。该法的颁布实施是我国第一次以立法的形式全面确认消费者的权利。该法于 2009 年和 2013 年作了修正。

《消费者权益保护法》旨在保护消费者的合法权益，维护社会的经济秩序，促进社会主义市场经济健康发展。消费者为生活消费需要购买、使用商品或者接受服务，其权益受该法保护。经营者与消费者进行交易，应当遵循自愿、平等、公平、诚实信用的原则。国家保护消费者的合法权益不受侵害。

（八）《网络购买商品七日无理由退货暂行办法》

为保障《消费者权益保护法》七日无理由退货规定的实施，保护消费者合法权益，促进电子商务健康发展，根据《消费者权益保护法》等相关法律、行政法规，原国家工商行政管理总局发布了《网络购买商品七日无理由退货暂行办法》，于 2017 年 3 月 15 日起实施。

《消费者权益保护法》针对网络购物等新型消费方式设立了七日无理由退货制度，

加大消费者权益保护力度。由于该制度规定较为原则，在实施过程中出现了一些新情况新问题。如：对“不宜退货的商品”的适用范围存在不同理解，交易过程中部分经营者没有对不适用无理由退货的商品进行明确标注，没有“一对一”确认；对商品完好标准的界定存在争议，部分经营者因消费者拆开外包装查验商品而拒绝无理由退货，甚至要求包装必须完整、商品不得拆封试用；对于退货的程序、环节没有详细规定，容易导致消费纠纷等。对此，社会各界要求对七日无理由退货制度进行细化。2015 年，《国务院关于大力发展电子商务加快培育经济新动力的意见》（国发〔2015〕24 号）明确提出要研究制定七日无理由退货实施细则。为贯彻落实国务院有关要求，回应社会关注，更好地保护消费者合法权益，2017 年国家工商行政管理总局制定出台了《网络购买商品七日无理由退货暂行办法》。2020 年 10 月 23 日，国家市场监督管理总局对该办法进行了修订。

（九）电子商务行业规范

在电子商务法律缺位的情况下，行业规范是一种重要的补充，能够规范和引导电子商务企业走上健康有序的竞争之路。2005 年，中国电子商务协会组织网络交易平台服务商共同制定了《网络交易平台服务规范》，这是电子商务领域的首个行业规范。它确立了网络交易平台提供商的责任和权限，对网络交易服务进行了全面规范。面对互联网恶意软件的盛行，网民的各种权益受到损害，中国互联网协会采用行业自律的形式，组织对恶意软件的讨论并加以定义，于 2006 年 12 月 27 日组织会员单位签署了《抵制恶意软件自律公约》。电子商务行业规范还有《农业部乡镇企业发展中心关于促进外向型乡镇企业开展电子商务的通知》《国家烟草专卖局关于卷烟网上交易有关问题的通知》《电子认证服务管理办法》《网络发票管理办法》《电子银行业务管理办法》《快递业务操作指导规范》《快递市场管理办法》等。

引入案例分析

此案例揭示了电子合同中对于主体能力进行限制的重要性。在网络交易环境下，交易双方无法直接在线上察觉或判断对方的民事行为能力，而是借助于键盘和鼠标表达意向。尽管电商平台可能要求交易对方提供身份证号和出生日期以证明其具备成年人资格，甚至要求提供信用卡号码以证实其具备成年人资格，但依然存在提供虚假资料或提供不实信息的可能性，导致电商平台和使用网络进行交易的销售者无法准确判断交易对方是否具备完全民事行为能力。因此，如何准确判断网络交易中的当事人是完全民事行为能力人、限制民事行为能力人还是无民事行为能力人，以及与这些限制民事行为能力人或无民事行为能力人签订的合同是否有效，已经成为电子合同签订过程中一个亟待解决的重要问题，决定了在网络环境中签订交易合同的当事人是否需要对主体能力进行限制。

在此案例中，涉及的是李某未满 8 周岁儿子签订的网络买卖合同。根据我国《民法典》的相关规定，对于一名不满8周岁的儿童来说，其是无民事行为能力人。根据这项规定，无民事行为能力人所签订的合同属于无效合同。因此，李某拒绝支付货款的做法本身并无不合理之处。然而，需要指出的是，这名男孩是以其父亲李某的身份信息进行登录，而电商平台若持有充分的证据证明自己已经履行了必要的注意义务，那么完全忽视网站的利益可能会显得不公平。此外，李某作为他儿子的法定监护人及身份证的合法持有者，没有尽到相应的管教和保管责任，导致其子滥用其身份证进行注册登录。因此，应认定李某对合同的无效给网站带来的损失承担赔偿责任。因此，购物网站有权要求李某承担货物的往返运费以及其他交易费用。

在电子商务立法不够完善的时期，传统的法律条款往往与电子商务活动不相吻合，导致这类纠纷时有发生。因此，有必要对电子商务经营进行专门立法。

思考与练习

一、简答题

1. 电子商务给传统的法律制度带来了哪些挑战？请举例说明。

2. 与传统法律制度相比，电子商务法有什么特殊性？其地位如何？

3. 如何确定电子商务的法律主体？

4. 我国目前颁布了哪些与电子商务相关的法律法规？

二、案例分析

下单后卖家退款不发货引起纠纷

2021年8月25日，易某在某知名社交电商平台A向黄某开设的网店B发送了“下单送豪礼 nubia 努比亚 Z1768GB＋64128G……”的手机链接并询问是否有“8＋128的烈焰红”版，在得到肯定答复后下单订购了2台手机，价格分别为2 860元、2 880元。当日，易某催促发货，网店B客服回复该商品已断货。2021年8月30日、31日，易某与网店B再次就上述手机的发货问题进行沟通，网店B回复上述手机断货，并告知易某申请退款。8月27日至9月4日，易某就上述手机发货和物流信息等问题与电商平台A进行沟通，电商平台A客服建议易某申请售后。另外，易某曾就上述型号的手机是否有“8＋128的烈焰红”版向努比亚手机官网客服进行询问，官网客服回复“没有，目前有6＋64和6＋128的”。2021年8月31日，电商平台A对上述手机销售链接做了下架处理。2021年9月5日，易某收到商家退回上述2台手机款项共计5 740元。电商平台A的《平台服务协议》第4.3条约定：“您通过平台下达订单后，仅表示系统接收到了您下的订单，只有销售方将订单上的商品向您发出时，您与销售方双方之间的买卖合同才成立。”易某认为，社交电商平台A提供虚假的商品信息，存在欺诈，黄某作为销售者，出售不存在的商品，属于虚假宣传，故要求电商平台A和黄某按照法律规定赔偿三倍货款。

思考：本案例中黄某尚未发货，合同是否成立？黄某和电商平台A是否需要承担民事责任？

活动项目设计

网上购物的法律思考

在淘宝网（www.taobao.com）上开通会员账号，进行一次购物活动（如手机话费充值、购买图书资料、购买生活用品等），并根据本模块所学习的知识，认真分析淘宝购物流程，找出容易出现法律问题的环节制作列表，按照自己的理解逐条简述其原因，并制作 PPT 交流展示。

小提示：

在淘宝网购物的具体流程如下：

（1）注册淘宝会员。在淘宝网首页按照提示进行操作即可，注意会员名应该简单且容易记忆。

（2）开通支付宝账号。按照淘宝网首页中“支付宝”栏目的提示开通。

（3）开通网上银行。可以到各个银行的营业网点办理。

（4）将网上银行账号与支付宝账号绑定。在淘宝网上按照提示操作。

（5）开通阿里旺旺。打开网址：https://wangwang.taobao.com/，下载“我是买家”阿里旺旺版本。

（6）网上购物。在淘宝网上选择宝贝；用阿里旺旺与淘宝卖家洽谈；使用网上银行向自己的支付宝充值；用支付宝付款；支付宝通知卖家向你发货；你收货后通知支付宝向卖家付款；双方评价，完成交易。

模块二 电子签名与电子合同法律法规

学习目标

素养目标：

1. 树立规则意识。
2. 能够自觉运用《电子签名法》维护自身权益。

知识目标：

1. 理解数据电文与电子签名的含义。
2. 理解电子签名的特征、形式与功能。
3. 理解电子合同的概念、特征与形式。

能力目标：

1. 能够说明电子签名的法律效力。
2. 能够说明电子签名的法律后果与责任。
3. 能够说明电子合同的成立与生效条件。
4. 能够正确分析电子签名案例，确定参与方的权利和责任。

引入案例

我国《电子签名法》第一案

2004年1月，杨某与韩某相识。同年8月27日，韩某向杨某发出借钱请求，短信中写道她需要5 000元，原因是她刚做了眼部手术，无法出门。杨某随即将钱汇到韩某的银行账户。一周后，杨某又收到韩某的借钱短信，并再次借出6 000元。然而，这两次转账杨某都未索取借据。从此之后，韩某一直未提及还款，反而再次向杨某借款。杨某因此产生疑虑，向韩某催要11 000元的前期借款。但是，杨某的索债请求始终未得到满足，于是杨某将韩某告上法庭，要求她归还11 000元借款，并提供了两张银行汇款凭证。然而，韩某声称这些钱是杨某归还先前欠她的债务。

在庭审过程中，杨某除了提交两张银行汇款凭证之外，还提供了一部手机号码为“1391166××××”的飞利浦移动电话，该电话记录了一些短信内容。短信内容显示，韩某曾与杨某讨论过借款的事情，她需要向杨某借款5 000元等。经人民法院核实，拨打杨某提供的手机号码后，接听者确实是韩某。因此，人民法院根据控辩双方的陈述和相关证据，作出了相应的判决。

本案为我国《电子签名法》颁布后的第一例案件。

思考：

1. 你认为在本案中，手机短信是否能作为证据？
2. 如何确定短信的法律效力？

单元一 《电子签名法》简介

签名一般是指一个人亲笔在一份文件上写下名字或留下印记、印章或其他特殊符号，以确定签名人的身份，并确认签名人认可。从2000年开始，随着我国电子商务的普及和深化，大量电子商务交易由于无法在电子文件、电子合同和电子签名等方面得到法律的有力支持而受到阻碍，关于电子签名立法的需要日益迫切。

一、概况

2004年8月28日，十届全国人大常委会第十一次会议通过了《电子签名法》，

2005 年 4 月 1 日开始施行。这是我国第一部电子商务法律，对于促进电子商务发展、规范电子签名和电子认证具有重要作用。《电子签名法》共 5 章 36 条，包括总则、数据电文、电子签名与认证、法律责任、附则。该法对于电子签名的技术解决方案并没有限定，只是对安全电子签名的条件作出规定；对于电子商务活动的媒介，既列举了电子、磁、光学等媒介，又对其他类似能够存储信息的媒介持开放的态度。该法遵循当事人自愿原则："民事活动中的合同或者其他文件、单证等文书，当事人可以约定使用或者不使用电子签名、数据电文。"该法对数据电文作了较为详细的规定。

《电子签名法》分别于 2015 年和 2019 年作了修订。

微课

《电子签名法》介绍

二、主要内容

（一）电子签名及其应用限制

《电子签名法》规定，当事人约定使用电子签名、数据电文的文书，不得仅因为其采用电子签名、数据电文的形式而否定其法律效力。对于一些特殊的民事活动的文书，不得使用电子签名和数据电文，具体如下：

（1）涉及婚姻、收养、继承等人身关系的。

（2）涉及停止供水、供热、供气等公用事业服务的。

（3）法律、行政法规规定的不适用电子文书的其他情形。

（二）数据电文法律制度

1. 数据电文的概念

数据电文（Data Message）又称数据电讯，是指以电子、光学、磁或者类似手段生成、发送、接收或者储存的信息。数据电文实质上是传输电子商务活动当事人"意思"的一种信息，表现形态有动态和静态两种。动态形式可能是传输中的电磁波或比特，静态形式可能是硬盘、软盘、磁带、光盘、U 盘等介质上的记录。

数据电文在交易中的具体作用表现在两个方面：一是作为传输信息的媒介或载体，如在通过电子邮件签订商务合同过程中，数据电文就是载体；二是作为交易的标的，即交易的目的是获得数据电文，如购买的电脑软件、网络游戏中的装备等。

2. 数据电文的"书面"认定标准

在传统商务活动中，我们常说"立据为证"，就是要以书面形式把当事人的意思表示固定下来。在电子商务环境中，当事人意思表示媒介的多样化，如磁盘、光盘这些载体，不可能像传统纸质媒介一样形成书面的东西，因此对电子信息也应当确定一个标准，一旦符合这个标准，就认为该电子信息具备了书面形式条件，和传统商务的书面合同一样具有证明力。

根据《电子签名法》的规定，数据电文要被视为符合法律、法规要求的书面形式，需同时具备以下两个条件：（1）能够有形地表现所载内容；（2）可以随时调取查用。具备上述两个条件的数据电文，可以被认为是书面证据的一种，任何单位和个人不得仅因为其是以电子、光学、磁或者类似手段生成、发送、接收或者储存的而拒绝作为证据使用。

数据信息的存储媒介为电子、光学、磁及类似技术，它们不如纸质媒介稳定，容易被窃取、篡改或伪造，且不易被发现，因此我国《电子签名法》规定在审查作为证据的数据电文的真实性时，应考虑如下因素：（1）生成、储存或者传递数据电文方法的可靠性；（2）保持内容完整性方法的可靠性；（3）用以鉴别发件人方法的可靠性；（4）其他相关因素。

3. 数据电文的“原件”认定标准

在传统商务活动中产生的合同或者其他文件、单证等文书，都以可见的纸质材料为媒介，当事人一旦出现争议，可以出示原件进行审核确认。在电子商务活动中，由于当事人的活动都是在网络或其他电子化环境中进行的，不会有传统的纸质媒介，那么如何认定当事人之间产生的合同或其他文件、单证等文书是不是“原件”呢？

根据《电子签名法》的规定，符合下列条件的数据电文，视为满足法律、法规规定的原件形式要求：（1）能够有效地表现所载内容并可供随时调取查用。（2）能够可靠地保证自最终形成时起，内容保持完整、未被更改。但是，在数据电文上增加背书以及数据交换、储存和显示过程中发生的形式变化不影响数据电文的完整性。

司法实践中，对数据电文的举证要求较高，数据电文的内容应保证能够随时调取。由于数据电文的易篡改性、时效性和易损害性，不可能保证数据电文的内容随时重新演示。因此，实务中应尽快将数据电文通过公证的形式保存下来，如对即时通信工具的聊天记录、网页、电子邮件等进行公证。若不能随时调取或演示，可以将公证文书作为证据证明数据电文的真实性。需要指出的是，只要上述电子证据能被随时调取，就应当被认定和书面“原件”的效力一致，并不一定非得经过公证。

4. 数据电文的发送、接收时间和地点的确定

甲公司给乙公司发出一封电子邮件，虽然该电子邮件已经进入乙公司的邮箱，但乙公司并未打开，这算不算乙公司收到了呢？

在传统商务合同中，无论是要约还是承诺，都有发出、收到的时间，并且能非常容易地通过邮戳、收到时间的签名等确定具体的发出、收到时间。在电子商务活动中，由于很多活动不需要人去操作而由计算机自动完成，那么如何确定发出、收到的时间呢？

发送时间的认定：数据电文进入发件人控制之外的某个信息系统的时间，视为该数据电文的发送时间。

收到时间的认定：收件人指定特定系统接收数据电文的，数据电文进入该特定系

统的时间视为该数据电文的接收时间；未指定特定系统的，数据电文进入收件人的任何系统的首次时间，视为该数据电文的接收时间。

当然，当事人若不按照上述标准而对数据电文的发送时间和接收时间另行约定的，从其约定；当事人也可以约定数据电文使用确认收讫方式，当发件人收到收件人的收讫确认时，数据电文视为已经收到。

对于发送地点，《电子签名法》规定，发件人的主营业地为数据电文的发送地点，收件人的主营业地为数据电文的接收地点。没有主营业地的，其经常居住地为发送或者接收地点。当事人对数据电文的发送地点、接收地点另有约定的，从其约定。

5. 数据电文的归属

甲公司起诉乙公司不支付货款，乙公司称甲公司的产品带给其国外客户很大损失，并提供了国外客户给其发送的电子邮件、聊天记录，以及电子形式的索赔单据。但甲公司认为这些信息并不能表明是乙公司的客户发送的，而很有可能是乙公司伪造的。

上述问题是由数据电文的特殊性而产生的。依赖数据电文进行商务活动留存的很多证据可能并没有经过当事人确认。这些证据到底是如何产生的？数据电文的归属应如何确定呢？

根据《电子签名法》的规定，数据电文有下述情形之一的，视为发件人发送：(1) 经发件人授权发送的。(2) 发件人的信息系统自动发送的。(3) 收件人按照发件人认可的方法对数据电文进行验证后结果相符的。

当事人对前述规定的事项另有约定的，从其约定。比如，发送人明确约定，虽然自本人系统发送，但所传送信息并非本人的意思表示，则接收人就不能将该信息所传达的意思认定是发送人所为。

6. 数据电文的“保存”要求

正如其他书证、物证、视听资料等证据一样，数据电文必须得以有效长期保存，才能起到证据的效力，才能满足传统商务活动的要求（如会计、税务等)。因此，《电子签名法》规定，符合下列条件的数据电文，视为满足法律、法规规定的文件保存要求：(1) 能够有效地表现所载内容并可供随时调取查用。(2) 数据电文的格式与其生成、发送或者接收时的格式相同，或者格式不相同但是能够准确表现原来生成、发送或者接收的内容。(3) 能够识别数据电文的发件人、收件人以及发送、接收的时间。

实例链接

电子邮件证据的效力

甲工具制造有限公司（以下简称甲公司）与乙电子商务有限公司（以下简称乙公司）签订电子商务服务合同1份，约定：乙公司为甲公司安装其拥有自主版权的

IteMS20001.0版国际贸易电子商务系统软件1套，在安装后1年之内最少为甲公司提供5个有效国际商务渠道。乙公司对甲公司利用其软件与商情获得的成交业务，按不同情形收取费用，最高不超过50万元。如果在1年之内，乙公司未能履行提供有效国际商务渠道的义务，则无条件退还甲公司首期付款5万元并支付违约金。

合同签订后，乙公司在甲公司处安装了软件平台，并代甲公司操作该系统。

合同签订1年后，甲公司以乙公司违约，未能提供有效国际商务渠道为由起诉至法院，要求解除合同，返还已付款项并支付违约金。乙公司在举证期限内提供了海外客户对甲公司产品询盘的4份电子邮件（打印文件），以此证明乙公司为甲公司建立的交易平台已取得业务进展，至于最终没有能够成交，是由于甲公司提供给外商的样品不符合要求。

一审法院认为，电子邮件的资料为只读文件，除网络服务提供商外，一般外人很难更改，遂认定了电子邮件证据的效力，驳回了甲公司的诉讼请求。甲公司不服判决并上诉。二审法院认为，乙公司提供的电子邮件只是打印件，对乙公司将该电子邮件从计算机上提取的过程是否客观和真实无法确认，而乙公司又拒绝当庭用储存该电子邮件的计算机通过互联网现场演示，故否认了4份电子邮件的证据效力，判乙公司对甲公司进行赔偿。

解析：

从一审判决可以看出，法院引用了《电子签名法》第7条的规定："数据电文不得仅因为其是以电子、光学、磁或者类似手段生成、发送、接收或者存储的而被拒绝作为证据使用。"

一审判决结果与二审判决结果不同，由此可以看出电子邮件的法律效力问题尚有争议，一审法院认定了电子邮件的法律效力；二审法院虽然没有在判决中对电子邮件作为证据的法律属性作明确阐述，但从法官要求乙公司方当场演示储存电子邮件的计算机以及对证据提取过程的特别程序要求可以看出，二审法院怀疑乙公司提供的电子邮件（打印文件）的真实性。

一项数据电文是否具有证据力，以及证据效力如何等问题还需要依据《电子签名法》第8条的规定认定："审查数据电文作为证据的真实性，应当考虑以下因素：（一）生成、储存或者传递数据电文方法的可靠性；（二）保持内容完整性方法的可靠性；（三）用以鉴别发件人方法的可靠性；（四）其他相关因素。"

单元二　电子签名概述

传统的签名必须依附于某种有形介质；在电子商务交易中，文件是通过数据电文的发送、交换、传输、储存形成的，不依赖于有形介质。这就需要通过一种技术手段——电子签名，来识别交易当事人，保证交易安全，以达到与传统的手写签名相同的功能。

一、电子签名

（一）传统签名和电子签名的概念

1. 传统签名的概念

从传统意义上讲，签名本身就是一个广泛且存在分歧的概念，东西方也有不同理解。在我国，《辞海》对“签名”的解释是“在文件上亲笔署名或画押”；《现代汉语词典》对“签名”的解释是“写上自己的名字”。

2. 电子签名的概念及种类

电子签名是传统签名在信息化时代的发展，电子签名并非书面签名的数字化扫描图像，而是附加于一项数据电文之中或之后的、或与之有逻辑联系的电子数据信息，它可用来证明数据电文发出者的身份，确定签名人与数据信息的联系并表明签署者承认该数据电文中所包含的信息内容。

对于电子签名，目前国际上并没有统一的定义。根据目前电子签名的技术方案，综合各国立法，电子签名有广义和狭义之分。

（1）广义的电子签名。广义的电子签名是指包括数字技术、生物特征技术、电子录音、电传等各种电子技术手段在内的电子签名。

（2）狭义的电子签名，即数字签名。数字签名属于电子签名中的一种，是指以非对称密钥技术为基础的签名。数字签名是目前广泛使用且技术最为成熟的电子签名。关于数字签名，后面还会详述。

（二）电子签名的特征、形式及功能

1. 电子签名的特征

由电子签名的概念可以看出，电子签名应具备如下特征：

（1）电子签名是以电子形式出现的数据。

（2）电子签名是附着于数据电文上的。电子签名可以是数据电文的一个组成部分，也可以是数据电文的附属部分，与数据电文具有某种逻辑关系，使数据电文与电子签名相联系。

（3）电子签名必须能够用于识别签名人身份，并表明签名人认可与电子签名相联系的数据电文的内容。

2. 电子签名的形式

电子签名具有多种形式，如附着于电子文件的手写签名的数字化图像，包括采用生物笔迹辨别法所形成的图像；向收件人发出证实发送人身份的密码、计算机口令；采用特定生物技术识别工具，如指纹识别或者虹膜透视辨别法等。无论采用什么技术手段，只要符合电子签名的概念，均可视为电子签名。

3. 电子签名的功能

在电子商务活动中，电子签名主要有以下三种功能：

（1）证明文件的来源，即识别签名人。

（2）表明签名人对文件内容的确认。

（3）构成签名人对文件内容的正确性和完整性负责的依据。

电子签名与传统商务活动中的签名、盖章作用相同，具有同等的法律效力。

（三）电子签名的相关概念

1. 电子签名人

电子签名人是指持有电子签名制作数据并以本人身份或者以其所代表的人的名义实施电子签名的人。电子签名人可以通过两种方式签名：（1）用自己的电子签名制作数据实施电子签名。（2）委托他人，即使用委托人的电子签名，制作数据实施电子签名。

2. 电子签名依赖方

电子签名依赖方是指基于对电子签名认证证书或者电子签名的信赖而从事有关活动的人。当人们阅读数据电文，要确认数据电文的制作人时，首先会查验包含在数据电文之中或附在数据电文之后的电子签名。根据电子签名技术的不同，这样的查验既可以直接进行，也可以通过查验与签名对应的证书进行。查验通过后，确认数据电文内容可信，并根据数据电文的内容进行决策或行动的人，就是电子签名依赖方。

3. 电子签名认证证书

电子签名认证证书是指可证实电子签名人与电子签名制作数据有联系的数据电文或者其他电子记录。不能直观验证电子签名时，技术上必须提供一种方法，能把电子签名与电子签名人联系起来。数字签名便是这样的一种技术。数字签名技术通过一种数学运算建立起唯一匹配的一对密钥，即公钥和私钥。公钥与签名人的信息作为验证签名人身份的中介，私钥则是签名制作数据。公钥与私钥的特性使电子签名人与电子签名制作数据之间建立联系。记载了公钥和签名人（公钥持有人）信息的数据电文就是电子签名认证证书。

（四）电子签名与传统签名的关系

在传统商务活动中，为了保证交易的安全与真实，书面文件要由当事人或其负责人签字、盖章，在法律上承认该书面文件的合法有效性。在电子商务活动中，合同或文件是以无形的电子文件形式表现和传递的。在电子文件上，传统的手写签名和盖章是无法进行的，这就必须依靠技术手段来替代。电子签名用于电子文件中，用来识别双方交易人的真实身份，保证交易的安全性、真实性和不可抵赖性，是与手写签名或者盖章有同等作用的电子技术手段。不论是传统商务还是电子商务，法律都要求签名必须是一个记号，有某些预期的后果，必须由当事人来完成，因此签名一般是具有法律意义的行为。

电子签名与传统签名的关系表现在以下两个方面：

（1）主要功能相同。无论是传统签名还是电子签名，其主要功能都是一样的。电子签名的功能前文已有介绍，这里不再赘述。

（2）电子签名不是传统签名的电子化。从手段上来看，电子签名与传统签名之间并无实质联系，之所以称之为“电子签名”，是因为电子签名的使用目的及履行的功能与传统签名相同而已。

二、电子签名的法律效力

在电子商务实践中，保证电子交易安全的重要手段是电子签名。我国《电子签名法》自 2005 年实施以来，确立了电子签名与手写签名、盖章有同等的法律效力，明确数据电文符合法律要求的书面形式，为电子商务提供了法律保障。该法采用技术中立原则，不限定具体技术形式，但要求可靠的电子签名须满足身份识别、签署控制及内容防篡改等条件。2019 年，《电子签名法》第二次修正。修正后的法律进一步扩大了电子签名的适用范围，将电子签名应用于政务和民生领域，并强化了电子认证服务规范。针对认证机构，《电子签名法》及配套规章明确了其准入资质、业务规则和法律责任，要求其依法取得行政许可，建立风险防控机制。在司法实践中，最高人民法院通过司法解释细化电子证据审查标准，确保纠纷可追溯、责任可认定。当前，随着区块链、生物识别等新技术的应用，我国正在推动电子签名与数字经济深度融合，同时参与国际规则制定，以适配全球电子商务发展需求。

（一）电子签名的效力范围

电子签名法的作用就是通过确立电子签名的法律效力，消除电子商务发展中的法律障碍，保护电子商务交易方的合法权益，保障交易安全，为电子商务与电子政务的发展创造有利的法律环境。法律应有一定的前瞻性和包容性，不仅应该考虑目前电子签名所适用的主要领域，同时也应该考虑随着社会经济的发展和技术的进步，电子签名可能适用的其他领域。电子商务是一种新兴的交易方式，电子签名、数据电文并未在社会活动中获得广泛应用，广大民众的认知度不高。同时，电子签名、数据电文的应用需要借助一定的技术手段，物质条件也会限制一部分民众使用这种交易方式。由于上述原因，并基于交易安全方面的考虑，一些国家和地区的电子签名法或电子商务法规定某些领域不适用这种交易方式。

我国《电子签名法》参考外国的立法先例，并结合我国的实际情况，在《电子签名法》第3条第3款规定了电子签名法的适用除外，包括：(1) 涉及婚姻、收养、继承等人身关系的文书。(2) 涉及停止供水、供热、供气等公用事业服务的文书。(3) 法律、行政法规规定的不适用电子文书的其他情形。考虑到经济、社会等方面的行政管理活动中使用数据电文、电子签名的特殊情况，需要授权国务院依据《电子签名法》制定政务活动和其他社会活动中使用电子签名、数据电文的具体办法。因此，《电子签名法》第35条规定："国务院或者国务院规定的部门可以依据本法制定政务活动和其他社会活动中使用电子签名、数据电文的具体办法。"由此看来，按照《电子签名法》的规定，电子签名、数据电文主要适用于商务活动，但又不限于商务活动，可以相应地适用于电子政务，国务院如果认为哪些政务活动不适用电子签名，可以另行制定行政规章。目前，电子签名主要适用于电子商务活动。

（二）可靠电子签名的法律效力

我国《电子签名法》第14条明确规定："可靠的电子签名与手写签名或者盖章具有同等的法律效力。"如果签名人按照法律要求合法使用电子签名，该电子签名将依法产生法律效力。具体说来，其法律效力如下。

1. 对签名人的效力

对签名人而言，电子签名具有与传统签名相同的功能：一是表明文件的来源，即签名人承认其为文件的签署者，在签名人和文件之间建立联系；二是表明签名人对文件内容的确认；三是作为表明签名人对文件内容正确性和完整性负责的根据。

2. 对数据电文内容的效力

电子签名和数据电文紧密联系，经过电子签名的数据电文即表明其得到了签名人的认可，在符合证据客观性、关联性、合法性等要求的条件下，可以作为证据使用。

3. 对法律行为的效力

当法律规定某种法律行为必须以书面签名形式作出时，以电子签名对数据电文的签署，就充分满足了这一要求。当然，某一电子签名签署的具体的法律行为是否成立或生效，最终要以调整该法律行为的特别法来衡量。例如，要以《民法典》规范对电子签名签署的要约、承诺的生效与否进行判断，而《民法典》的效力不是强化电子签名本身所能决定的。但是无论如何，电子签名对法律行为的成立与生效起着极其重要的作用。当以电子签名签署的要约、承诺本身符合《民法典》的基本规范时，那么对该要约或承诺的电子签名，就决定着合同成立与生效的时间、地点等重要的法律行为因素。

（三）电子签名的法律后果与责任

在参与电子签名活动过程中，为了防范第三人非法使用电子签名，我国《电子签名法》第 32 条规定："伪造、冒用、盗用他人的电子签名，构成犯罪的，依法追究刑事责任；给他人造成损失的，依法承担民事责任。"

签名主体的责任也需要通过法律予以规范。我国《电子签名法》第 34 条规定："电子签名人，是指持有电子签名制作数据并以本人身份或者以其所代表的人的名义实施电子签名的人。"因为私人密钥处在签名人的独占控制之下，具有隐秘性和唯一性，签名人必须承担妥善保护其电子签名不被泄露和滥用的合理注意义务。《电子签名法》第 15 条规定："电子签名人应当妥善保管电子签名制作数据。电子签名人知悉电子签名制作数据已经失密或者可能已经失密时，应当及时告知有关各方，并终止使用该电子签名制作数据。"

对电子签名主体的责任，我国《电子签名法》采取签名人过错责任。该法第 27 条规定："电子签名人知悉电子签名制作数据已经失密或者可能已经失密未及时告知有关各方、并终止使用电子签名制作数据，未向电子认证服务提供者提供真实、完整和准确的信息，或者有其他过错，给电子签名依赖方、电子认证服务提供者造成损失的，承担赔偿责任。"

这些规定表明，若签名人没有注意保密或泄露签名信息，致使其电子签名被未经授权的人使用，并且也未采取合理措施阻止收件人信赖该签名，由此产生的后果和责任必须由签名拥有者承担。在此情况下，该签名仍被认为是授权的，信赖方基于对签名的信赖而为一定行为，由此产生的损害由签名人承担赔偿责任。

单元三　电子合同法律法规

合同的起源可以追溯至古代。在最初阶段，合同被称为"书契"，《周易》中的具体描述为："上古结绳而治，后世圣人易之以书契。"根据《说文解字》的解释，"契"具有双重含义：一种是协议的过程，另一种是协议的结果。合同是指各方达成对他们具有法律约束力的协议，契约精神则强调签署合同和履行合同，是体现自由、平等、守信和救济的精神，是现代社会的基石，也是现代法治社会的重要原则。我国《民法典》第三编"合同"中明确规定："合同是民事主体之间设立、变更、终止民事法律关系的协议。"传统的合同形式主要包括口头形式和书面形式。口头形式的合同是指当事人以对话方式达成协议，适用于标的较小、内容简单且能及时清结的合同关系；书面形式的合同是指当事人采用有形记录方式，主要包括纸质形式来表达协议内容。在商务活动中，大多数当事人选择书面形式的合同，许多国家的立法还规定，对某些合同必须采用书面形式。在电子商务环境下，出现了新的合同形式——电子合同。

一、电子合同的概念

人们普遍将电话所订立的协议归入口头协议范畴，将电报或传真所达成的协议归为书面协议，这在《民法典》体系内也有所体现。伴随着网络和通信技术的持续进步和发展，合同的形式正日益电子化，越来越多的协议通过网络达成。这些协议在《电子签名法》中被描述为数据电文，并无原件与副本之分，也难以通过传统方式进行签名或盖章。因此，法律面临着对一种新的概念的认可——电子合同。从《民法典》的角度来看，电子合同可被视为一种新的合同形式，而非对传统合同概念的颠覆。因此，国际社会并未就“电子合同”形成一个为人们所普遍接受的定义。各国电子商务立法在订立合同形式方面，通常侧重于对“数据电文”或“电子方式”的界定。

我国《民法典》第三编“合同”中将数据电文确定为书面形式的一种，并用列举的方式指出数据电文包括电子数据交换、电子邮件、电报、电传和传真。《电子签名法》从法律上确认了电子签名的效力，并且对“数据电文”也进行了定义。电子合同在我国法律体系中已经基本得到承认和规范。

通过上述分析，电子合同可以定义为：平等主体之间以数据电文的形式达成的设立、变更、终止民事权利义务关系的协议。其中，数据电文是指以电子、光学、磁或者类似手段生成、发送、接收或者储存的信息。

二、电子合同与传统合同的关系

电子合同不同于传统合同的地方在于其“电子”特征，而非“合同”形态。无论是电子合同还是传统合同，其主旨均为构建和保障民事流转关系。这两种合同都是各方当事人权利和义务的约定文档，因此，电子合同并未在功能上与传统合同产生显著差异。两者之间的根本差异主要表现在两个方面：一是合同的签订与履行方式；二是合同内容的表达形式。传统合同通过纸介质进行缔约磋商，双方面对面沟通，并将达成一致的意愿记录在纸介质上；电子合同则借助电子通信手段进行缔约，当事人利用电子、光学、磁等方式传递意愿，形成合同。传统合同通常以书面形式展示合同内容，以合同书或其他书面证据证明合同关系的存在；电子合同则以数据电文或电子记录的形式呈现合同内容，以数据电文或电子记录证明合同关系的存在。

电子合同与传统合同的不同之处，或者说电子合同独立存在的意义，就在于电子合同与传统合同以上两个方面的不同。这两个方面体现了电子合同的技术依赖性特征。技术特征成为电子合同的特征，技术因素渗透于电子合同的订立或履行环节，并影响到电子合同的司法救济。

三、电子合同的特征

虽然电子合同与传统合同没有本质的区别，仍然是合同的一种，但其载体和签订过程却发生了重大变化。具体来说，电子合同具有以下特征。

（一）电子合同的订立以通信网络为基础

电子合同的要约和承诺均是合同双方当事人通过电子数据的传递来完成的。当事人大多是互不见面的，一方发出的电子数据为要约，另一方回送的电子数据为承诺。

（二）电子合同的内容具有易改动性和易消失性

由于电子合同以磁介质保存，即合同内容等信息记录在计算机硬盘或软盘等磁介质中，如果不对电子合同的信息采取加密和保全措施，其内容极易被截取、改动、伪造和删除，而且不会留下任何痕迹。

（三）电子合同具有易保存性和易复制性

由于数据电文可以十分方便地存储在计算机的光盘、硬盘或移动存储器等介质中，因此电子合同的保存和复制都十分方便，并且复制件可以与原件完全一致，以至于没有区分的必要，也无法加以区分。

（四）电子合同完成的自动性

电子合同的签订常常可以自动完成，而没有传统书面合同签订时当事人协商一致的过程。如在电子商务中，当事人常采用自动化交易系统来自动发送、接收和处理交易订单。这些电子交易系统具有按照预定程序审单判断的功能，不仅可以执行数据电文的发送、接收、确认等任务，完成合同订立的全过程，而且在许多情况下可以自动履行合同。

（五）电子合同生效的特殊性

电子合同的载体是电信号或磁介质的存储设备，其表现形式是数据电文。合同内容记录在计算机硬盘或软盘等磁性介质上，所以合同的生效无法采取传统的签字、盖章形式，而只能采用电子签名方式。《电子签名法》确立了电子签名在电子合同中的法律效力。

四、新的电子合同规则

《民法典》第119条规定：“依法成立的合同，对当事人具有法律约束力。”这相当于一项基本规定。《民法典》同时对合同的订立、效力、执行、保全、变更和转让、权利义务终止以及违约责任等方面作出了详细的规定。此外，该法还列举了19类具有代表性的合同，包括买卖合同。尽管《民法典》并未专门规范电子商务合同，但其所有条款对于电子商务合同场景也是完全适用的，只是在形式和业务场景方面，电子商务合同具有其特性。

电子商务当事人订立合同应当遵守《民法典》及《电子签名法》。《电子商务法》对电子商务合同的规定有其独特的创新之处。

微课

《民法典》合同编介绍

（一）电子商务合同呈现多样化

传统合同主要应用于有限的场景，其有效性依赖于纸质合同。电子商务合同适用的业务场景则更为多样，其复杂程度远超传统合同。首先，电子商务合同采用的终端介质有所不同，这将直接影响合同在不同场景下的展示设计，进而影响用户签署合同的效力。其次，电子商务合同的业务架构也有所不同，针对自营电子商务，一般仅需包含《用户注册协议》和《隐私政策》。对于平台类业务架构，其合同效力等级应自上而下，除上述顶层合同外，还需涵盖商家管理、消费者保护、评价规则、内容管理等层次，以及临时性规则。最后，电子商务合同适应动态场景，传统合同在签署后通常固定不变，但电子商务合同中的相关条款可能随着互联网产品业务形态的变化而动态调整。例如，有的在线合同中有“随时调整合同”的表述，这是由互联网产品的迅速迭代所引发的。

（二）电子商务合同的生效条件更复杂

在探讨电子商务合同的有效性问题前，我们不妨来看一下，为何大家如此信任线下纸质合同，而且连不具备法律知识的人也极易辨别其基本的效力问题呢？《民法典》第490条规定：“当事人采用合同书形式订立合同的，自当事人均签名、盖章或者按指印时合同成立。在签名、盖章或者按指印之前，当事人一方已经履行主要义务，对方接受时，该合同成立。”法律、行政法规规定或者当事人约定合同应当采用书面形式订立，当事人未采用书面形式但是一方已经履行主要义务，对方接受时，该合同成立。

当事人在纸质合同上盖章的法律效果其实有两个：一是确定该合同是“哪个特定当事人”签署的；二是确定该当事人已经完全查阅、理解合同条款，并愿意就签署的条款履诺。以上两个因素的最终目的是确定“合同内容系双方当事人的真实意思表示”；若是双方当事人的真实意思表示，则合同成立并有效，否则合同不成立。

这种对纸质合同天然的信任感可以由如下一些因素共同提供“信任背书”：一是签字本身具有唯一性，当事人的捺印也具有唯一性。一旦被否定是本人签字，当事人还可以提出进行笔迹鉴定，从纸张、墨水型号、签字时间长久度、力道等各个方面进行权威鉴定，从而获得救济，因此如果签字确系本人所为，当事人很少会进行否认。二是“公章”虽然可能不具有唯一性，但是目前人人皆知公章不得“私刻私用”，国家将刻章业纳入特种行业，归公安机关实行治安管理。对违反国家管理规定的刻章单位和个人，视问题的性质和情节轻重，依法予以治安管理处罚，或者追究刑事责任。当然，“萝卜章”本身也是可以事后进行司法鉴定真伪的。三是纸质合同往往是人手一份，事后造假的可能性极低。

与传统协议相反，电子商务合同天然的非信任感又是如何形成的呢？一是个人信息泄露泛滥，谁也不能完全确定某特定账号的归属；二是即使了解了账号的注册情况，但账号产生的行为不一定就是认证主体本人的意思表示或账号并不具备签约的资格；三是在线协议并不是由各方均保存一套，实质上是由提供在线合同的一方保存保管的，那么保存保管的电子商务合同在经常变动的情况下如何确定用户当时签署了哪一份？即使能确定电子商务合同的版本，但电子商务合同实在太容易被修改、篡改了，这就让用户对平台产生了强烈的不信任感。所以，电子商务合同的生效认定比传统合同复杂。

从总体上来看，电子商务合同的生效应当遵守如下一些规则：一是合同条款本身不存在免除一方责任、加重对方责任、排除对方主要权利的条款；二是合同条款应当以良好的形式明确呈现给用户查阅，如“电子商务经营者应当清晰、全面、明确地告知用户订立合同的步骤、注意事项、下载方法等事项，并保证用户能够便利、完整地阅览和下载”等；三是电子商务合同签署的主体应当是真实可信的，电子商务是通过注册和认证的方式来确定交易对象的，只要提交个人或公司主体资料，法律就可推定该账户下的行为均归属于认证人本身。

实例链接

商家入驻平台，不遵守平台管理规则引起法律纠纷

原告与被告签订《××平台合作协议》，并在被告××网站实名注册了聚胜品全球购，ID为14××。后来，被告以原告涉嫌出售假货为由将原告网店货款账户金额264 400元（含10 000元保证金）冻结。原告称并无售假行为，被告单方制定了10倍违约金等苛刻的处罚规则，被告在无证据证明原告违约的情况下直接冻结原告账户，该行为侵犯了原告的合法权益。

解析：

经调查，原告确有售假行为。从规则依据角度，案涉平台规则就打假流程和售假金额的判定均做了明确约定，涉及平台设定的违约金条款和“假一赔十”规则，涉及平台、商家和消费者三方，系平台履行自律管理权利的体现；平台从商家扣收的款项并没有最终进入平台账户，虽然名为“违约金”，但实际并非用于弥补平台损失，而是以“消费者赔付金”的形式赔付给了消费者，其本质是平台自律打假、保护消费者权益、加大售假商家违法成本；在平台规则约定明确的情况下，商家利用网络平台售

假构成违约，第三方电商平台按照合同约定对商家进行处罚系自律管理。本案中被告因原告售假扣收相应款项并向消费者发放“消费者赔付金”于法不悖，法院予以支持。

五、电子合同的成立与生效

与传统合同相比较，电子合同在外观形态上有显著变化。其中，一用户凭借手机号成功注册了淘宝账户，并以点击“同意用户协议”选项的方式完成合同的签署。实际上，这样的签约形式在淘宝平台上数量惊人，数以亿计。因此，在互联网时代背景下，电子合同与传统线下合同最显著的差别在于交易对象的虚拟化、交易数量的海量化及意思表示的多元化。

（一）电子合同的主要特征

1. 出现合同的成立、变更和解除的新形式

电子合同是通过计算机和互联网，采取数据电文的形式，进行合同要约和承诺的处理。这种新型合同的成立、变更和解除，可以无视传统的纸质形式，充分体现电子化的特点。传统合同大多是通过面对面的谈判，或是以信件、电报、电话、电传和传真等方式进行。电子合同则是通过电子数据的传递实现合同的签订。合同一方的电子数据发出，即可视为要约；另一方的电子数据回送，即被视为承诺。

2. 电子合同交易主体的扩大化和虚拟化

订立电子合同的各方当事人是通过网络运作的，可以互不谋面。电子合同的交易主体没有地域上的局限性，可以是世界上的任何自然人、法人或其他组织。

3. 出现合同的新媒介形式

电子合同是采用电子数据交换的方法来签订的，电子合同的内容可以完全储存在计算机磁盘或者其他接收者选择的非纸质中介物（如磁带、磁盘、光盘等）上，无须采用纸质形式。

4. 电子签名形式的出现

电子合同生效的方式、时间和地点与传统合同不同，无须经过传统的签字、盖章方式。传统合同一般以当事人签字或者盖章的方式表示合同生效，而在电子合同中，传统的签字、盖章方式已被电子签名所代替。

（二）电子合同成立生效要件

1. 核心要件

《民法典》设定了合同订立的多种形式，包括要约与承诺，或是其他规定的形式。

要约，是意图与他人达成合同的明确表达，应具备明确、具体的内容，且一旦受要约人同意，要约人就须受到此表达的约束。承诺，即受要约人同意要约的表示。

电子合同的成立亦受《民法典》中的要约与承诺规则的制约，核心在于意图的表达。通常来说，无论是通过点击“同意”还是电子签名，只要意图表达真实且一致，就能通过要约承诺规则建立合同，且合同具有法律效力。

因此，对于商家而言，选择哪种形式订立合同并非关键，关键在于能够出示证据证明双方已表达意图，且有相应的内容。在电子商务迅猛发展的背景下，面对海量的频繁交易，商家可以选择成本最低的缔约方式，同时在后台保存签约日志和内容，并建立安全的后台数据保管系统和完善的保管制度。这样，商家既能降低交易成本，又能在争议发生时提供相应证据证明已经签订合同，并提供相应的合同内容。

2. 形式要件

《民法典》规定了合同的形式要件。在法律行为中，当事人订立合同时，可采用书面形式、口头形式或其他形式。书面形式指的是合同书、信件、电报、电传、传真等可有形地呈现其内容的形式。若某种方式能够以有形形式展现载有的信息，并可随时调取查用数据电文，它便被视为书面形式。《电子签名法》第 3 条规定：“民事活动中的合同或者其他文件、单证等文书，当事人可以约定使用或者不使用电子签名、数据电文。当事人约定使用电子签名、数据电文的文书，不得仅因为其采用电子签名、数据电文的形式而否定其法律效力。”《电子商务法》第 48 条规定：“电子商务当事人使用自动信息系统订立或者履行合同的行为对使用该系统的当事人具有法律效力。在电子商务中推定当事人具有相应的民事行为能力。但是，有相反证据足以推翻的除外。”

(三) 电子合同成立生效例外情况

电子合同与其他合同一样，正常情况下成立并生效。但是如果存在以下特殊情况，可能面临不生效或者可撤销、可变更的问题：

（1）合同当事人为限制民事行为能力人。例如，未成年人的明显超出其认知范围的巨额网络借贷行为。

（2）合同当事人的意思表示不真实。例如，电商平台商品明显标错价格。

（3）存在法定无效的情形。例如，商家和用户恶意串通损害平台利益的“薅羊毛”行为。

（4）附生效条件或生效期限的合同，仅在生效条件已经成立或期限已经届满时才会生效。例如，平台规定与用户签订的电子合同需要经平台确认后才生效。

（5）依法需经法定程序后才能生效的合同，合同成立后并不立即生效，只有完成了应当办理的批准程序或其他程序后才能生效；如果未能完成法定程序，成立的合同也无法生效。

（6）效力待定合同，即合同虽然已经成立，但因存在不足以认定合同无效的小瑕疵，致使合同不能产生法律效力，在一段合理时间内合同效力暂不确定，由有追认权的当事人进行补正或者由有撤销权的当事人进行撤销，再视具体情况确定合同是否有效。

(7)《电子商务法》还规定了一种特殊无效情况，即不得约定消费者支付款项后电子合同不成立。《电子商务法》第49条规定："电子商务经营者发布的商品或者服务信息符合要约条件的，用户选择该商品或者服务并提交订单成功，合同成立。当事人另有约定的，从其约定。电子商务经营者不得以格式条款等方式约定消费者支付价款后合同不成立；格式条款等含有该内容的，其内容无效。"

排除了以上特殊情况，通过适当形式作出意思表示订立的电子合同，成立且有效。

实例链接

电商平台合同"格式条款"法律纠纷

消费者夏某看到A公司在网站上举办名表新品打折促销活动，他参加活动并领取了三张面额为500元的现金优惠券，然后购买了三块手表。A公司网站当时在展示这三块手表时并没有显示其具体的库存情况，A公司网站要求供货商对本次促销的手表按库存的120%进行备货，在供货商承诺供货但实际无库存的情况下，也允许消费者下单。

A公司给消费者呈现的"格式条款"中规定："如果通过本网站订购商品，即您的订单已经成为要约，但只有我们发出送货确认的电子邮件通知您时，才表示对您合同申请的批准与成立。"后经A公司向供货商核实，发现夏某购买的三款手表已无货，因此A公司单方面操作，在系统里直接取消了夏某的采购订单。

夏某将A公司诉至法院，要求A公司继续履行合同。他认为双方合同已经成立，A公司并没有依据当时双方达成的合同来履行卖方的承诺，属于违约行为。但A公司辩称，依据网站上注明的"格式条款"，消费者下单后，只有公司向消费者发出送货确认的电子邮件通知消费者时，合同才成立，下单行为只是要约，并不代表公司已经作出承诺，故双方的合同并没有成立。

解析：

《电子商务法》第49条规定："电子商务经营者发布的商品或者服务信息符合要约条件的，用户选择该商品或者服务并提交订单成功，合同成立。当事人另有约定的，从其约定。电子商务经营者不得以格式条款等方式约定消费者支付价款后合同不成立；格式条款等含有该内容的，其内容无效。"该案例中，虽然A公司在网站上载明了"适用条件"的格式条款，但是A公司没有将此格式条款以显而易见的形式呈现给消费者并使消费者清楚地知道该格式条款的具体内容是什么。因此，A公司所制定的“格式条款”中的相关条款视为未订入合同，即“格式条款”并没有对消费者产生法律上的约束力。

同时，依据《民法典》的相关规定，双方是否形成合意要看双方是否根据要约和承诺完成了交易行为。A公司将待售商品的具体信息公布在网站上，该行为符合要约的特性。夏某看到网站上显示有库存且允许购买，才将相关商品加入购物车并下单，应视为夏某已经进行了承诺，因此应当认定A公司与夏某之间已经形成合意。综上，法院判决，A公司应当向夏某交付其订购的三块手表。

六、电子商务合同成立规则

实例链接

电商平台合同要约变更法律纠纷

某商家参与了天猫平台举办的“家电节”活动，并根据活动要求推出了一系列优惠措施。这些措施在商家网店首页和具体商品宣传页面做了充分展示。商家就活动方式、内容、商品型号、价格及数量等信息，向潜在客户进行了全面呈现。

张先生向天猫商家客服咨询了店铺内海尔×××型号冰箱的优惠价格，待客服明确最低价为3 899元且不能使用优惠券后，张先生利用系统漏洞使用了原本只适用于特定商品的300元店铺优惠券，导致提交的订单价格低于商家发布的要约价格。商家发现此订单后随即通知张先生价格不对发不了货；但张先生坚持认为是系统自动匹配成交，要求发货；而商家则认为优惠券使用错误导致价格不对，坚持不予发货。张先生向平台投诉未果，遂向法院起诉要求解除合同，返还货款，并以商家存在欺诈行为为由主张三倍赔偿金。

解析：

《电子商务法》第49条规定：“电子商务经营者发布的商品或者服务信息符合要约条件的，用户选择该商品或者服务并提交订单成功，合同成立。当事人另有约定的，从其约定。”案例中商家在张先生递交订单之前就网店推出的优惠券使用规则进行了全面、准确、及时告知，明确了最低交易价格，就是双方的约定。张先生后续提交订单对商品价格进行了变更，此行为对原要约内容作出了实质性变更，不能视为对原要约的承诺，而是向被告发出的新要约，故双方未达成合意，该电子商务合同未成立，法院驳回了张先生要求解除合同的诉求。

由此可见，商家全面、准确地展示要约内容有多么重要。即使存在本案中错拍的情形，商家也能够举证证明其真实的意思表示，避免吃“哑巴亏”。

在传统的线下交易场景中，交易形式通常遵循一手交钱一手交货的原则，因此消费者付款后商家却未履行交货义务的情况一般是罕见的。然而，在电子商务活动中，由于交易并非实时进行，因此消费者成功下单并付款后，商家以缺货、系统故障等各种理由单方面取消订单的情况时有发生。在这种情况下，一些商家可能认为双方的合同未生效，因此无须履行发货责任。那么，谁的主张更正确呢？实际上，电子商务合同的有效性直接关系到合同双方——电子商务经营者和消费者——是否有义务履行合同并承担相应责任。为了维护正常的交易秩序并保护消费者权益，《电子商务法》对电子商务合同的成立进行了专门规定。

（一）电子商务经营者发布的商品或者服务符合要约要件的，用户选择该商品或者服务并提交订单成功，合同成立

关于电子商务合同的构成，通常包含了以下两个基本要素：

（1）在商家发布商品或服务时，其发布的信息必须精确且明确。这些信息通常至少包含具体商品的名称、价格等关键细节。这一步骤的实现，旨在简化消费者与商家间的磋商环节。消费者得以依据商家提供的商品或服务信息决定是否购买。此外，商家的发布行为也隐含了其愿意遵守发布内容所提出的要求，一旦消费者在商家的要约内容的引导下作出购买决策，商家便有责任履行其承诺。

（2）当消费者在搜索结果中发现商家发布的商品或服务，并对其表示满意时，消费者可通过提交订单的方式向商家发出承诺。此时，商家有义务按照之前发布的信息，向消费者提供相应的商品或服务。

（二）电子商务经营者不得以格式条款等方式约定消费者支付款项后合同不成立；格式条款含有该内容的，其内容无效

在日常生活中，我们或多或少都会接触到格式条款。例如，在银行办卡时签署的开户合同，以及购买保险时填写的投保合同，均属于格式条款。平台类电子商务经营者，其消费者数量庞大，无法逐一与消费者协商具体条款内容。这就要求平台提前准备通用合同版本，并以最简洁、方便的方式与消费者完成签约。这些由双方当事人为重复使用而预先拟定，并在签订合同时采用的未与对方协商的条款，就被称为格式条款。

格式条款的提供方通常占据主导地位，被动签署方几乎没有发言权，因此平台方可能倾向于制定对自己更有利的条款。例如，约定“只有商家确认发货后，合同才算成立”或“只有在销售商将商品从仓库实际发出时，双方才算建立了合同关系”。这些五花八门的规定，无一例外地保证了平台方牢牢掌握合同签订的决定权。

尽管《民法典》对格式条款的使用进行了严格限制，例如要求免除或限制责任的条款需以合理方式进行提示、提供说明，实践中，平台方也常常采用字体加粗、改变颜色等方式提醒用户注意此类条款，但这仍有悖于普通消费者的认知。从保护消费者合理信赖利益的角度来看，商家通过在线购物自动化系统，向消费者提供商品的价格、产品或服务的描述、交付时间、库存量等信息，并允许消费者成功提交订单，就

应承担相应的责任，否则将导致弱势消费者根本无法预见合同后果，难以维权。

在这种情况下，《电子商务法》以直截了当的方式彻底否定了消费者支付款项后合同不成立的格式条款，要求商家不得在格式条款中约定消费者支付款项后合同不成立的类似条款；即便有此类约定，也将被视为无效条款，对消费者无约束力。

实例链接

电商平台单方面规定合同成立条件败诉

陈某通过A网站购买了电视机1台，完成订单支付后，他却收到A网站发送的无法提供所购商品并要求取消订单的邮件。双方协商未果后，陈某遂诉至法院，要求A网站继续履行原订单并交付货物。而A网站却认为，其网站的“使用条件”中明确约定了“只有当我们向您发出货物确认的电子邮件或短信，通知您我们已将您订购的商品发出时，才构成我们对您的订单的接受，我们和您之间的订购合同才成立”，故双方的买卖合同并未成立。

解析：

本例中，消费者在网站允许的状态下自由选购商品并确认订单，该行为应视为承诺，根据《电子商务法》的规定，A网站与陈某之间的合同已经成立。同时，因A网站未就“使用条件”的格式条款以合理的方式提醒消费者注意，特别是没有在消费者提交订单之前予以明确提示，故A网站关于“使用条件”的相关条款应视为没有订入合同，当然也不应对消费者发生效力。法院最终判定，A网站应当向陈某交付其订购的电视机。

此后，A网站在多起类似案件中也屡屡败诉，但陷入败诉泥潭的A网站并未在合同中放弃该条款，而是吸取了格式条款提醒不到位的教训，作出了有针对性的调整，即通过单独发送邮件的方式向消费者披露“先发货后成立”条款，并且对该条款进行了加粗提示。

值得注意的是，在司法实践中，不同法院的裁判观点也不尽相同。随着《电子商务法》的实施，关于该争议条款也终于有了统一而权威的结论，A网站也不得不在最新版本的“使用条件”中修改了关于合同缔结条款中的表述：“您货款支付成功后即视为我们与您之间的订购合同就已支付货款部分商品成立。”

引入案例分析

按照《电子签名法》的规定，手机短信也属于数据电文，如果满足《电子签名法》中“视为可靠”的条件，可以作为法律证据。本案中的手机短信可以确定“视为可靠”，因此可以作为法律证据，具备法律效力。

人民法院经审理认为，依据《电子签名法》的规定，经过对杨某提供的手机短信进行审查，可以认定其作为证据的真实性。杨某所提供的通过韩某使用的移动电话号码发送的短信内容中载明的款项往来金额、时间与银行业务凭证中体现的杨某给韩某汇款的金额、时间相符，且移动电话短信内容中亦载明了韩某偿还借款的意思表示，两份证据相互印证，可以认定韩某向杨某借款的事实。据此，人民法院判决对杨某要求还款的诉讼请求予以支持。

思考与练习

一、简答题

1. 什么是数据电文？其法律效力与传统证据的法律效力有什么冲突？

2. 什么是电子签名？电子签名有什么功能？电子签名有哪些法律意义？

3. 我国第一部电子商务法律是什么？其颁布有何意义？

4. 电子合同与传统合同有何异同？如何确定电子合同的成立？

5. 对电子认证服务提供者的违法行为应该如何处罚？

二、案例分析

电子邮件订单的法律纠纷

A法院受理了一宗罕见的涉及电子邮件订单法律效力的案件，引起广泛关注。B公司状告C零售企业欠款。2005年9月29日，A法院正式开庭审理该案。争议的起因并不复杂。2004年，争议双方签约，由B公司为C零售企业设计制作商场标牌，C零售企业拖欠了原告大量货款；此外，由于C零售企业通过电子邮件指示B公司制作标牌，之后无故违约，致使大量标牌库存和半成品成为废品。在庭审中，C零售企业最终承认欠款119万元，但认为原告B公司提供的电子邮件证据并不具备法律效力。B公司诉称，其在2004年4月就开始为C零售企业设计、制作或安装商场标牌。2004年7月20日，双方签订了《标牌制作、安装合同》。合同规定，由C零售企业为它在中国各地区投资的连锁店向B公司订制各类标牌。双方合作期间，C零售企业承诺收到原告发票后60日内付款，而B公司则将设计、制作完成的标牌发货至C零售企业指定的地点或直接安装。合同签订后，双方合作较为顺利，B公司一直按照C零售企业的指示履行制作安装义务。2004年4月至2005年6月，C零售企业共向B公司下达订单485万余元，而实际收款350万余元，B公司拖欠C零售企业137万余元，部分欠款时间达一年之久。B公司多次追账均未果。

2005年4月和5月，C零售企业以电子邮件形式向B公司下达了上海、武汉两家标准连锁店的标牌制作订单，并要求B公司尽快制作，B公司依照约定进行了实际制作。2005年6月，C零售企业突然终止合同，导致B公司为C零售企业制作的两家标准连锁店的库存标牌成品和半成品全部成为废品。此后，C零售企业武汉和上海的连锁店均已开业，但未使用向B公司定制的标牌。B公司深圳分公司负责人认为，此举给B公司造成了巨大的经济损失。于是，B公司除了诉请A法院判令C零售企业支付欠款外，还请求A法院判令C零售企业支付库存标牌的制作费和中途废止合同的经济损失以及违约金，总额达 290 万元。法庭上，双方针锋相对。C 零售企业认为，实际金额难以确定，B 公司提供的电子邮件证据不具备法律效力。C 零售企业称该企业有严格的订货规范程序，都是先向客户发出正式订单，不会通过电子邮件来订货。同时，C 零售企业辩称，C 零售企业与 B 公司中途废止合同的指控不能成立。因此，C 零售企业不应承担废止合同和违约的责任。B 公司则指出，合同期内正在执行的项目和已通知执行项目不能随意终止。法庭上，B 公司当场出示两份电子邮件打印件，一份发送日期为 2005 年 5 月 13 日、后缀为 C 零售企业邮箱并有电子签名的邮件上称“这个是武汉店的鲜食和非鲜食的部门标牌清单，请尽快制作。”在这份邮件附加的清单部分，不仅明确标示了部门标牌的尺寸和数量，还标示了内容。另一份邮件上也有“这个是部门标牌的清单，请仔细核对后尽快制作”字样。

思考：

（1）本案例中的电子邮件订单是否有效？

（2）如何明确电子邮件的法律效力，避免交易中发生纠纷？

活动项目设计

U 盾的电子商务法律思考

在开通网上银行时，银行会给用户提供一个 U 盾（见图 2-1），并告知其可以保证网上银行的安全。请你查阅资料或向银行技术人员咨询 U 盾的工作原理和使用方法，然后安装，并在网上购物付款时正确使用 U 盾。在体验 U 盾的安装及使用的基础上，思考 U 盾为用户提供了哪些保障，其可能产生哪些电子商务法律问题，并在课堂上交流。

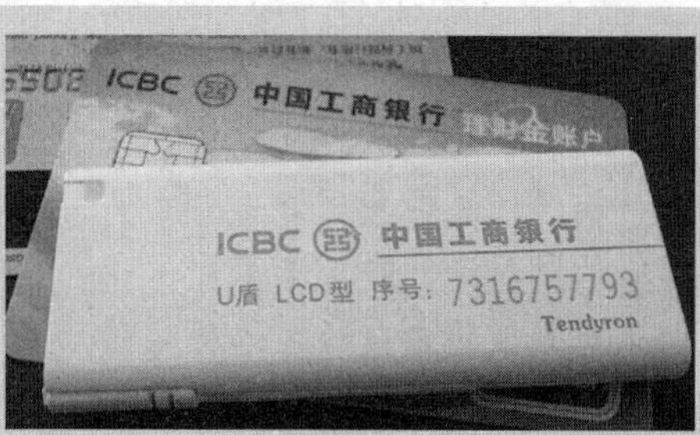

图 2-1　U 盾

模块三 电子商务运营法律法规

学习目标

素养目标：

1. 树立电子商务合法经营意识，能够认识电子商务经营违法后果，培养诚信守法的职业素养。

2. 增强消费者权益保护观念，在电商交易场景中践行公平交易、信息公示等合规要求，弘扬诚信经营的社会主义核心价值观。

3. 具备运用《电子商务法》解决实际问题的意识，主动规避法律风险，维护自身及交易方合法权益。

知识目标：

1. 理解《电子商务法》的立法宗旨。

2. 理解电子商务经营者市场主体及类别。

3. 理解电子商务广告合法合规的内涵。

4. 理解电子商务知识产权保护的内容。

能力目标：

1. 能够进行电子商务市场主体登记。

2. 能够说明电子商务经营者及平台经营者的责任与义务。

3. 能够在电子商务广告活动中做到合法合规。

4. 能够在电子商务经营中进行知识产权保护。

引入案例

淘宝店主因代购被判刑 10 年

被告人游某 2021 年 2 月设立了名为“×××进口女装店”的淘宝店用于销售进口高档服装，并租用某公寓作为该淘宝店的工作室及仓库。同年 5 月起，被告人游某开始在香港地区向香港名家、HISTYLE，BISBIS、FASHIONCLUB、T&BPLUS+、CDC-DG、EVA 等多家服装公司通过刷卡支付的方式大量采购各种服饰，其在香港所购服饰全部通过快递邮寄、雇请“水客”偷带及自行携带等方式走私进境，并由其网店“×××进口女装店”在境内销售牟利。经统计，被告人游某在香港地区刷卡购买并走私进境的服饰金额共计人民币 11 400 558.93 元。经核定，上述服饰偷逃税款共计人民币 3 005 187.33 元。

人民法院对该案作出终审判决，被告人游某走私进境的服饰金额共计 1 140 余万元，偷逃税额共计 300 余万元。人民法院判决游某犯走私普通货物罪，判刑 10 年，并处罚金 550 万元。

微课

《电子商务法》介绍

单元一 《电子商务法》概述

2018 年 8 月 31 日，十三届全国人大常委会第五次会议审议通过了《电子商务法》，于 2019 年 1 月 1 日起正式实施。

中国的电子商务行业近年来发展迅猛。国家统计局电子商务交易平台调查显示，2018 年全国电子商务交易额为 31.63 万亿元，同比增长 8.5%；全国网上零售额达 9.01 万亿元，同比增长 23.9%。2024 年，全国电子商务交易额达到 50 万亿元。《电子商务法》的出台和实施，使得电子商务行业发展摆脱了无法可依的窘境。在习近平法治思想指导下，我国电子商务领域走向“良法善治”的步伐更加铿锵有力。

一、电子商务法的指导思想和立法宗旨

《电子商务法》的立法旨在保障权益、规范行为、维护秩序、促进发展。它坚决贯彻创新、协调、绿色、开放、共享的新发展理念，紧随完善社会主义市场经济体制、全面依法治国的总体目标和要求，坚持发展为导向、秩序为基础、权益为关键，充分发挥立法对电子商务发展的引领和推动作用。通过加强顶层设计、夯实制度基

础、释放电子商务创新的新动力，着力解决发展中的突出矛盾和问题，打造开放、共享、诚信、安全的电子商务发展环境，推动经济结构调整，实现经济质量提升、效率倍增和转型升级，切实维护国家利益。简而言之，其主要目标是推动我国电子商务的持续稳健发展，规范电子商务行为，维护市场秩序，保障电子商务参与方特别是消费者的合法权益。

二、电子商务法的适用范围

电子商务是指通过互联网等信息网络销售商品或者提供服务的经营活动。法律、行政法规对销售商品或者提供服务有规定的，适用《电子商务法》的规定。金融类产品和服务，利用信息网络提供新闻信息、音视频节目、出版以及文化产品等内容方面的服务有另外的法律规定，不适用《电子商务法》。

在中华人民共和国境内从事电子商务活动，均适用《电子商务法》。无论是中国主体还是外国主体，只要是境内的电子商务活动，都受到该法的规制，境外发生的电子商务活动则不在该法的调整范围之内。

三、电子商务法的基本原则

实例链接

网络销售产品违规使用许可证书

尹某某于2021年4月2日和4月6日在京东商城上购买了A公司生产的原生态巢蜜十二盒，每盒售价99元，合计款项1 188元。A公司在生产过程中经B公司的授权使用其QS证书（QS证书号分别为：53032601××××和53012601××××），授权时间从2019年3月1日至2021年2月28日。2022年8月20日，质量监督检验研究院对A公司生产的原生态巢蜜的检验报告为合格。

尹某某认为商品违反了相关法律规定，向法院起诉请求：(1) 判令A公司返还尹某某支付的货款1 188元；(2) 判令A公司依照《食品安全法》的规定给予尹某某10倍赔偿11 900元；(3) 判令A公司支付尹某某打印费20元、误工费200元、车旅费100元、惩罚性赔偿金200元，以上合计12 420元；(4) 案件诉讼费由A公司承担。

解析：

(1) 尹某某认为A公司违反《食品安全法》的规定。A公司抗辩称尹某某出示的产品不是A公司产品。经审查，尹某某提交的案涉巢蜜外包装上标注有“A巢蜜”“公司：云南A公司”等字样，均指向A公司，A公司抗辩该事实，故有责任对该事实提供证据加以证明，A公司未向法院提交相关证据，应由A公司承担不利后果。

(2) 尹某某主张案涉巢蜜不具有生产许可证编号，A公司抗辩称案外人B公司允许A公司在产品经营活动中使用其生产许可证。法院认为，依照《食品生产许可管理办法》第31条“食品生产者应当妥善保管食品生产许可证，不得伪造、涂改、倒卖、出租、出借、转让”之规定，生产许可证系行政机关向具有特定身份的主体作出的行政授权，该授权具有特定性、不可转让性，故A公司的抗辩理由不成立，根据《食品安全法》第67条的规定，A公司案涉巢蜜不具有生产许可证编号，违反法律规定。

(3) 尹某某主张案涉巢蜜不具有产品标准代号，A公司抗辩称案涉巢蜜属于初级农产品，不需要执行标准。经审查，在《中华人民共和国国家标准　蜜蜂产品术语》(GB/T 20573—2006) 中，“巢蜜”记载于“蜜蜂产品”部分，案涉巢蜜属于应使用国家标准代号的产品。根据《食品安全国家标准　预包装食品标签通则》(GB 7718—2011) 第4.1.10条：“在国内生产并在国内销售的预包装食品（不包括进口预包装食品）应标示产品所执行的标准代号和顺序号”之规定，产品标准代号应在外包装上标示。根据《中华人民共和国国家标准　蜜蜂产品术语》(GB/T 20573—2006)，其内容含有蜜蜂产品生产、加工、品质和检验，上述内容因属于涉及食品安全的标准和要求，应当予以标示。同时《电子商务法》第17条规定：“电子商务经营者应当全面、真实、准确、及时地披露商品或者服务信息，保障消费者的知情权和选择权。电子商务经营者不得以虚构交易、编造用户评价等方式进行虚假或者引人误解的商业宣传，欺骗、误导消费者。”

综上，A公司违反了《食品安全法》第67条第1项“预包装食品的包装上应当有标签。标签应当标明下列事项：(一) 名称、规格、净含量、生产日期；(二) 成分或者配料表；(三) 生产者的名称、地址、联系方式；(四) 保质期；(五) 产品标准代号；(六) 贮存条件；(七) 所使用的食品添加剂在国家标准中的通用名称；(八) 生产许可证编号；(九) 法律、法规或者食品安全标准规定应当标明的其他事项”之规定和《电子商务法》第17条之规定，未在案涉巢蜜上标注规定的产品标准代号、生产许可证编号，故依据《食品安全法》第148条第2款“生产不符合食品安全标准的食品或者经营明知是不符合食品安全标准的食品，消费者除要求赔偿损失外，还可以向生产者或者经营者要求支付价款十倍或者损失三倍的赔偿金；增加赔偿的金额不足一千元的，为一千元。但是，食品的标签、说明书存在不影响食品安全且不会对消费者造成误导的瑕疵的除外”之规定，尹某某关于要求A公司退还货款并支付10倍赔偿的诉讼请求应予支持。鉴于尹某某请求退还货款，该主张已包含解除双方之间买卖合同关系之意，依据《民法典》的规定，尹某某与A公司应互相履行退还义务，尹某某应将所购案涉巢蜜十二盒退还A公司，A公司收到尹某某退还的货物后，应向尹某某支付巢蜜款项10倍的赔偿金。

《电子商务法》的立法原则有以下三个方面。

（一）国家鼓励原则

国务院发布的关于电子商务发展的扶持政策包括：《关于大力发展电子商务加快培育经济新动力的意见》（国发〔2015〕24号），《关于积极推进“互联网+”行动的指导意见》（国发〔2015〕40号），《关于促进跨境电子商务健康快速发展的指导意见》（国办发〔2015〕46号），《关于推进线上线下互动加快商贸流通创新发展转型升级的意见》（国办发〔2015〕72号），《关于加强互联网领域侵权假冒行为治理的意见》（国办发〔2015〕77号），《关于促进农村电子商务加快发展的指导意见》（国办发〔2015〕78号）。

（二）平等保护原则

在市场经济体制下，平等原则是构建和维护市场秩序的关键。市场交易主体在此框架下拥有平等地位，各自追求多元化的利益目标，且资源配置具有高度流动性。从自身利益最大化角度出发，各市场主体独立追求各自利益，致使市场经济运行过程中充满矛盾与冲突。在此背景下，国家必然需要通过法律手段，从宏观和微观层面对各主体之间的行为进行协调和规范，从而维护市场经济的法律秩序。

电子商务行业日新月异，国家在电子商务初兴之时为其稳定、有序发展制定了一系列优惠政策。伴随着线上线下的深度融合，线上电子商务的经营活动对线下实体经营者产生了一定的竞争影响。然而，为了线上与线下的进一步融合与协作，国家不能为线上商务活动提供更多的优惠，确保线上与线下的公平待遇；国家也不能限制线上电子商务的发展，或采取歧视性的政策，例如不得滥用行政权力排除或限制市场竞争活动。

（三）自愿、平等、公平、诚实信用原则

遵循自愿原则意味着，民事主体有权自主地依据其意愿进行民事活动，这是确保民事活动顺利进行的基本规范。平等原则强调在所有民事活动中，各方当事人都应享有平等的法律地位，任何一方都不能将自身意愿强加给对方。公平原则要求民事主体应基于社会普遍认可的公平理念开展民事活动，以维护当事人间的利益平衡。诚实信用原则要求民事主体在进行民事活动时，必须真诚、善意，行使权利时不侵犯他人与社会的权益，履行义务时恪守承诺并遵守法律规定，以确保所有获取民事利益的活动不仅能实现当事人间的利益平衡，还能实现当事人与社会间的利益平衡。

除了遵循上述原则，电子商务活动还需遵守法律和商业道德，进行公平竞争，全面履行消费者权益保护、环境保护、知识产权保护、网络安全和个人信息保护等义务，承担产品和服务质量责任，并接受政府和社会的监督。所有这些内容都在相关法律条文中有所体现。

四、电子商务管理

由于电子商务的经营活动范围和表现形式广泛，对其监管也涉及多个环节。从监管层面来看，国务院的相关职能部门只要与电子商务活动相关，都应当在其职责范围内对电子商务的发展促进、监督管理采取有效措施，进行扶持和管理。地方人民政府可以根据本行政区域的实际情况，确定本行政区域内电子商务的部门职责划分。

除了政府职能部门进行促进和管理之外，还有必要建立符合电子商务特点的协同管理体系，推动形成有关部门、电子商务行业组织、电子商务经营者、消费者等共同参与的电子商务市场治理体系。电子商务行业组织按照本组织章程开展行业自律，建立健全行业规范，推动行业诚信建设，监督、引导本行业经营者公平参与市场竞争。

单元二　电子商务经营者市场主体登记

《电子商务法》明确规定："电子商务经营者应当依法办理市场主体登记。"开设网店同样需要办理营业执照。此外，该法还规定了几种不用办理市场主体登记的情形。

一、电子商务经营者

实例链接

网上经营者不一定都是电子商务经营者

小A在某市某街上租了商铺卖服装，在互联网上的本地生活论坛上打促销广告，欢迎人们到店购买春季新款服饰。广告效果很好，顾客纷纷到小A店里购买。小B平时在银行上班，他在闲鱼上卖一块闲置的手表，按七折的价格挂了一个月，后来有人看中了，两人在网站上成交了，小B把手表寄给了对方。小C开了一家餐馆，在微信上开设了公众号，食客到店里关注公众号扫码点餐。以上小A、小B和小C都是电子商务经营者吗？

解析：

他们都不是电子商务经营者。

小A是传统的线下经营者，主要经营服装。小A通过网络发布店铺促销广告，实际的交易都是在实体店铺中完成的。因此，小 A 仅在网络上打广告，这不属于电子商务活动，小 A 不是电子商务经营者。

小 B 在银行上班，他在网上卖一块自己闲置不用的手表，虽然看上去是在销售商品，但这不是一种经营行为。因为小 B 转让的是自用后的闲置物品，不是为了销售而专门采购的物品，同时转让手表的价格比他买来的价格低，而且这样的行为也不具有持续性。因此，小 B 进行的是二手物品转让的非经营性活动，他不是电子商务经营者。

小 C 的餐馆用扫码点餐的方式提供服务，这是小 C 的实体店铺经营中的一个环节。扫码点餐这种形式虽然是借助信息网络实现的点餐下单功能，是餐饮服务的一部分，但实际上消费者是直接在线下的店内消费的。消费者基于实体店进店消费，并非通过信息网络实现消费。因此，小 C 也不是电子商务经营者。

（一）全面了解电子商务经营者

电子商务活动的实施主体即电子商务经营者。这包括以下两个方面：一是电子商务活动的内容；二是可以参与电子商务活动的人员。

1. 电子商务活动的内容

根据《电子商务法》第 2 条的规定，电子商务活动是“通过互联网等信息网络从事销售商品或提供服务的经营活动”，这个表述包含了以下三层含义。

（1）媒介。电商的显著特点是以互联网等信息网络为媒介进行活动，其中互联网是主要的，包括手机上的移动互联网。电商通过信息网络这一媒介极大地突破了面对面交易的限制，使远程交易成为现实并在更广泛的范围内得到应用。然而，信息网络作为媒介，不仅仅局限于当前的互联网形式，未来也可能出现新的信息网络形式。

（2）内容，即销售商品和提供服务。销售商品包括日常生活中的大部分商品，如服装、日用品、电子产品和食品等；提供服务包括旅客运输服务、培训服务和餐饮服务等。大部分线下已有的商品和服务都可以通过线上经营。

（3）性质，即经营性活动，是获取利益和谋求利润的活动，与非经营性活动有明显区别。需要注意的是，经营性和非经营性的区别可以参考以下几种情况：首先，看商品的来源，非经营性行为是自己使用后闲置的，经营性行为是向外采购或专门制作的。其次，看商品的价格，非经营性行为以转让物品为主，价格可能高于或低于原来的价格，具有很大的随机性；经营性行为以获取利润为主，商品价格通常需要高于原来的价格，经营者需要获取持续的利润。最后，看行为是否持续，非经营性行为的持续性可能因个人而异，转让行为的频率不固定，多半不具有持续性；经营性行为需要持续获取利润，销售行为必然是持续进行的。

2. 可以参与电子商务活动的人员

关于哪些人员可以成为电子商务经营者，法律规定的是自然人、法人和非法人组织。简单来说，无论是个人还是公司，或是其他组织形式，都可以成为电子商务经营者，《电子商务法》对此没有限制。

（二）电子商务经营者的分类

电子商务经营者主要包括以下几类：电子商务平台经营者、平台内经营者、自建网站的电子商务经营者和基于其他网络服务的电子商务经营者。其中，《电子商务法》第 9 条对电子商务平台经营者和平台内经营者的含义进行了进一步规定。这两个法律概念主要涉及平台和平台内的商家，这两类市场主体在电子商务活动中占了很高的比例。在信息网络环境中，各类电子商务经营者依据自身条件，自己创立并经营网站。这种自建网站的电子商务经营者又可分为两种情况。一种情况是那些在业内知名度颇高的公司自行开设网站，作为其官方销售平台，实现交易的全过程。另一种情况是来自大型电商平台的自营商品部分，如京东、当当、网易严选等自营商品，这类电商平台同时涉足电子商务平台经营者和自营商品销售业务。电子商务经营者在信息网络上的发展呈现多样化趋势，其中有一部分被法律界定为“兜底”情况，它们未被列入前述三大类别。目前，最常见的这类电子商务经营者的经营形式是朋友圈微商，借助微信这一网络社交系统销售商品。预计未来会出现更多新型的电子商务经营者，它们在分类时可能难以被纳入上述三大类，因此会被归入基于其他网络服务的电子商务经营者。

实例链接

电子商务经营者实例

D 公司提供各种身体保健教学视频课程，用户可通过链接进入微信小程序，在小程序中购买课程，观看视频；小 E 主要销售茶叶，经常会在朋友圈发布茶叶供应信息，包括图片、价格，还会附上购买链接，买家点击链接后，页面会跳转到小 E 在淘宝网上的店铺，然后买家可下单购买；域名服务商 F 主要提供域名服务，根据用户的需求出具网络经营场所的证明。D 公司和小 E 属于哪一类电子商务经营者？域名服务商 F 是否属于电子商务平台经营者？

解析：

D 公司属于基于其他网络服务的电子商务经营者。根据微信对小程序的说明：小程序是“一种全新的连接用户与服务的方式，它可以在微信内被便捷地获取和传播，同时具有出色的使用体验”。D 公司的教学视频课程是其自身开发的程序，搭建在其本地或云端服务器，通过小程序的接口连接到微信平台。E 使用淘宝平台，属于平台内经营者，也是电子商务经营者。F 属于自建平台经营者，也是电子商务平台经营者。

二、电子商务经营者市场主体登记

实例链接

电子商务经营者办理市场主体登记实例

小X在某市某街租赁商铺开设服装店，之前已办理营业执照，现在小X打算到淘宝网上再开一个自然人网店，小X是否还要办理营业执照？小Y的户籍地是杭州某区，其经常居住地为福州某区，他准备在总部位于北京某区的京东商城上开设一家个人网店销售运动鞋，小Y想办理网络经营地址的个体工商户营业执照，应该去哪里登记办理？小Z准备在网络订餐平台上开一家自然人店铺做小吃外卖，小Z需要取得哪些资质？能否办理网络经营地址的个体工商户营业执照？

解析：

《电子商务法》第10条规定："电子商务经营者应当依法办理市场主体登记。"第12条规定："电子商务经营者从事经营活动，依法需要取得相关行政许可的，应当依法取得行政许可。"

小X已经取得了实体经营地址的营业执照，其经营范围中有服装销售的经营项目，营业执照可以直接用于网络销售，他无须另行办理营业执照。

小Y可以去目前的经常居住地福州办理网络经营地址的个体工商户市场主体登记。有户籍地和经常居住地的，以经常居住地为住所地，应在住所地办理网络经营地址的个体工商户登记。

小Z不能办理具有网络经营地址的个体工商户营业执照，只能办理具有实体经营地址的个体工商户营业执照。小Z做小吃外卖，从事的是热食类食品经营活动，这是需要取得食品经营许可的经营活动。根据有关食品经营许可的要求，此类经营者应当具备实体的经营场所，经核查符合许可条件，取得食品经营许可后方能从事有关经营活动。因此，小Z应当先取得有实体经营地址的个体工商户营业执照，然后向许可部门提出许可申请。

电子商务经营者有义务进行市场主体登记，并确保其商业活动在许可的范围内。这意味着，在网上开展零售业务的电子商务经营者需办理营业执照。无论是在各大电商平台，还是在诸如微信、抖音等社交平台上开展电子商务活动，都需要提供营业执照。若电子商务经营者的产品销售业务涉及许可规定，例如销售食品需要办理食品经营许可证，那么他们需要获得相应的许可证。当前，电子商务经营者可以选择的市场主体登记形式包括个体工商户、公司、农民专业合作社和合伙企业。

（一）自然人网店的主体登记

自然人经营的网络店铺可以是电商平台内的企业或个人，或者是自建电商平台的经营者，或者是其他网络服务提供商。在市场主体方面，他们应当登记为个体工商户。如果电子商务经营者意图成为个体工商户，则允许他们将网络经营场所作为其营业场所进行注册。针对在多个电子商务平台上进行经营的电商，需要向登记机关登记其在所有经营场所的经营活动。允许将经常居住地作为住所，位于个人住所所在的县、自治县、不设区的市、市辖区的市场监督管理部门为登记机关。

将网络经营场所作为营业场所的个体工商户，仅能通过互联网进行经营活动，且不得擅自改变其住宅房屋的用途，以便从事线下生产经营活动。登记机关需要在营业执照的“经营范围”后面标注“（仅限于通过互联网从事经营活动)”。

如果电商申请成为个体工商户，则允许其将网络经营场所作为营业场所进行注册。对于在两个或两个以上网络交易平台上进行经营活动的电商，需要将其在所有经营场所的经营活动向登记机关进行登记。允许将经常居住地作为住所，个人住所所在地的县、自治县、不设区的市、市辖区市场监督管理部门为登记机关。

（二）企业类店铺的主体登记

依据《电子商务法》中对电商主体的分类原则，企业类店铺可能为平台内经营者，自建网站的电子商务经营者，或者依托其他网络服务的电子商务经营者。在具体的场景中，企业类店铺的组成形式包括在平台上开设的旗舰店、专营店，以及自建的官方网站。针对企业类店铺的主体登记，其可以选择的组织形式包括公司、合伙企业和个人独资企业等。公司是最常见的选择，大部分企业类网店采用公司形式进行主体登记，并获取营业执照。然而，针对这部分主体登记的要求在《电子商务法》中没有新的规定。采用公司等企业组织形式的营业执照，只能使用实体经营地址进行登记，不存在网络经营地址登记的可能。

申请设立有限责任公司，应当向公司登记机关提交下列文件：

（1）公司法定代表人签署的设立登记申请书。

（2）全体股东指定代表或者共同委托代理人的证明。

（3）公司章程。

（4）股东的主体资格证明或者自然人身份证明。

（5）载明公司董事、监事、经理的姓名、住所的文件以及有关委派、选举或者聘用的证明。

（6）公司法定代表人任职文件和身份证明。

（7）企业名称预先核准通知书。

（8）公司住所证明。

（9）国家工商行政管理部门规定要求提交的其他文件。

法律、行政法规或者国务院决定规定设立有限责任公司必须报经批准的，还应当提交有关批准文件。有限责任公司是当前社会经济活动中最常见的法人组织，在电子商务活动中同样如此。取得有限责任公司的主体登记，根据上述规则，需要有公司名称、公司章程、住所、股东、法定代表人、注册资本等，相对于个体工商户的主体登记而言，有限责任公司的主体登记更为严谨和复杂。

三、无须办理市场主体登记的情形

实例链接

无须办理市场主体登记的网上经营者实例

小Q家里种了很多柿子树。到了柿子成熟的季节，小Q会采摘柿子做成柿饼。为了更好地打开销路，小Q在网上开设网店销售柿饼；小P学会了手工刺绣，自己手工制作各种花式的小手帕、小团扇等，同样在网上开设网店销售这些手工制品；小H手脚勤快，擅长打扫、整理房间，总是能在短时间内完成工作，让一切变得井井有条，最近小H不再通过家政公司，而是通过微信朋友圈介绍自己的服务，很多雇主通过微信找到小H；小J是一名公司文员，朋友是开服装作坊的，有稳定的围巾货源，小J的业余时间用来在网上开店销售围巾，每条围巾售价20元左右，但因为小J没有花钱做广告，网上的店铺很少有人光顾，一个月最多卖出10条围巾。小Q、小P、小H、小J都需要办理市场主体登记吗？

解析：

根据《电子商务法》第10条的规定，他们都不需要办理市场主体登记。

小Q销售自家种植和加工的柿饼，属于个人销售自产农副产品的情形。小P销售自己制作的刺绣工艺品，属于个人销售家庭手工业产品的情形。小H在微信朋友圈提供家政服务，属于个人利用自己的技能从事依法无须取得许可的便民劳务活动。小J销售围巾数量少、单价低、销售额低，属于零星小额交易活动。

《无证无照经营查处办法》第3条明确规定："下列经营活动，不属于无证无照经营：（一）在县级以上地方人民政府指定的场所和时间，销售农副产品、日常生活用品，或者个人利用自己的技能从事依法无须取得许可的便民劳务活动；（二）依照法律、行政法规、国务院决定的规定，从事无须取得许可或者办理注册登记的经营活动。"《电子商务法》第10条明确了以下五种无须办理市场主体登记的情形：

（1）个人销售自产农副产品。这一情形有以下三个条件：第一，主体必须是个人，包括个体户，但不允许是公司、合伙企业等；第二，商品必须是农副产品，包括蔬菜、水果、粮食等；第三，形式必须是自产自销，例如开设网店销售自己田地里种的玉米。

（2）个人销售家庭手工业产品。这一情形需要符合两个条件：第一，主体是个人；第二，商品必须是家庭手工业产品，即个人亲手做的手工艺品，不能是工业化机器设备生产加工的产品，例如自制的中国结、雕塑制品等。

（3）个人利用自己的技能从事依法无须取得许可的便民劳务活动。这种情形涉及的条件比较多，包括以下方面：第一，主体是个人；第二，个人提供便民劳务活动，例如修理、理发等活动，是一种日常便民的服务活动；第三，个人利用自己的技能，同样着重突出自己的技能，这项服务是经营者自己通过学习掌握的技能；第四，个人依法无须取得许可，许可不同于主体登记，需要许可的经营活动如食品经营活动，无论是销售食品还是提供餐饮服务，都需要取得食品经营许可。

（4）零星小额交易活动。《电子商务法》新创设的是零星小额交易活动这类情形，目前还没有明确如何具体量化。零星是频率，小额是金额，也就是说，对于频率低、金额小的电子商务活动，经营主体无须办理主体登记。无论怎样明确，都应该坚持两个原则：一是办理主体登记是常态，零星小额是特殊个例；二是零星小额经转化一旦符合主体登记要求，就应当及时办理主体登记。

（5）依照法律、行政法规不需要进行登记的市场主体。这一情形是为了衔接其他法律法规的规定，不排除日后有新的不需要办理主体登记的情形。只要是法律和行政法规明确规定的，都可以纳入《电子商务法》中，这体现了法律为适应未来发展变化而保留的灵活性。

单元三　电子商务经营者及平台经营者责任义务

电子商务从业者是指通过网络平台销售商品或提供服务的自然人、法人或非法人团体，涵盖电子商务平台经营者、平台内经营者，以及通过自建网站或通过其他网络服务销售商品或提供服务的电子商务经营者。根据《电子商务法》，电子商务从业者所享有的权益与所承担的责任并不是完全相同的，电子商务平台经营者的责任与义务更是具有特殊性。

一、电子商务经营者的责任和义务

实例链接

微信公众平台“某吃货邦”许可证问题

2021年4月6日，执法人员在对微信公众平台“某吃货邦”上的入网食品经营户进行排查时，发现“A九佰碗”店铺餐饮服务许可证过期，“B小炒”店铺无营业执照和食品经营许可证，“C比萨小屋”店铺无食品经营许可证，“D十骨头”店铺餐饮服务许可证过期且字号名称与核准登记的字号名称不符，“E阿布家族”店铺无食品经营许可证。4 月 7 日，执法部门对“某吃货邦”立案调查。4 月 11 日，执法人员向“某吃货邦”送达了《责令改正通知书》，以“某吃货邦”存在未对入网食品经营者进行实名登记、审查许可证，及公司经营地址变更后未办理变更登记行为，责令“某吃货邦”：(1) 立即下架证照不全的入网经营户；(2) 在 2021 年 4 月 15 日前提供相关证照；(3) 办理营业执照变更登记。“某吃货邦”于 4 月 15 日对经营资质不符合规定的上述 5 家店铺予以下架，于 7 月 19 日办理了营业执照变更登记。7 月 22 日，执法人员向“某吃货邦”送达了仙市监听告字〔2021〕14 号《行政处罚听证告知书》，“某吃货邦”未申请听证。7 月 29 日，执法人员作出仙市监处字〔2021〕××号行政处罚决定，认定“某吃货邦”未对入网的食品经营户进行身份、食品经营许可资质审查和登记的行为违反了《食品安全法》第 62 条和《电子商务法》第 28 条之规定，根据《食品安全法》第 131 条和《电子商务法》第 80 条之规定，决定对“某吃货邦”作出如下处罚：(1) 警告；(2) 没收违法所得 314.36 元；(3) 罚款50 000 元。“某吃货邦”认为执法部门的处罚过重，将执法部门诉至人民法院。

解析：

(1) 执法人员对“某吃货邦”作出的行政处罚，经立案、调查、告知、听证、集体讨论、作出决定等程序，符合《行政处罚法》的相关规定，处罚程序合法。“某吃货邦”在庭审中称，被告在作出处罚决定前未进行“约谈”，处罚程序不合法，对此人民法院认为《行政处罚法》并无行政机关在作出处罚决定前须与相对人“约谈”的规定，本案执法部门在作出处罚决定前已履行了告知义务，“某吃货邦”也已申请听证，在听证过程中作了陈述和申辩，故原告称未经“约谈”作出的行政处罚程序违法的理由不能成立。(2)《电子商务法》第 10 条规定：“电子商务经营者应当依法办理市场主体登记。”第 15 条规定：“前款（指营业执照信息、与其经营业务有关的行政许可信息等）规定的信息发生变更的，电子商务经营者应当及时更新公示信息。”《食品安全法》第 62 条规定：“网络食品交易第三方平台提供者应当对入网食品经营者进行实名登记，明确其食品安全管理责任；依法应当取得许可证的，还应当审查其许可证”。《公司法》第 36 条规定：“公司营业执照记载的事项发生变更的，公司办理变更登记后，由公司登记机关换发营业执照。”本案中，被告认定原告对进入其提供的“某吃货邦”网络平台的 5 家食品经营者未进行实名登记食品经营许可证的审查，至该 5 家店铺下架前，共收取服务费 314.36 元和超出营业执照上核准登记的经营范围与入网食品经营户签订外卖配送服务合同，为网络订餐用户提供订餐配送服务收取配送费的行为违反了上述法律的规定，事实清楚，证据充分，原告对上述违法事实也无异议。(3)《食品安全法》第 131 条规定：“违反本法规定，网络食品交易第三方平台提供者未对入网食品经营者进行实名登记、审查许可证，或者未履行报告、停止提供网络交易平台服务等义务的，由县级以上人民政府食品安全监督管理部门责令改正，没收违法所得，并处五万元以上二十万元以下罚款；造成严重后果的，责令停业，直至由原发证部门吊销许可证；使消费者的合法权益受到损害的，应当与食品经营者承担连带责任。”

本案执法部门在处罚决定中，根据“某吃货邦”的违法事实，从轻对“某吃货邦”处以罚款 50 000 元。对此，平台的几家经营者称其违法行为轻微，没有造成危害后果，积极配合，所受处罚过重。人民法院认为，对“某吃货邦”积极配合的态度，执法部门已在处罚决定中表明予以认可，作从轻处罚，对其处以法律规定的处罚幅度的最低数额。因“某吃货邦”不存在法定减轻和不予处罚的情节，故执法部门对原告所作的处罚，不存在畸重。“某吃货邦”请求撤销被告对其作出的行政处罚决定，理由不能成立，依法应予驳回。

电子商务经营者的责任和义务主要体现在以下几个方面。

（一）办理市场主体登记和税务登记

办理市场主体登记前面已作过介绍，这里不再赘述。

电子商务法遵循线上线下平等对待的原则，要求所有的电子商务经营者，包括被豁免登记的市场主体在内，均需要依法纳税，也和线下主体一样享受税收优惠。《电子商务法》针对前面三类豁免登记的主体，要求在其首次纳税义务发生后，依照税收征收管理法律、行政法规的规定申请办理税务登记，并如实申报纳税。市场主体登记的豁免并不代表税收的豁免，也可以理解为，经过登记的市场主体并不一定需要实际纳税，因为纳税是根据实际经营而产生的；纳税的主体也不一定必须进行市场主体登记，因为《电子商务法》规定了部分主体可以豁免市场主体登记。

（二）办理行政许可

电子商务经营者从事经营活动，依法需要取得相关行政许可的，应当依法取得行政许可。行政许可是指行政机关根据公民、法人或者其他组织的申请，经依法审查准予其从事特定活动的行为。销售商品和提供服务应当事先获得行政许可的范围，一般而言，需平台经营者事先进行了解，并在提供的服务协议中明确作为设立店铺的前提条件，并由平台内经营者在电商店铺提交材料的时候一并进行审核。

目前认为需要事先取得行政许可的电商店铺包括：

（1）食品销售类电商店铺，需要取得食品经营许可证、食品添加剂生产企业生产许可证、食品流通许可证（包括食盐类）。

（2）海外代购、微商、个人代购必须依法办理工商登记，取得相关行政许可。

（3）从事网络拍卖的电子商务经营者，应取得商务部门颁布的拍卖经营许可证。如果涉及文物，还应取得文物主管部门的文物拍卖许可证。

（4）书籍等出版物经营类电商店铺，需取得出版物经营许可证。

（5）药品销售类电商店铺，需取得药品经营许可证。

（6）互联网药品信息服务类电商店铺、化妆品经营类电商店铺、婴幼儿乳粉类电商店铺、农药销售类电商店铺、特种设备类电商店铺等，均应当取得行政许可。

（三）保障人身、财产安全要求和环保要求

电子商务经营者销售的商品或者提供的服务应当符合保障人身、财产安全的要求和环保要求，不得销售或者提供法律、行政法规禁止交易的商品或者服务。

由于电子商务的消费者在网络购物过程中处于弱势，而对电子商务经营者缺乏有效的监督，因此销售商品和提供服务不合格的情况并不少见。虽然《消费者权益保护法》已就人身、财产的保护作出规定，但《电子商务法》仍然有必要对此类义务予以强调。就电子商务经营者而言，其在销售商品和提供服务过程中应当承担如下义务：

（1）保障消费者人身、财产安全的义务。

（2）保护环境义务。

（3）保障交易合法性的义务。

（四）出具购物凭证或服务单据

电子商务经营者销售商品或者提供服务，应当依法出具纸质发票或者电子发票等购货凭证或者服务单据。电子发票与纸质发票具有同等法律效力。

消费者“消费”的目的是满足个人生活需要，因购买量少，一般都不会与商家签订书面买卖合同，购物凭证和服务单据便成为唯一能证明“消费”行为存在的证据，证明双方之间这种买卖或服务关系存在。因为购物凭证和服务单据的重要性，在实践中维权，无论是行政投诉、消费者权益保护委员会调解，还是到法院提起诉讼，都将成为一个重要的证据。当然，电子商务交易与传统交易同样存在较大区别，尤其是消费购物的轨迹，线下购物消费难以留下记录，除非提供购物凭证和服务单据，而线上则会有较多的记录。《电子商务法》第 62 条规定：“在电子商务争议处理中，电子商务经营者应当提供原始合同和交易记录。”这在一定程度上减轻了消费者的举证责任。

（五）公示信息

电子商务经营者应当在其首页显著位置，持续公示营业执照信息、与其经营业务有关的行政许可信息、属于依照《电子商务法》第 10 条规定的不需要办理市场主体登记情形等信息，或者上述信息的链接标识。上述规定的信息发生变更的，电子商务经营者应当及时更新公示信息。电子商务经营者自行终止从事电子商务的，应当提前 30 日在首页显著位置持续公示有关信息。

电子商务迅猛发展过程中，法律应当对消费者提供更有效的保护，其中知情权是一个重要环节。因为只有在信息不对称的情况下，才会导致处于弱势地位的消费者维权、投诉无门，而信息的公示才是最好的救济方式。《电子商务法》要求电子商务经营者对相关信息进行公示，正是为了达到上述目的。

电子商务经营者公示的信息包括：

（1）营业执照信息。

（2）与其经营业务有关的行政许可信息。

（3）不需要办理市场主体登记的情形。

（六）切实维护消费者合法权益

《电子商务法》第 17 条明确规定："电子商务经营者应当全面、真实、准确、及时地披露商品或者服务信息，保障消费者的知情权和选择权。电子商务经营者不得以虚构交易、编造用户评价等方式进行虚假或者引人误解的商业宣传，欺骗、误导消费者。"

《电子商务法》第 18 条规定："电子商务经营者根据消费者的兴趣爱好、消费习惯等特征向其提供商品或者服务的搜索结果的，应当同时向该消费者提供不针对其个人特征的选项，尊重和平等保护消费者合法权益。电子商务经营者向消费者发送广告的，应当遵守《中华人民共和国广告法》的有关规定。"在销售商品或提供服务时，电子商务经营者不得将搭售商品或服务作为默认选项，并应向消费者明确提示。

电子商务经营者应当按照承诺或者与消费者约定的方式、时限向消费者交付商品或者提供服务，并承担商品运输中的风险和责任。但是，消费者另行选择快递物流服务提供者的除外。

电子商务经营者按照约定向消费者收取押金的，应当明示押金退还的方式、程序，不得对押金退还设置不合理条件。消费者申请退还押金，符合押金退还条件的，电子商务经营者应当及时退还。

电子商务经营者与消费者之间的法律关系，是电子商务法关注的重点。为了切实有效地在电子商务交易中保护消费者的合法权益，需要对电子商务交易环节中常见的消费者权益受侵害情形进行分析，归纳网络虚拟性导致的有别于线下交易模式的侵权行为，并作出有利于消费者保护的立法规定。

（七）不得滥用市场支配地位

在市场地位方面，经营者如果在相关市场内具备能够主导商品的价格、数量和交易条件，或者具有阻碍、影响其他经营者进入该市场的能力，就可被认定为具备市场支配地位。市场支配地位的构成要素包括：企业在市场中的地位，即是否具备控制商品价格、数量或其他交易条件的能力；对竞争的影响，即是否具备阻碍或影响其他经营者进入相关市场的能力。通常来说，市场支配地位的定义至少应涵盖以下几方面：主体方面，它既可以由单个企业单独拥有，也可以由少数企业共同拥有；市场支配地位是一种特殊的市场地位，常以控制商品价格、数量，阻碍、影响其他经营者的运营等形式显现。

对于电子商务经营者而言，由于市场基数庞大，电子商务交易额巨大，因此在交易过程中，凭借其技术优势、市场用户数量、对相关行业的控制能力以及其他经营者对该电子商务经营者在交易上的依赖性，都可能产生滥用市场支配地位的行为，最终导致竞争的排除与限制。因此，基于技术优势、用户数量、对相关行业的控制能力以及其他经营者对该电子商务经营者在交易上的依赖程度等因素，电子商务经营者具备市场支配地位后，不可滥用市场支配地位，以免造成竞争的排除与限制。

（八）数据信息的保护

根据《电子商务法》第 25 条的规定，有关主管部门依照法律、行政法规的规定要求电子商务经营者提供有关电子商务数据信息的，电子商务经营者应当提供。有关主管部门应当采取必要措施保护电子商务经营者提供的数据信息的安全，并对其中的个人信息、隐私和商业秘密严格保密，不得泄露、出售或者非法向他人提供。在这里，相关部门包括了国家市场监督管理总局、国家互联网信息办公室、国家税务总局、国家发展和改革委员会、工业和信息化部等。电子商务经营者需协助相关部门处理违法行为，包括合规性监管和市场行为，提供其所掌握的经营者身份信息、资质信息、商品或服务信息、交易信息以及用户个人信息等数据信息，以便有关部门处理可能涉及的知识产权侵权、暴力、淫秽色情等违法行为。

此外，相关部门也应该对数据信息进行保密，并采取必要的防护措施。例如，设置专门的岗位或人员负责数据信息的管理、保护，建立数据信息收集、使用的工作流程，采取安全存储措施以及防泄密措施，采用防止黑客入侵和病毒的安全措施等。虽然目前《电子商务法》及其他法律法规并未对国家机关作为信息处理主体收集、使用个人信息作出明确规定，但政务部门的大数据联通和共享使得国家有权机关在信息收集、使用方面发挥着主导作用，而这一点在我国的《个人信息保护法》中也有所体现。

对于电子商务经营者的用户信息收集、使用和保护，也应遵循《个人信息保护法》《数据安全法》等相关法律法规的规定。

二、电子商务平台经营者的责任和义务

实例链接

平台内经营者去向不明，平台经营者应负责任

单某使用淘宝账户“A 单君”向账户名为“B 时代××××”的淘宝店铺购买“××××牌安卓 5.5 寸四核智能手机双卡双待安卓 4.2 纯净版”手机一部，实付 858 元，订单编号为 57474097825××××，订单详情显示卖家真实姓名：邱某某。单某收到的手机背面显示进网许可证为定制版 02 - 8749 - 1118114P07CCN85X3××××，IMEI：86879301009××××。单某认为涉案手机涉嫌假冒，遂通过消费者协会申请工业和

信息化部电信设备认证中心鉴定。该中心通过鉴定出具鉴定书，确认上述进网许可证为伪造标志。于是，单某在电商平台——淘宝网络技术有限公司（以下简称淘宝公司）申请披露涉案卖家的身份信息，淘宝公司经审核后通过电子邮件告知涉案卖家“B时代××××”的真实姓名为邱某某，地址：广东省普宁市×村×号，注册电话：134××××2630，注册邮箱：c×××@163.com。此后，工商行政管理部门给单某出具《终止调解书通知书》，该通知书中表示执法人员通过前往×村村委会，与该村干部一同到邱某某住所现场检查。经查，邱某某家大门紧锁，去向不明，据该村村干部了解，邱某某已很久没有回家居住，通过拨打被申诉人电话134××××2630，接电话者说自己不是邱某某，也无法与之取得联系，致使其无法进行调解，为此，终止调解。另认定，淘宝账户“A单君”是由单某注册的。淘宝账户“B时代××××”由邱某某注册，卖家注册时，淘宝公司对邱某某的身份进行了核实，淘宝公司提供的邱某某的身份证显示其地址为广东省普宁市×村×号。经过认定，淘宝公司已经向浙江省通信管理局申请并取得了在其网站（www.taobao.com）上从事信息服务业务(仅限互联网信息服务业务)，业务覆盖范围含互联网信息服务（不含新闻、出版、教育、医疗保健、药品和医疗器械、文化、广播电影电视节目）、电子公告服务，为网络用户提供服务。在淘宝公司网站（www.taobao.com）注册的用户均需同意淘宝公司制定的服务协议，协议中约定淘宝网站仅作为交易地点；淘宝仅作为用户物色交易对象，就货物和服务的交易进行协商，以及获取各类与贸易相关的服务的地点；淘宝不能控制交易所涉及的物品的质量、安全或合法性，商贸信息的真实性和准确性，以及交易方履行其在贸易协议项下的各项义务的能力等，其中协议第4条第1点第c)项规定用户“不发布国家禁止销售的或限制销售的商品或服务信息（除非取得合法且足够的许可），不发布涉嫌侵犯他人知识产权或其他合法权益的商品或服务信息……”单某为本次出庭及另外一个案件共同支付单趟交通费522元。由此，单某诉至原审法院，请求判令：(1) 淘宝公司赔偿单某购物款项的3倍计2 574元，并依法为单某退货退款858元。(2) 淘宝公司赔偿单某因鉴定手机真伪损失的交通费500元、到杭州参加庭审损失的交通费916元和住宿费400元，共计1 816元。

解析：

《电子商务法》第27条规定：“电子商务平台经营者应当要求申请进入平台销售商品或者提供服务的经营者提交其身份、地址、联系方式、行政许可等真实信息，进行核验、登记，建立登记档案，并定期核验更新。”此案中淘宝网为相应的电子商务平台经营者。单某主张淘宝公司不能提供涉案卖家的有效联系方式，故根据《电子商务法》上述条款和《消费者权益保护法》第44条第1款的规定要求淘宝公司承担先行赔付责任。原审人民法院认为，《消费者权益保护法》第44条第1款的立法本意在于网络服务提供者应当对利用其网络开展经营活动的经营者的身份进行审查与核实，在消费者与经营者发生争议的时候向消费者披露经营者的真实身份和经营资质以便消费者通过合法的途径进行维权。由此可见，只有在网络服务提供者不能提供经营者的真实身份信息以致消费者不能通过《消费者权益保护法》规定的合法途径进行维权的情况下，网络服务提供者才应承担先行赔付责任。本案中，单某向淘宝公司提出信息披露申请后，淘宝公司已经通过电子邮件的方式向其提供了涉案卖家的真实名称、地址、注册邮箱、电话等信息，庭审中，淘宝公司再次提供了涉案卖家的真实名称、地址及身份证，虽然单某通过向行政部门投诉的方式未能有效解决争议，但单某完全可以通过其他合法途径解决争议，不存在单某通过其他合法途径无法向涉案卖家邱某某主张权利的情形。因此，单某基于《消费者权益保护法》第 44 条第 1 款的规定要求淘宝公司承担先行赔付责任的依据不足，原审人民法院不予支持。故对单某要求淘宝公司退还货款并支付 3 倍赔偿款及交通费、住宿费的诉讼请求，原审人民法院均不予支持。淘宝公司抗辩称其不应承担赔偿责任理由成立，原审法院予以采信。

电子商务平台经营者应当要求申请进入平台销售商品或者提供服务的经营者提交其身份、地址、联系方式、行政许可等真实信息，进行核验、登记，建立登记档案，并定期核验更新。电子商务平台经营者为进入平台销售商品或者提供服务的非经营性用户提供服务，应当遵守这些规定。

电子商务平台经营者的责任和义务主要体现在以下几个方面。

（一）提交真实信息

《电子商务法》明确了电子商务平台经营者的责任和义务。《电子商务法》第 27 条规定："电子商务平台经营者应当要求申请进入平台销售商品或者提供服务的经营者提交其身份、地址、联系方式、行政许可等真实信息，进行核验、登记，建立登记档案，并定期核验更新。"在这里，"身份"应理解为有效的身份证明信息。除此之外，平台经营者还需对所有在平台上销售商品或提供服务的非经营者进行有效管理。具体而言，这些非经营者既包括大量从事经营活动的经营者，也包括一些并不以经营为目的的个人，如那些在平台上出售自己的二手物品的人。需要注意的是，这些主体没有持续的经营行为，且并非电子商务法所调整的对象。尽管如此，平台经营者仍应对在平台上的所有经营者和非经营者一视同仁，并采取有效的管理措施，以确保平台的稳定性并对用户负责。

（二）配合行政管理

电子商务平台经营者对于平台内经营者的管理，内容涉及多个方面，其中关于行政机关的监管也是一个重要环节。《电子商务法》第 28 条第 1 款就市场监督管理部门及税务部门的监管作了明确的规定，具体涉及电商平台需要配合的工作包括：（1）向市场监督管理部门报送平台内经营者的身份信息；（2）提示未办理市场主体登记的经营者依法办理登记；（3）配合市场监督管理部门，针对电子商务的特点，为应当办理市场主体登记的经营者办理登记提供便利；（4）依照税收征收管理法律、行政法规规定，向税务部门报送平台内经营者的身份信息和与纳税有关的信息；（5）提示不需要办理市场主体登记的电子商务经营者办理税务登记。

根据《电子商务法》第29条的规定，平台经营者在允许平台内经营者销售商品和提供服务的过程中，一旦发现后者未按照要求取得相关行政许可，或者销售商品或提供服务无法保证人身、财产安全的要求和环境保护要求，或者销售或提供法律、行政法规禁止交易的商品或者服务时，应当依法采取必要的处置措施，并向主管部门报告。

由网络平台的经营者对平台内经营者进行管理和监督，符合电商平台的特殊属性，也类似于线下市场经营主体对市场内的经营者进行管理。当然，这种管理既不能流于形式，也不能有过高要求，对于部分平台内经营者采用较为隐蔽的手段销售商品或提供服务，就不应当苛求平台必须进行严格无疏漏的管理。至于采取何种必要处置措施，以及在多长时间内向主管部门报告，也需要根据具体的情况来确定。

（三）保障网络安全

电子商务开展的底层基础在于计算机网络技术，而网络具有隐蔽性、操纵性、技术性等特征，导致因为网络安全而影响到电子商务正常应用的事件时有发生，如网页篡改、网络蠕虫、拒绝服务攻击、特洛伊木马、计算机病毒、网络仿冒等，而网页篡改、网络仿冒逐步成为影响电子商务应用与发展的主要威胁。

造成计算机安全隐患进而影响到电子商务发展的原因有多种：

（1）电子商务平台对安全问题的轻视。虽然电子商务平台一般都具备一定的安全防范措施，但是有些电子商务平台在实际执行中却言行不一，把安全规章当作摆设，没有对安全问题给予足够的重视，没有形成规范的安全制度。

（2）电子商务平台数量众多，鱼龙混杂。随着互联网经济的快速发展，各种类型的互联网企业如雨后春笋般出现。其中大多数平台是规模为几人到几十人的小型互联网公司，这些平台致力于快速吸引经营者和用户获取利润，根本无心或无力对用户的信息安全提供足够的保证，这给用户的信息安全造成了巨大的隐患。

（3）用户安全意识淡薄。随着电子商务社交平台的快速发展，我国的网民数量剧增。虽然互联网安全事件频发，但是互联网用户大多对此漠不关心。很多互联网用户在不同的电子商务网站或平台使用相同的账户名和密码，在网络上随意泄露自己的个人信息，让不法分子有机可乘，待到遭受损失的时候却为时已晚。

（4）法律规章不完善。虽然互联网安全事件频频发生，但是由于互联网的特殊环境造成取证困难，所以很多用户在遭受损失之后只能自认倒霉。

《电子商务法》赋予电商平台更多的责任和义务，要求电商平台采取技术措施和其他必要措施，保证网络安全、稳定运行，防范网络违法犯罪活动，有效应对网络安全事件，以保障电子商务交易的安全。同时，电商平台还应当制定网络安全事件应急预案，一旦发生网络安全事件，应当及时启动预案，采取相应的补救措施，并向有关主管部门报告。

（四）交易信息的记录和保存

网络商品销售者、关联服务提供者及相关从业人员，对收集的客户个人信息或经营者商业秘密的数据信息，必须严格进行隐私保护，严禁泄露、转售或非法交付他人。网络商品销售者、关联服务提供者需采取恰当技术手段并运用其他适当措施，保障信息安全，防止信息丢失。如信息发生泄露或丢失，应立即采取补救措施。

网络商品销售者、关联服务提供者在未经客户同意或请求，或客户明确表示拒绝的情况下，不得向其发送商业性质的电子信息。

第三方交易平台经营者需审查、记录并保存在平台上发布的商品和服务信息及其发布时间。《电子商务法》第 31 条规定："电子商务平台经营者应当记录、保存平台上发布的商品和服务信息、交易信息，并确保信息的完整性、保密性、可用性。商品和服务信息、交易信息保存时间自交易完成之日起不少于三年；法律、行政法规另有规定的，依照其规定。"

（五）制定、修改服务协议和规则

电子商务经营者由于需要面对众多的平台内经营者，难以一一展开协商，因而需要通过制定服务协议和交易规则，并在平台内经营者接受的前提下，提供平台服务。在此过程中，平台经营者预先设定的服务协议和交易规则限制了平台内经营者的协商空间，使得协商难以充分表达平台内经营者的意愿。这一过程类似于提供格式条款的一方使得不特定的另一方接受的过程。因此，平台经营者在制定服务协议和交易规则时，应当遵循公开、公平和公正的原则，这是法律对提供格式条款一方的要求。

对于希望加入电子商务平台销售商品和提供服务的平台内经营者而言，它们需要在平台接受服务协议和交易规则。服务协议规定了平台经营者及平台内经营者之间的权利与义务关系，主要涉及平台经营者为平台内经营者提供网络经营场所、交易撮合、信息发布等服务。交易规则是平台内经营者在销售商品和提供服务的过程中，与交易第三方发生交易关系所需要遵循的规则，通常包括合同订立、主要权利和义务的确定、个人信息保护、质量和交货条款以及争议解决等内容。

从电商平台的规模和交易体量来看，服务协议和交易规则是引导整个平台开展正常经营活动的重要保障，是在法律法规的基础上，各方当事人就交易过程中的细节问题，在协商一致的前提下，最终确认交易活动得以正常、顺利进行的重要内容。这一规定也是电子商务平台内部的规范性文件，一旦签署，各方需严格遵守。

值得注意的是，《电子商务法》第 35 条对不合理的交易行为进行了限制。随着网络电子商务便利性的不断增加及消费者接受度的快速提高，电子商务领域的竞争也在不断加剧。作为平台经营者，为了在竞争中处于更有利的地位，可能会对平台内经营者进行各种限制，并附加不合理条件或收取不合理费用。这种典型的违法行为包括“二选一”，即要求平台内经营者在集中促销期间只能在一个平台上开展活动，而不得在全网其他平台上进行。

（六）公示、标记

电子商务平台经营者应当在其首页显著位置持续公示平台服务协议和交易规则信息或者上述信息的链接标识，并保证经营者和消费者能够便利、完整地阅览和下载。

由于电子商务具有跨越时间、空间、地域的特殊属性，平台内经营者和消费者无法像面对面交易一样有充分的时间去核实身份信息、交易规则、信用评价，以及其他与交易相关的资讯。因此，只有有效地将电子商务平台经营者的上述信息通过一定的渠道告知，才能够让平台内经营者和消费者了解平台的信息进而产生信任并最终成交。电子商务法在立法过程中也特别注意到这方面的需求，在条文中多次要求平台经营者采用公示和标记的方式公开上述信息。

需要说明的是，由于电子商务经营者包含电子商务平台经营者，所以这里涉及的主要是电子商务平台经营者的公示、标记义务。范围更广的电子商务经营者，需要公示和标记的内容主要涉及《电子商务法》的第 15 条和第 16 条，具体内容是要求电子商务经营者应当在其首页显著位置，持续公示营业执照信息、与其经营业务有关的行政许可信息、属于依照《电子商务法》第 10 条规定的不需要办理市场主体登记情形等信息，或者上述信息的链接标识。如果上述信息发生变更的，电子商务经营者应当及时更新公示信息。电子商务经营者自行终止从事电子商务的，应当提前 30 日在首页显著位置持续公示有关信息。

（七）信用评价体系

为了维护电子商务环境的公正与公平，电子商务平台的经营者应致力于建立健全信用评价制度，公示评价规则，为消费者提供合理的评价途径，以便消费者对平台内销售的商品或提供的服务进行评价。电子商务平台经营者不得随意删除消费者对其平台内销售商品或提供服务的评价。

在电子商务交易过程中，由于买卖双方并非直接面对面进行交易，因此信用评价的重要性得以彰显。电子商务法对电子商务平台经营者的信用评价体系建立提出了三个方面的要求：首先，经营者应建立信用评价制度，该制度须是客观且中立的；其次，经营者需要公开信用评价规则，使所有参与者，包括平台经营者和消费者，均能提前了解并加以运用；最后，该信用评价体系允许消费者对平台内销售的商品或提供的服务进行评价，这也是电子商务发展过程中形成的一种重要的性价比评估方式。在此背景下，电子商务平台经营者有责任重视商品和服务质量，通过赢得“良好口碑”，从而实现持续、有效且快速的经营发展。

此外，电子商务平台经营者提供的信用评价体系不仅包括消费者的评论，还包括对平台内经营者的经营时间、规模、投诉数量以及保障体系等方面的评价，并形成一个从高到低的评价体系。在平台内经营者的配合下，电子商务平台经营者应主动提供评价结果，并主动向消费者提供。因此，消费者获取信用评价的渠道不仅包括电子商务平台经营者对平台内经营者的评估，还包括消费者对平台内经营者的评价，综合这些评价，消费者将作出购买决策。

信用评价体系中的消费者评价通常包括好评、中评和差评。好评有助于吸引更多的客户，促使业务蒸蒸日上；差评则可能导致消费者拒绝购买。在实践中，差评对经营者的影响非常严重，因为真正的差评通常源于经营者提供的商品或服务有瑕疵，而恶意差评可能是竞争对手的不正当竞争行为。为了防止恶意差评对经营者造成的不良影响，《电子商务法》明确规定电子商务平台经营者不得删除消费者对其平台内销售商品或提供服务的评价。这一规定旨在确保消费者评价体系能够发挥作用，促使电子商务平台和平台内经营者遵守法律、诚信经营。

（八）知识产权保护

电子商务平台经营者应当建立知识产权保护规则，与知识产权权利人加强合作，依法保护知识产权。

（九）提供其他服务的要求

电子商务平台经营者按照服务协议和交易规则，提供如仓储、物流、支付结算和交付等电子商务领域的相关服务，是其合法的运营业务。然而，根据法律、行政法规和国家规定，电子商务平台经营者不能采用集中竞价、做市商等集中交易模式，也不能从事标准化合约交易。

随着电子商务行业的发展，越来越多的平台已经转变为集成多种服务的超级平台。例如，淘宝网在提供购物服务的同时，也提供支付结算服务；京东网直接负责快递物品的配送。这种集成化的趋势，有利于更有效地整合资源，简化购物流程。但是，这种集成化也可能引发一些问题，特别是因为垄断的原因，可能损害其他经营者和消费者的合法权益。

电子商务法要求电子商务平台经营者根据服务协议和交易规则，为经营者之间的电子商务提供仓储、物流、支付结算和交收服务。同时，在提供服务的过程中，电子商务平台经营者也必须遵守法律、行政法规和国家规定，限制某些交易行为。

电子商务经营者为消费者提供差异化的商品或服务，是保障消费者权益、促进市场繁荣的重要途径。如果由平台颁布商品或服务的统一标准，只有符合这一标准的商品或服务才允许在电子商务平台上提供，这显然会限制竞争，甚至侵犯他人权益，因此，这种做法也被禁止。

实例链接

买家主观评价的法律问题

申某某在淘宝网注册成立名为“A 美国正品代购店”并设有支付宝账户，通过实名认证。王某某以昵称“mikiimai _ 2009××××”在“A 美国正品代购店”订购了一条 CLUBMONACO 品牌的摩登弹性超显瘦拼皮裤。在收到货品后，王某某发表了买家评论并给出了差评。之后，双方为差评事宜产生了争议，王某某又追加评论表达了自身感受。在王某某给予差评之前，“A 美国正品代购店”亦存在差评。双方为此诉诸法律并上诉。在原审人民法院审理过程中，申某某表示王某某的行为类似于对商誉的侵害，还表示实际订单损失是否与王某某差评之间有关联，申某某难以把握，亦没有相关证据提供。

原审人民法院经审理后认为，首先，王某某根据自身感受及事情经过在淘宝网上给予差评及追加评论，并未使用侮辱诽谤的方式；其次，申某某也未提供证据来证明因王某某的差评而导致申某某的商誉受损的事实。据此，原审人民法院驳回了申某某的诉讼请求。

上诉人申某某上诉称：被上诉人侮辱诽谤行为明显存在。上诉人商业信誉受损或者说公众对上诉人的信赖下降显而易见。被上诉人的侵权行为本身就已经足以说明损害的存在，不需要提供任何其他证据。上诉人并未提出直接经济损失的索赔要求，因此未提交相应的证据，这与认定被上诉人是否侵权没有关系。综上所述，上诉人请求二审人民法院依法撤销原审判决并予以改判。

解析：

此案件的争议焦点在于被上诉人在淘宝网店上给予差评的行为及其所附带的评论是否侵犯了上诉人的经营权益。淘宝网设置买家评论功能的目的，是鉴于网络购物的虚拟性特征，期待通过消费者购买后的真实体验评论，构建买卖双方间信息均衡的平台。在此案中，被上诉人作为消费者，拥有在收到货品后，依据自身购物体验在上诉人的淘宝网店评论栏中给出差评的权利。至于买家在淘宝网上给出何种评价和评论，往往取决于商品与店铺描述的相符程度，以及卖家的服务态度等多种因素，并且这些评价具有一定的主观性。然而，只要这类评价并非出自主观恶意的目的，卖家就不应苛求每一个消费者必须给出好评。从上诉人提供的相关证据来看，被上诉人王某某的差评行为及其附带的评论内容，并非出于诋毁商业信誉的恶意目的。因此，从主观层面来看，被上诉人的行为并不属于侮辱诽谤。所以，被上诉人给予差评的行为及其相关评论内容并不构成网络侵权行为。综上，二审人民法院认为原审人民法院对事实的认定正确，判决结果并无不妥，从而裁定驳回上诉，维持原判。

单元四　电子商务广告合法合规

《电子商务法》第40条规定："电子商务平台经营者应当根据商品或者服务的价格、销量、信用等以多种方式向消费者显示商品或者服务的搜索结果；对于竞价排名的商品或者服务，应当显著标明'广告'。"这一点针对的是电商中另一种典型广告——竞价排名类的广告，要求其对消费者给出明确告知，使消费者能够了解到这类广告与根据自然流量搜索获得的结果之间的区别。这些针对性较强的规定，既契合当前电商交易中网络广告的主流模式，同时又以保障消费者的知情权和选择权为出发点，对网络广告提出了相关的规制，具有很强的现实意义。

一、在电商广告中使用专利

专利权人对其所获得专利的发明创造在法定期限内享有独占权或者专有权。拥有专利权的商品往往能赢得消费者更多的信任，专利是该商品区别于其他竞品的"独门利器"，它代表该商品具备其他商品不具备的功能。电子商务从业者也经常将专利作为商品广告的核心卖点或者重要的推销点，以吸引消费者注意，赢得消费者的信任。

（一）在广告中表述专利的规范方法

《广告法》第12条规定："广告中涉及专利产品或者专利方法的，应当标明专利号和专利种类。"

专利号是指专利申请人获得专利权后，在专利证书上载明的用以区别于其他专利的号码。专利号和专利是一一对应关系，一个专利号只代表一项专利。广告中要求标明专利号，可以方便消费者查询专利的真实性，同时也可以防止个别网店或网站商家"浑水摸鱼"，假冒他人专利误导消费者，损害专利权人的合法权益。专利种类有发明、实用新型和外观设计三种类型。由于这三类专利在保护范围、审查程序、审查周期等方面各不相同，因此其对于消费者的影响力也存在着差异。

（二）不得在广告中谎称产品具有专利权

我国对于专利权采用申请注册制度，申请人向国家专利管理机关提出专利申请，经国家知识产权局依照法定程序审查批准后，才能取得专利权。如果没有注册申请及通过审查授予专利权，就不能说某产品是"专利产品"。

（三）禁止用正在申请中的专利和已经终止、撤销、无效的专利做广告

专利申请是指申请人以书面形式请求国家专利管理机关授予发明创造专利权的法

律行为，从提出申请到专利授权是有一个过程的，专利申请并不能表明一定能取得专利权。为了避免引起消费者误解，《广告法》第 12 条禁止使用未授权的专利申请做广告。已经授权的专利也有可能失去效力。失去效力的情形主要分为终止、撤销、无效。终止、撤销、无效的专利，原专利权人不再享有专利权，也不能使用该专利做广告。

实例链接

网店因专利广告虚假被罚

A 科技有限公司开设阿里巴巴网店，主要销售 B 科技股份有限公司生产的油雾回收机等产品。从网店设立开始，A 科技有限公司就在该网店首页及“AF－30 车间除油专用设备环保工业油雾净化回收机加工油雾收集器”“AE－20 机床废气油雾收集器润滑吸附油雾收集器切削液油雾收集器”“AF－20 中心移动处理油雾收集器专用净化移动油雾回收净化器”“AE－15 磨削工业油雾收集机机械式加工油雾收集器 CNC 油雾收集器”4 个销售网页中使用“专利滤筒”“专利锥形过滤筒设计”的字样进行广告宣传。经查，当事人可提供油雾回收机的专利证书（证书号为第 486××××号），但不能提供油雾回收机附带的滤筒的专利证书，油雾回收机生产者 B 科技股份有限公司并未就滤筒申请过专利。执法人员对当事人网店进行检查时，当事人已改正违法宣传行为。最终，市场监管部门责令 A 科技有限公司停止发布违法广告，罚款 1 000 元。

解析：

《电子商务法》第 18 条规定：“电子商务经营者向消费者发送广告的，应当遵守《中华人民共和国广告法》的有关规定。”案例中宣传用语系当事人自行制作、发布，谎称取得专利权。该广告行为满足“未取得专利权而在广告中谎称取得专利权”的行为构成要件。通过本案例可以看出，虽然 A 科技有限公司阿里巴巴店具有油雾回收机专利证书，但其在广告文案中宣传的“专利滤筒”“专利锥形过滤筒设计”并没有专利证书，这种情况也属于谎称取得专利权的一种情形。因此，经营者在网店产品介绍的文案撰写中要注意用词准确。

二、在电商广告中合法使用数据

实例链接

网店商品广告数据无法考证被罚

某母婴用品有限公司在阿里巴巴国际站所售儿童安全座椅的宣传广告中有“可承

受4 000N以上的冲击”等内容，但没有表明其中所使用数据的出处，也无法提供该数据的合理出处。依据《广告法》第59条规定，市场监督管理部门对该公司作出行政处罚，责令当事人立即停止发布违法广告，并处罚金2 000元。

解析：

案例中在电商平台广告中展现的产品数据没有表明其中所使用数据的出处，也无法提供该数据的合理出处，违反了《广告法》第11条的规定。广告中使用的数据如果来源于实验室，需要说明实验室机构的名称，实验测量方法应具有可信度。另外，实验室测验数据应该可复现和验证。如果测试环境等要素属于特定情况，需要注明数据的实现条件。

电商广告中未表明数据来源与依据是广告违法的常见类型，很多网店在产品宣传页面中并不标注数据来源与依据，导致广告违法案件产生以及职业打假人“恶意索赔”现象出现。广告涉及“三百六十行”，每个行业都需要用数据、引证内容来增加广告内容的说服力，商家也希望通过这些广告内容赢得消费者的信任。但是有些不良商家在广告中介绍了一些不真实、不准确的内容，或者通过不完整表述隐瞒对广告主商品有负面影响的内容，从而使消费者产生了误解。

（一）电商广告使用数据的规定

《广告法》第11条规定：“广告内容涉及的事项需要取得行政许可的，应当与许可的内容相符合。广告使用数据、统计资料、调查结果、文摘、引用语等引证内容的，应当真实、准确，并表明出处。引证内容有适用范围和有效期限的，应当明确表示。”广告中引用的数据属于引证内容的一种。其总体要求是：真实、准确并表明出处。如果数据有适用范围或者有效时间范围，需要明确说明。

（二）电商广告使用数据的建议

（1）统计数据、调查结果应真实准确，不能出现虚假内容。如果使用的数据是通过实验而来或者测量而来，应该具体说明测量机构的名称，且这些测量机构或者实验机构应当具有一定的可信度。

（2）应表明出处。对于数据，要在同一广告页中表明出处；另外，这些数据必须有据可查，不能歪曲或者修改。

（3）如果涉及时间、平台、地域等限定范围。例如：“某个时间段在某个平台销量前三名”，不能隐去“某个时间段”和“某个平台”的限制。又如：“经过淘宝平台统计2024年‘双11’促销期间饮料行业销量第三”，如果广告主简化为淘宝平台销量前三名，将限定范围隐去，实际上就是扩大了广告数据的支撑作用，属于违法行为。另外，对于测试类数据，如果这些数据在某些限定条件下才能实现，这时商家必须明确实现条件，不能隐瞒，这是因为如果隐瞒限定条件，受众会误认为它是普遍适用的。

实例链接

网店广告数据的真实性无法证明被禁

A电子科技有限公司涉嫌广告违法。该公司在京东平台商品页面上宣传“美国、日本、欧洲三大市场加湿器出口占有率遥遥领先”，但未表明所引用数据的出处，且无法证明所引用内容的真实性。市场监督管理部门发现该公司的违法行为后，责令该公司停止发布广告，并处以35 000元罚款。

解析：

对于商家广告宣传中使用的一些市场占有率领先的描述或者其他说明市场地位的广告内容，应该注明数据统计来源依据、时间段及范围，不能隐瞒、限制和扩大范围。有时，电商广告策划人员及文案人员为了表明广告商品的受欢迎程度，会虚构商品已经售出多少的数据，以营造商品受人追捧的假象。如果将销量作为广告宣传的内容，就需要明确说明在什么时间段、通过什么平台销售了多少，这是需要通过注释来说明数据来源的，而不能直接说热销了多少套，不注释数据来源、依据、范围等。

案例中该公司在京东平台商品页面上宣传“美国、日本、欧洲三大市场加湿器出口占有率遥遥领先”，但未表明引证数据的出处，且无法证明引证内容的真实性，这种行为违反了《广告法》第11条的规定。

三、电商广告中的绝对化用语

许多网店曾经因为在广告中使用“最大”“最佳”“全球领先”等绝对化词汇而受到行政处罚，网络上也有大量不同版本的禁用绝对化词汇词库。如果简单地认为绝对化词汇一概不能用于广告，这也并不准确。判断绝对化词汇是否触犯法律，需要考虑到广告的具体语境，而非仅仅取决于是否使用了绝对化词汇。

（一）电商广告不得使用“国家级”“最高级”“最佳”等用语

在经济社会里，事物总是在不断发展变化的。在商品广告中使用“国家级”“最高级”“最佳”等绝对化用语，其实也是违背经济社会的客观规律的。因为即使某个商品现在使用了最好的技术，但是在该商品广告发布期间就可能有新的技术超越它，所以《广告法》才明确禁止在广告中使用“国家级”“最高级”“最佳”等词语。《广告法》中使用不完全列举的例示性方式进行了表述，在实际执行中，我们需要根据个案具体使用的词语以及使用情形来进行判定。另外，原国家工商行政管理总局个案批复［《关于“极品”两字在广告语中是否属于“最高级”“最佳”等用语问题的答复》（工商广字〔1997〕207号）］中，还明确认定过“极品”“顶级”“第一品牌”属于禁止使用的词语。

（二）例外情况

（1）用广告表达企业的理念、目标、追求时，用来描述企业的愿景或者将来的语句中，可以含有绝对化用语，如“追求极致安全”“力争行业领先”等。

（2）广告语用于对同一产品、同一企业的内部描述时，如某产品系列或者某企业最新产品、某顶配机型、最大尺码、最小户型等，在限定范围明确且客观真实的情况下可以合法使用绝对化用语。

（3）仅用于通过广告来宣传本产品使用的最佳方法、最佳时间时，不属于使用绝对化用语的违法广告。

实例链接

某宠物用品网店限定范围广告极端词合规实例

举报人称，某款宠物用品网页广告中商品详情页面的适用尺码栏内标注了“S号【5斤内用最佳】、M号【8斤内用最佳】、L号【12斤内用最佳】”。市场监督管理部门经过调查，认为该“最佳”用语不属于《广告法》禁止使用的绝对化用语，作出不予立案的答复。举报人向南京市雨花台区人民政府申请行政复议，认为该广告语违反《广告法》第9条的规定，即广告不得使用“最佳”用语。理由是：这一法律规定在《广告法》的任一条款里并没有规定使用范围，而是直接不能使用“最佳”用语。也就是说，这一法律条款的规定是直接禁止使用“最佳”用语的。如果在该类情形下可以使用“最佳”，或者使用了“最佳”不违法，有违《广告法》的立法精神，有违《广告法》第9条的绝对禁止使用。

解析：

案例中被举报人销售的上述产品按照尺寸大小，分为S、M、L三种型号，当事人在商品详情页面适用尺码栏内的标注是对不同体重的宠物适用其三种型号产品的解释说明和选择建议。此种使用不是针对商品本身的质量、功能，也无贬低其他同类商品的意思表示，故当事人的使用并无不当，不是对消费者的欺骗和误导。

四、电商平台使用竞价排名广告的要求

为提升交易效率，电子商务平台已逐步采用站内搜索方式，该方式通过关键词匹配，使消费者能够自主依据关键词进行搜索。在此过程中，商品的排名会显现，商品排名越靠前，被消费者点击及转化为订单的可能性就越大，这一现象与搜索引擎广告的原理完全一致。同时，电子商务平台内也出现了竞价排名广告方式，该方式让网店对关键词进行竞价购买，网店可借此机会让该网店商品更多地在潜在购买者前展示。

该行为是典型的广告行为，消费者和广告监督管理部门需要知晓和辨明“广告”。

（一）电子商务平台经营者应当以多种方式向消费者显示商品或者服务的搜索结果

当前市场上的大型电子商务平台通常都会在首页设置内部搜索引擎，用户可依赖这个工具，通过关键词搜寻站内的产品或服务。此过程中展示的商品或服务的排序，不仅会对消费者的购买决策产生显著影响，而且会直接关系到商家的商品销售额。排在前端的商品或服务将受到更多消费者的注意，因此有可能产生更多的销售机会。与搜索引擎如百度相似，电商平台也采取竞价排名的方式，让站内商家对关键词进行竞价，并将“胜出”的结果置顶展示。这种方式实现了对推荐内容的精确定向。这种行为完全符合广告的特性，因此《电子商务法》对其进行了明确和规范，要求电子商务平台经营者应当根据商品或者服务的价格、销量、信用等，以多种方式向消费者显示商品或者服务的搜索结果。这不仅保护了消费者的知情权，同时也对平台内的公平交易环境进行了规范。很明显，在这种以竞价排名方式展示电商平台内搜索结果的情况下，电商平台应被视为广告发布者，而购买关键词的商家则是广告主。

（二）对于竞价排名的商品或者服务，应当显著标明“广告”

这条规则表明，电商平台经营者使用竞价排名方式展示搜索商品或者服务的结果时，有必须显著标明“广告”的提示义务。“显著”是确保消费者能够辨明其为广告。在一般人的视角下，“广告”标识应清晰可见，字体大小和字体颜色需要根据具体情况进行确定。另外，“广告”标识不可以使用“AD”代替。因为广告是否具有可识别性，是通过“消费者能够明辨其为广告”这个标准来判断的。如果使用“AD”标识，那么不懂英文缩写的消费者可能就不能判别出标注“AD”的是广告内容，无法达到让消费者辨明“广告”的目的。

（三）付费搜索广告应当与自然搜索结果有明显区分

通过新闻、大众传媒、广播或互联网等媒介传递的广告应与其他非广告信息相区隔，避免消费者产生混淆。电子商务是互联网领域的一部分，互联网同时也扮演着广告发布媒介的角色。在电子商务环境下，为推销商品或服务而发布的广告内容，应明确标注“广告”，以便与其他非广告信息相区别，防止消费者产生误解。

在电商领域，无论是电商平台、企业自营网站、电商平台内网店、移动端独立APP，还是短视频领域的关键意见领袖（KOL）等，都应重视广告信息与非广告信息的区分。

（四）对消费者进行提醒

任何直接或间接推广商品或服务的商业广告，商家都必须在法律规定的范围内标注为“广告”，以便消费者能清楚地识别其为广告内容。对于参与付费搜索或竞价排名的广告，应当将其与自然搜索结果明确区分，确保其不与自然搜索结果混淆。

商品或服务提供者在其住所、经营场所或自行建立的网站、微信公众号、微博上发布的企业简介、新闻动态、人事信息、党务行政信息，只要没有明确介绍所经营的商品或服务的内容，就不属于商业广告。

单元五　电子商务经营的知识产权保护

目前，主流电商平台普遍建立了知识产权投诉处理机制，并成立了专门团队来负责处理相应问题。这些团队在各大平台上扮演关键角色，掌握着平台商品下架和惩罚措施的决定权。同时，他们也承担了为权利人维权的重任。

一、电商平台经营者对知识产权的保护

实例链接

A时装贸易有限公司商标权维权实例

A时装贸易有限公司诉某知名电商平台、杜某侵害商标权。B有限公司是第15455××号注册商标和第13260××号注册商标的权利人，B有限公司将上述商标的独占许可使用权授予A时装贸易有限公司，被告杜某在某知名电商平台上销售该品牌的假冒服装，原告A时装贸易有限公司在几年内向某知名电商平台投诉7次，虽然投诉成功后某知名电商平台采取了删除商品的措施，但被告通过继续上传侵权商品的行为让侵权事实继续发生。

解析：

在本实例中，某知名电商平台仅机械性地依据权利人的提示进行无实际效果的删除链接，并未采取有效手段预防侵权行为的发生，从而放任甚至纵容侵权行为的发生，主观上存在明显过失，客观上协助了杜某实施侵权行为，构成联合侵权，应与杜某共同承担连带责任。

在处理知识产权侵权投诉时，某知名电商平台未采取必要的补救措施，导致侵权行为持续存在，从而承担了连带责任。其他电商平台应对此类承担连带责任的案件给予重视，完善现有的知识产权保护机制，以避免因类似侵权行为而承担连带责任。

专利权人在法定时限内享有对其专利发明创造的独占或专有权利。拥有专利的商品常常能赢得消费者的更多信任，因为专利代表该商品具备其他商品所不具备的特定

功能。电子商务从业者在广告中往往将专利作为商品卖点，或者作为重要的推销要素，以吸引消费者的注意力并赢得消费者的信任。

电子商务平台经营者应当建立知识产权保护规则，与知识产权权利人加强合作，依法保护知识产权。《电子商务法》第 41 条明确规定："电子商务平台经营者应当建立知识产权保护规则，与知识产权权利人加强合作，依法保护知识产权。"从风险的角度来分析，如果权利人按照法定程序向平台投诉侵权，平台未采取必要措施，则平台将与侵权人共同承担侵权责任。为防止平台承受不起众多商家连带侵权责任的风险，《民法典》设计了"避风港原则"，要求平台在接到侵权通知后自行处理知识产权投诉，而非直接承担侵权连带责任。但是如果投诉材料虚假，平台未经专业人士核实和判断即采取下架商品等措施，可能引发商家不满和纠纷，影响平台销售商品并带来涉诉风险。

在实践中，知识产权保护机制的实施更为复杂，有两个关键问题需要解决：一是投诉人提供的投诉材料能否有效证明平台上的商品侵权，这是投诉处理的关键。然而，平台无法进行调查取证，仅依赖权利人初步提交的证据材料难以判断证据的证明力。二是投诉材料和处理流程不规范可能导致较高的运营成本。例如权利人不知道如何提交投诉材料、提交哪些投诉材料，以及频繁询问客服投诉是否成立，这都会增加平台处理投诉的成本。

为解决上述问题，各大电子商务平台在网站首页设置了知识产权投诉入口，权利人可点击查看投诉规则、流程、所需材料和处理时间。平台处理规则可指导权利人高效合法地维权，提高平台处理效率。通过制定规则和公示，平台很好地解决了证明力度和处罚结果预期的问题，使在平台上经营的商家了解了知识产权侵权处罚的尺度和罚则，符合《电子商务法》要求平台建立知识产权保护规则的规定。

各电子商务平台如阿里巴巴、京东商城、拼多多、有赞网等，要求权利人实名注册知识产权保护平台账号，上传权利人证明材料。这样，平台可以一次性审核权利人证明材料，提高投诉效率。此外，这样做还可以积累品牌数据，便于平台开展其他知识产权保护活动，使权利人的知识产权在各个平台得到更好的保护。

二、知识产权权利人投诉与商家应对

当前，各大电商平台均依照法律条款，设立并执行了知识产权投诉处理系统。这些投诉处理系统的核心理念基本一致。在实际运行中，这些投诉处理系统为知识产权所有人提供了方便快捷的维权途径，同时也明确了平台与商家在知识产权侵权方面的责任分担。

知识产权权利人在发现其知识产权受到侵害后，有权通知电商平台的经营者采取删除、屏蔽、断开链接、中止交易和服务等必要措施。通知中应当提供构成侵权的初步证据。在接到通知后，电商平台的经营者应当及时采取相应措施，并将该通知转送至平台内的经营者。若电商平台的经营者未在规定时间内采取必要措施，应对因此导致的损害扩大部分与平台内经营者承担连带责任。因通知错误导致平台内经营者遭受损失的，应依法承担相应的民事责任。恶意发出错误通知，导致平台内经营者受损的，需承担相应的赔偿责任。

在平台内进行交易的平台内经营者收到平台经营者转交的通知后，拥有提交无侵权行为声明的权利。声明应有足够证据支撑其无侵权行为的主张。平台经营者在接收到声明后，应将其转交给知识产权权利人，并告知其可向相关部门投诉或向法院起诉。如果平台经营者在 15 日内未收到权利人已向相关部门投诉或起诉的通知，应当及时中止所采取的措施。

平台经营者应当及时公示相关通知、声明以及处理结果。

这些条款是《电子商务法》中的创新性规定，但也是实施起来相对困难的规定。该规定的亮点在于其明确了投诉程序和虚假投诉，而实施上的困难则在于平台对处理流程的实时公示和对初步证据的判断。

当知识产权的所有者在电子商务平台上发现有人侵害其知识产权权益时，该所有者可向知识产权平台发出通知。然而，这个"通知"必须是有效的通知，它应包含以下信息：权利所有者的身份信息（对于自然人，可以提交身份证照片，对于企业，可以提交营业执照扫描件）；要求处理的侵权信息及准确的网络地址（由于平台拥有大量信息，所以需要提供准确的网络链接）；构成侵权的初步证据材料（例如商标证书、专利证书、授权协议等）；按照电商平台指定的投诉途径进行投诉或者法定的送达（例如，指定的网站或向指定的邮箱发送投诉材料）。上述通知要素中有任何一个不满足，平台就可以拒绝处理该投诉，该投诉将被视为无效。

当平台收到权利所有者的通知后，将进行形式审核。如果该通知不满足投诉的要素，平台可以拒绝处理；如果满足投诉的要素并且初步审核的材料表明投诉者是权利所有者，平台将采取删除、屏蔽、断开链接、终止交易和服务等必要措施，同时将处理结果进行公示，并将权利所有者的通知转给平台内的被投诉方。被投诉方在收到侵权通知后，如果不进行声明或进行无效的声明，平台将维持投诉的结果；如果被投诉方认为投诉是不合法的，可以准备初步证据（如合法销售的协议、商标证书、专利证书等）进行声明。平台在收到有效的声明后将其转给知识产权权利人，并告知知识产权权利人可以向有关主管部门投诉或向人民法院提起诉讼。

三、遇到错误通知与恶意通知时的应对

在电子商务活动中，平台内经营者可能因知识产权权利人的错误通知或恶意通知而遭受损失。《电子商务法》第 42 条规定："知识产权权利人认为其知识产权受到侵害的，有权通知电子商务平台经营者采取删除、屏蔽、断开链接、终止交易和服务等必要措施。通知应当包括构成侵权的初步证据。电子商务平台经营者接到通知后，应

当及时采取必要措施，并将该通知转送平台内经营者；未及时采取必要措施的，对损害的扩大部分需与平台内经营者承担连带责任。因通知错误造成平台内经营者损害的，依法承担民事责任。”错误通知与恶意通知的法律责任有所不同。错误通知指权利人因判断失误或证据不足导致通知产生错误，最终被法院或行政机关认定为不构成侵权，此时权利人需依法承担民事责任，赔偿经营者损失。恶意通知则强调主观恶意，即权利人明知通知依据不足或权利状态不稳定，仍故意发出通知，例如伪造权利证明、出具虚假鉴定意见等。恶意通知需承担加倍赔偿责任，甚至可能构成不正当竞争或刑事责任。在实践中，恶意通知的形式多样，包括反复提交错误的通知、前后投诉理由矛盾等，其核心目的是干扰正常经营或谋取不正当利益。

为维护自身权益，平台内经营者可采取以下措施：首先，积极提交申诉材料，通过电商平台提供的申诉渠道（如阿里巴巴、拼多多的知识产权投诉平台）证明自身未侵权，例如提供权属证明、授权文件等。其次，在紧急情况下（如“双十一”期间），可向法院申请反向行为保全，要求平台立即恢复被删除的链接。此外，经营者还可主动提起确认不侵权之诉或不正当竞争之诉。前者用于消除权利状态的不确定性，后者适用于恶意投诉人多次滥用投诉机制、扰乱市场秩序的情形。

恶意通知不仅损害经营者利益，还破坏电商平台的公平竞争环境。经营者应充分利用平台申诉机制和司法救济手段维护自身权益，同时注意保留交易记录、申诉材料等证据。对于电商平台而言，需进一步完善投诉审核机制，减少恶意通知的滥用。从法律层面看，现行规定已为经营者提供了救济途径，但实践中仍需通过典型案例强化对恶意通知的打击力度，促进电子商务行业的健康发展。随着司法实践的积累，恶意通知行为将得到更有效遏制，从而为诚信经营者营造更公平的竞争环境。

四、15 日“等候期”对商家的影响与应对

知识产权投诉有“等候期”规定。《电子商务法》第 43 条明确指出：“平台内经营者接到转送的通知后，可以向电子商务平台经营者提交不存在侵权行为的声明。声明应当包括不存在侵权行为的初步证据。电子商务平台经营者接到声明后，应当将该声明转送发出通知的知识产权权利人，并告知其可以向有关主管部门投诉或者向人民法院起诉。电子商务平台经营者在转送声明到达知识产权权利人后十五日内，未收到权利人已经投诉或者起诉通知的，应当及时终止所采取的措施。”

在“等候期”的这 15 天里，平台禁止对投诉内容进行实质性仲裁，这允许人民法院和相关管理部门对投诉作出最终裁决。设置 15 天的等候期，目的是防止恶意投诉，是对投诉人后续行动的一种约束。在等候期内，如果知识产权权利人向有关部门提交了投诉或诉讼，这在某种程度上等同于投诉人在诉前获得了禁令，这有望防止可能的侵权行为导致损失的扩大。尽管这样的立法目的是好的，但这一规定对电商行业产生了重大影响。站在被投诉者的立场，在这项规定生效之前，平台通常自行管理。

一旦被投诉的商家提供了证据，如果证据被初步认定为有效，那么平台通常会采取必要措施，同时通知知识产权权利人到相关管理部门或人民法院确权，然后，平台将根据相关管理部门的裁决或法院的判决来决定是否采取必要措施，并且通常平台处理问题的时效期都比 15 天短。现在，这一规定的实施使得平台和平台内的商家必须在 15 天内找到投诉人并要求他们撤诉，否则就只能维持之前采取的必要措施。一旦投诉人启动了向相关管理部门投诉或向法院提起诉讼，那么在结果出来之前，平台需要继续维持之前采取的必要措施，这可能会对商家造成严重影响。因为通常诉讼周期是漫长的，而在这段时间里，商家在该商品上积累的销量和信誉将被“冻结”，商家将陷入漫长而无助的等待中。这项规定的实施还会将大量的投诉最终转给人民法院或相关管理部门，而不能在平台内解决，从而占用更多的社会资源。

从知识产权所有者的角度来看，若在电子商务平台上发现他人侵犯自己的知识产权，知识产权所有者就可以提交证据材料提出投诉。如果被投诉方发出“声明”，知识产权所有者只能选择进行诉讼或向相关部门投诉。与专业机构打交道需要具备专业知识，但许多知识产权所有者往往不具备诉讼能力，他们只能支付律师费用以解决这一问题，这无疑增加了知识产权所有者的维权成本。因此，在发起投诉时，知识产权所有者需要准备好向主管部门投诉或起诉的相关材料，以确保自己的投诉或起诉在 15 日的“等候期”内提出，不会因超过期限而被视为无效投诉。

从电子商务平台视角观察，该条款的生效，使得平台仅需发布相关通告，无须对侵权内容的真实性进行审查，这样的确有助于节省平台在这方面的资金投入。然而，这样的操作可能会引起平台业务受到恶意投诉的干扰，导致商家无法正常运营。为了维护平台的交易秩序，平台方还需对侵权内容的真实性进行审查。

微课

《电子商务法》与跨境电商

引入案例分析

《电子商务法》规定：“电子商务经营者应当依法办理市场主体登记。”“电子商务经营者应当依法履行纳税义务。”这意味着个人代购时代的终结，代购市场只剩企业运营主体。随着《电子商务法》的实施，个人代购被纳入电子商务经营者的范畴，电子商务经营者需要办理市场主体登记，跨境电商平台需要报送商家的身份信息和纳税相关信息，导致代购的管理成本和税务成本上升。这意味着，代购要以正规主体运作，税务成本增加，管理难度也增加了。

本案例是典型利用电子商务平台违法走私货物销售的行为。走私普通货物罪不仅侵犯了国家的税收制度，还侵犯了海关监管秩序和贸易公平。因此，走私普通货物、物品罪以偷税应缴税额而非被告人违法所得作为判处标准。根据我国现行法律规定，偷逃应缴税额在 250 万元以上的，应当认定为“偷逃应缴税额特别巨大”，处 10 年以上有期徒刑或者无期徒刑，并处偷逃应缴税额 1 倍以上 5 倍以下罚金或者没收财产。

据此，本案例中 10 年已经是最低的量刑。《电子商务法》的实施对个人代购产生了巨大影响。从事海外代购交易的经营者，必须先办理工商和税务登记后才能对外经营。从电子商务市场的长远发展来看，《电子商务法》的出台将使前期处于司法盲区的海外代购有章可循，代购的违法成本增加，对于消费者而言是利大于弊。消费者在购买商品时不仅质量可以得到保障，同时在售后维权等环节的权益也会得到保护。未来，海外代购市场不仅不会没落，反而会在法律的框架内更加良性有序地发展。

思考与练习

一、简答题

1. 简述电子商务法的调整对象。
2. 简述电子商务经营者的权利和义务。
3. 如何在电子商务广告中做到遵守《电子商务法》和《广告法》?
4. 电子商务经营中知识产权保护有哪些要点?

二、案例分析

A公司网店商品错误标价纠纷

A公司在天猫商城开设“Gap礼品卡专卖店”。2022年12月10日，A公司在网店开展“Gap电子卡98折优惠”促销活动，销售电子卡面值分别为300元、500元、600元、700元、800元、1 000元，其中，300元面值的礼品卡标注的售价为294元、500元面值的礼品卡标注的售价为490元、600元面值的礼品卡标注的售价为588元、700元面值的礼品卡标注的售价为686元、800元面值的礼品卡标注的售价为784元、1 000元面值的礼品卡标注的售价为490元。当日10点48分，张某在A公司店铺购买10张1 000元面值的礼品卡，合计支付4 900元，款项由第三方实际控制，A公司尚未收到相关款项。张某提交订单后，A公司以系统设置错误为由未发货。同日，A公司在其网店首页贴出公告：“Gap品牌礼品卡专卖店于12月10日上午在天猫旗舰店开展‘Gap电子卡98折优惠’的促销活动，其中一款面额为1 000元的电子卡的折后售价应为980元，但由于设置不当，导致了支付价格异常，我们第一时间停止了该电子礼品卡的销售和使用。我们正在为所有购买的顾客办理退款，望大家理解和配合。给您带来的不便，我们深表歉意。同时，我们将向购买的顾客每人赠送一定价值的电子礼品卡，以表歉意。”A公司为张某提出了两种解决方案：一种方案是退款并赔偿价值100元的礼品卡；另一种方案是将消费者订购的面值为1 000元的礼品卡换成500元的礼品卡并补偿价值100元的礼品卡。张某不同意A公司的上述解决方案，向法院提起诉讼。张某向法院起诉请求：判令A公司对张某在其店铺购买的10张电子礼品卡进行发货，并且赔偿张某所支付金额的30%作为违约金（共计1 470元）。

思考：张某的诉求能成立吗?

活动项目设计

电商平台个性化推送信息流的法律思考

现在，我们经常使用手机淘宝、手机京东、拼多多等移动APP进行移动购物。

久而久之，我们打开这些购物 APP 时，首页会显示我们以前浏览过、购买过的商品以及与之相关联的商品。图 3－1 是作者手机京东 APP 某日首页，其中 U 盘、钢笔、笔记本、呼吸机、背包、图书、数据产品等都是作者经常浏览或购买的商品。按照《电子商务法》和其他相关法律法规，电商平台通过大数据分析推送商品的这种行为合法合规吗？

图 3－1　作者手机京东 APP 某日首页

模块四 短视频与直播电商法律法规

学习目标

素养目标：

1. 积极倡导遵纪守法，利用短视频及网络直播传播正能量。

2. 积极遵从短视频及直播领域法律规范。

3. 具备辨别短视频及网络直播领域违法行为的能力，与短视频及网络直播领域违规违法行为作斗争。

知识目标：

1. 理解短视频与网络直播规范出台的背景与目的。

2. 理解《网络短视频平台管理规范》适用范围与内容。

3. 理解《网络直播营销管理办法（试行）》适用范围与内容。

4. 理解《互联网直播营销信息内容服务管理规定》适用范围与内容。

能力目标：

1. 能够辨别网络短视频违规违法行为并自觉遵守《网络短视频平台管理规范》。

2. 能够辨别网络直播违规违法行为并自觉遵守《网络直播营销管理办法（试行）》。

3. 能够辨别网络直播违规违法行为并自觉遵守《互联网直播营销信息内容服务管理规定》。

4. 能够综合运用短视频和直播领域规范及其他相关法律法规，维护自身及消费者权益。

引入案例

网红直播带货违法

2020年8月，上海市公安局虹口分局成功破获一起利用“网红主播直播带货”形式销售假货的案件，该案是上海地区首例。在该案件中，警方拘捕50多名涉及直播带货的犯罪嫌疑人，其中41名犯罪嫌疑人已被正式批准逮捕。与此同时，警方还在浙江省的多个地区捣毁5个销售假货的犯罪团伙，查封8处窝点，缴获假冒多个奢侈品牌的箱包、服装等各类商品3 000余件，涉案金额高达500余万元。

当时，上海虹口警方接获举报，称一位著名的网络红人在某电商平台的直播间内公开销售假冒其所属公司品牌的服饰。经过初步调查，警方成功识别出这位网络红人廖某。警方密切关注这位网络红人的直播间，发现其存在明知故犯的销售假冒商品的嫌疑，这些商品均具有某些奢侈品品牌独有的设计和图案标识。然而，在直播中，廖某从未明确提及这些商品的品牌名称，而是以一些具有极强指向性的奢侈品品牌或款式的代号进行介绍。在展示这些商品时，商品商标通常被贴上胶带，商品链接的图片也会进行相应的处理。更令人震惊的是，这些商品的出售价格仅仅是正品店内价格的几十分之一、几百分之一，显而易见，这些商品是以奢侈品品牌标签为卖点的假冒伪劣商品。

警方在侦查过程中发现，为逃避监管和追查，直播结束后，廖某的直播团队会删除所有涉及假冒商品的购买链接和回看视频。在为期两个月的侦查期间，警方全面记录了所有涉及售假的直播活动。2020年8月28日下午，廖某正在杭州某服装公司直播间进行直播，这场直播吸引了众多粉丝通过网络观看。然而，令观众意外的是，就在廖某还在试穿产品时，镜头里突然出现一群便衣警察，直播戛然而止。同时，警方在浙江多地抓获了5个售假犯罪团伙，查处8处窝点，缴获假冒多个奢侈品牌的箱包、服饰等各类商品3 000余件。廖某在被抓获后供述，她于2017年与经纪公司签约成为带货主播。凭借其平面模特的职业经历、独特的直播风格和穿搭技巧，廖某在三年内积累了百万粉丝，成为一名“头部主播”。

根据数据显示，廖某直播间的平均观众人数达到20万以上，销售额突破了7位数，其“成就”使得许多商家对其产生了合作意愿。据警方透露，廖某作为一位主播，是售假环节中的传播者，实际货源是由非法商家提供的。警方的侦查结果显示，在与廖某合作的上百个商家中，有近30家涉嫌销售假冒奢侈品。造假商家会支付高额出场费请廖某带货，再根据销售额给予廖某团队提成，但廖某并不在乎所带商品的真假。在被捕后，廖某哭泣并认错：“我们在展示商品时，一般商家都会撕掉Logo，然后我们穿在身上展示。我主要通过搭配来引导粉丝。我们真的是法律意识淡薄，真诚地认错。”

上海虹口区检察院指控，被告人廖某及其团队在2020年3月至8月间，在电商直播平台以直播方式为不法商家营销假冒品牌服装、饰品、手表等商品，销售金额近70万元。

短视频和网络直播领域是互联网高速发展的新兴业态，需要坚持正确政治方向、舆论导向、价值取向，坚持依法办网、依法治网，准确把握网络直播行业特点规律和发展趋势，有效解决突出问题、难点问题、痛点问题，科学规范行业运行规则，构建良好产业生态，为广大网民特别是青少年营造积极健康、内容丰富、正能量充沛的网络短视频和直播空间。当前，新媒体在电子商务领域全面发展和普及，网络短视频和直播风生水起。在利益的驱使下，不少短视频和直播充斥着低俗、色情、暴力等乱象，给社会造成严重不良影响。随着我国多部规范网络短视频和直播的法律法规的出台，有效地加强了行业服务体系建设，规范行业走向，推进了我国短视频与直播电商行业的健康发展。

微课

直播电商领域法律法规简介

微课

《网络短视频平台管理规范》简介

单元一　网络短视频平台管理规范

《网络短视频平台管理规范》是中国网络视听节目服务协会于2019年1月9日正式发布的行业规范。《网络短视频平台管理规范》及时吸收总结了短视频网站的经验，根据网络视听管理政策新要求，对平台应遵守的总体规范、账户管理规范、内容管理规范和技术管理规范提出了20条建设性要求。

一、设立原则

2019年1月9日，中国网络视听节目服务协会发布了《网络短视频平台管理规范》以及网络短视频内容审核标准的100条细则。其中，《网络短视频平台管理规范》从内容管理、审核制度、认证体系、技术要求四个方面对短视频平台进行了全面规制，而100条细则在内容审查方面又将审核标准进行了细致的深化。

（一）正能量

（1）网络短视频平台应主动吸纳主流新闻媒体及党政军机关团体等机构，在平台上开设账户，推动优质正面短视频内容的供应。

（2）在内容版块设计上，网络短视频平台应紧密围绕社会主义核心价值观，积极设置正向议题，强化正能量内容建设，优化内容储备。

（3）网络短视频平台应有效配置智能推送程序，确保将正能量内容优先推荐。

随着主流官方媒体的进驻和正能量内容的增加，短视频平台在传递正能量方面的作用日益显著。这种情况的出现，离不开短视频平台用户量的急剧增长。据Mob研究院的数据，早在2020年2月，短视频行业用户规模就已突破6.4亿，用户渗透率高达80%，用户月均使用时长超过20小时，用户覆盖面积的持续扩大，使得短视频平台的影响力也不断提升。而随着影响力的提升，短视频平台所承担的社会责任也会相应增大。预测未来，主流官方媒体将在更多的短视频平台中开辟发声窗口，将正面、优质的内容传播给年轻人广泛聚集的新型互联网社交平台。

（二）先审后播

网络短视频平台已实施内容先审核后播出的机制。所有在平台上播出的短片都必须通过内容审查才能播出，包括节目的标题、简介、弹幕和评论等元素。过去，此机制主要针对影视综艺等视频内容。如今，该制度在短视频领域全面生效，也在一定程度上反映了相关部门对短视频平台的监管力度正逐步向影视综艺等内容平台看齐。

值得注意的是，短视频中的用户弹幕、评论也需要经过审核后发布。弹幕和评论是观众表达意见的渠道，尽管审核可以过滤违规违法内容，但也可能对用户的表达积极性产生负面影响，甚至可能成为平台控制舆论的手段。特别是弹幕，作为观众在观看视频过程中进行实时互动的方式，已被许多年轻人接受并使用。弹幕数量甚至成为衡量视频热度的一个重要指标。发布弹幕不仅将增加短视频平台的审核难度，也很可能影响用户间实时交流的流畅性，从而影响观看体验。

（三）审查队伍

对于网络平台运营短视频服务，应该据其业务规模来匹配高度政治觉悟和业务能力的审核员团队。审核员需要通过省级以上广电管理部门的培训，确保审核员数量与上传和播出的短视频数量相匹配。依据《网络短视频平台管理规范》，原则上审核员的人数应当超过每天新增播出短视频数量的千分之一。

（四）保护版权

（1）为保障版权的安全与合规，网络短视频平台需担起版权管理的职责，禁止在未获授权的前提下自行剪辑、改编电影、电视剧、网络电影、网络剧等各类广电视听作品。同时，平台也须避免转发由UGC（个人注册账户）上传的相关广电视听作品片段，在未能提供PGC（机构注册账户）所提供的版权证明的情况下，也不得转发PGC机构上传的相关广电视听作品片段。

(2) 网络短视频平台不得转发国家尚未批准播映的电影、电视剧、网络影视剧中的片段，以及已被国家明令禁止的广播电视节目、网络节目中的片段。

基于上述规定，监管部门已经加强了对短视频内容版权的保护，这将在某种程度上遏制用户对广播电视视听作品的非授权拼接。同时，一般的普通用户将不再享有上传电影、电视剧、网络电影、综艺节目的权利。这将影响到平台 UP 主（Uploader，指在视频网站、论坛、FTP 站点上传视频音频文件的人员）的搬运能力。

此外，没有获得播映许可证的电影、电视剧、网络电影、综艺节目，不能在正式播放前发布视频传播物料。然而，许多影视项目在拍摄完成后，都是一边送审、一边定档、一边宣传。在这项新政策实施后，影视作品的营销计划和运作时间可能需要重新规划。

（五）未成年监护

网络短视频平台应构建专门的未成年人保护机制，利用技术手段对未成年用户的在线时间进行适度约束，同时设置家长监控系统，全面遏制未成年人过度沉迷短视频的现象。

《中国互联网统计报告》显示，短视频平台用户群体的整体年龄结构以 24 岁以下的年轻群体为主，占比达到 28.5%，其中未成年用户的比重相当可观。在这样的受众规模下，短视频平台需要在未成年人保护方面承担更多的责任。针对 100 条细则，监管部门对于损害未成年人身心健康的内容给出具体的定义，涵盖早恋、斗殴、吸毒、性暗示等内容。

（六）实名认证

网络短视频平台在为注册账户上传节目的主体实施实名认证管理时，应当严格执行此项制度。对于以组织形式注册的账户上传节目，平台应确保核实其组织机构代码证等信息，对于以个人身份注册并上传节目的账户，平台应严格核实身份证等个人身份信息。

如果短视频平台全面实行实名认证制度，将在一定程度上强化个人和机构的责任感。他们将在上传节目前先对内容进行严格把控，防止虚假信息、低俗内容等违法违规视频的传播。这不仅有利于短视频平台实现规范化管理，还有利于监管部门执行责任追究制度。

二、重点法条解析

为了提供短视频服务，各网络平台被要求持有《信息网络传播视听节目许可证》(AVSP)，并在此证书所规定的业务范围内开展活动。各平台都需要建立总编辑内容管理责任制度，遵循“节目应先审后播”的原则。

（一）内容管理规范

（1）网络短视频平台在内容版面设置上，应当围绕弘扬社会主义核心价值观，加强正向议题设置，加强正能量内容建设和储备。

（2）网络短视频平台应当履行版权保护责任，不得未经授权自行剪切、改编电影、电视剧、网络电影、网络剧等各类广播电视视听作品；不得转发 UGC 上传的电影、电视剧、网络电影、网络剧等各类广播电视视听作品片段；在未得到 PGC 机构提供的版权证明的情况下，也不得转发 PGC 机构上传的电影、电视剧、网络电影、网络剧等各类广播电视视听作品片段。

（3）网络短视频平台应当遵守国家新闻节目管理规定，不得转发 UGC 上传的时政类、社会类新闻短视频节目；不得转发尚未核实是否具有视听新闻节目首发资质的 PGC 机构上传的时政类、社会类新闻短视频节目。

（4）网络短视频平台不得转发国家尚未批准播映的电影、电视剧、网络影视剧中的片段，以及已被国家明令禁止的广播电视节目、网络节目中的片段。

（5）网络短视频平台对节目内容的审核，应当按照国家广播电视总局和中国网络视听节目服务协会制定的内容标准进行。

（二）标题、简介、弹幕、评论均需审核

对于视频内容，必须严格遵循审核与播放的流程。依据《网络短视频平台管理规范》的要求，应当积极鼓励主流新闻媒体以及党政军机关团体等权威机构在平台开设账户，以提升正面且高质量的视频内容。

此外，平台上所有的短视频在播放前都必须经过严格的审核，包括节目的标题、简介、弹幕、评论等所有内容。《网络短视频平台管理规范》特别强调，应当根据平台的业务规模，同步建立政治素质高、业务能力强的审核员队伍。这些审核员需要经过省级以上广电管理部门的专业培训。对于不遵守《网络短视频平台管理规范》的行为，将采取相应的责任追究制度。

（三）建“违法违规上传账户名单库”

《网络短视频平台管理规范》规定：网络短视频平台对在本平台注册的机构账户和个人账户，应当与其先签署体现本《规范》要求的合作协议，方可开通上传功能。对于持有《信息网络传播视听节目许可证》的 PGC 机构，平台应确保其上传内容在许可证规定的服务范围之内。若发现有超出许可证服务范围的内容上传，平台应当终止与其合作。为了监督网络短视频平台的运营，管理规范要求其建立“违法违规上传账户名单库”。对于一周内上传三次以上含有违法违规内容节目的 UGC 账户，或上传重大违法内容节目的 UGC 账户，平台需将其身份信息、头像、账户名称等信息纳入“违法违规上传账户名单库”。各网络短视频平台应当建立信息共享机制，对于被

列入“违法违规上传账户名单库”的人员，各平台在规定期限内不应为其开通上传账户。根据上传违法节目行为的严重性，被列入“违法违规上传账户名单库”的人员的禁播期，分别为一年、三年或永久三个档次。

实例链接

A公司侵犯刘先生短视频著作权纠纷

原告刘先生，一名摄影爱好者，对其所制作并发布的短视频《××××滑雪之旅》拥有著作权。刘先生以“摄影师刘先生”的名义，在中国国内知名影视创作人社区“新片场”上发表了该视频，并对视频依法享有著作权。

被告A公司未经许可，擅自将刘先生创作的涉案视频发布在A公司运营的微信公众号“A”和微博账号“A”上，且未署作者名。

刘先生主张A公司的行为侵犯了他依法享有的署名权和信息网络传播权，A公司将涉案视频用于为C品牌汽车进行商业广告宣传，并通过非法传播该视频以实现违法所得，对他的合法权益造成了重大损害。因此，刘先生提起诉讼，要求A公司停止侵权行为，并在其运营的微信公众号“A”和微博账号“A”首页显著位置连续15天刊登致歉声明；同时，A公司需赔偿刘先生经济损失人民币100万元，以及律师费和公证费等合理开支共计人民币38 000元。

被告A公司在答辩时主张，涉案视频是由上海B文化传媒有限公司提供，在A公司发布前，C品牌汽车的微信公众号上已发布相同内容的视频，故A公司不构成侵权；根据在案证据，无法确认刘先生是否享有涉案视频的著作权；A公司根据广告影响力和效果进行收费，刘先生主张的经济损失和合理开支过高，没有事实和法律依据；此外，广告投放不署名摄影师是行业惯例，A公司是善意使用，不应赔礼道歉。因此，A公司不同意刘先生的诉讼请求。

解析：

短视频已经成为近年来互联网传播的热门领域，短片的创作和传播已经构成一个新的产业领域，其发展对著作权保护产生了新的影响。

涉案视频虽然时长较短，但画面清晰、制作精良，与之前出现的短视频侵权纠纷有显著不同，涉案视频中融入了广告和宣传内容，且A公司作为专业的广告宣传媒体，直接将涉案视频用作广告投放，从而产生了较高的市场价值。

因此，法院在判决赔偿时充分考虑了涉案视频的独创性、广告价值、A公司的广告报价以及侵权行为的持续时间、传播范围和不及时停止侵权的主观恶意等因素，淡化了作品长度因素，强调了市场定价规则，最终以法定赔偿的最高限额进行判赔。

涉案视频由专业拍摄设备拍摄并剪辑组合而成，该视频记录了驾驶C品牌汽车新款汽车前往崇礼滑雪的系列画面，其中包括展示该款汽车整体外观、内部仪表盘、变速箱和后备箱感应启动等特写画面，还有利用无人机拍摄驾驶该车行进的画面以及崇礼雪景和滑雪画面等。这些拍摄和剪辑充分体现了创作者的智慧成果，虽然涉案视频的时长较短，但它无疑属于具有独创性的视频作品。

根据刘先生提交的相关证据，可以确信其为涉案视频的创作者，有权享有该视频的著作权。此外，现有证据不足以证明A公司在使用涉案视频时获得了刘先生的授权，因此刘先生对A公司提出的赔礼道歉、赔偿经济损失及合理开支的诉讼请求，已被法院依法确认。

至于经济损失的数额，法院在评估中发现，虽然双方提交了相关证据，但仍不足以证明刘先生的实际损失或A公司的违法所得。因此，法院在综合权衡四个关键因素后做出裁决：

首先，涉案视频是刘先生使用专业设备拍摄并剪辑而成，将自驾C品牌汽车新款汽车和崇礼滑雪的相关画面巧妙结合，通过特写等镜头展现了汽车的特点，具有一定的独创性和广告价值。

其次，根据A公司的宣传资料，A公司是一家专门从事广告宣传的媒体，其视频广告受众广泛、传播迅速、收益巨大。A公司将涉案视频作为该品牌新款汽车的广告，通过微信和微博进行传播，直接获取商业利益。

再次，A公司理应持有涉案视频的收益证据，但其拒不提交。基于A公司认可的当年广告刊例报价，非定制视频的微博传播报价为每条10万元，微信传播报价为每条10万至15万元，广告收费金额相对较高。

最后，A公司当年3月18日分别在微博和微信发布涉案视频，至刘先生公证取证时，该视频阅读量累计超过40万次。此外，A公司在收到本案起诉材料后未及时删除涉案视频，导致侵权行为持续至当年9月，侵权影响范围广泛，主观恶意明显。

综上所述，法院认定A公司在涉案视频使用过程中，未经刘先生许可，侵犯了刘先生的著作权。刘先生要求A公司赔礼道歉、赔偿经济损失及合理开支的诉讼请求，法院已依法支持。

判决结果：综合以上因素，法院认为本案应按照法定赔偿的最高限额进行判赔，故依法酌情判定经济损失为50万元。

单元二　直播平台适用范围和内容规范

为加强互联网直播营销信息内容服务管理，维护国家安全和公共利益，保护自然人、法人和非法人组织的合法权益，促进互联网直播营销行业健康有序发展，根据《网络安全法》《电子商务法》《网络信息内容生态治理规定》等法律法规和国家有关规定，国家互联网信息办公室发布了《互联网直播营销信息内容服务管理规定》，国家互联网信息办公室、公安部、商务部等七部门联合发布《网络直播营销管理办法（试行）》。

一、《互联网直播营销信息内容服务管理规定》

微课

《互联网直播营销信息内容服务管理规定》简介

根据目前的统计，不同规模的在线直播平台数量已有数百家。这些平台在迅速扩张的过程中也产生了一些令人关注的问题。一部分直播平台散布色情、暴力、虚假和诈骗等内容，这些与社会主义核心价值观背道而驰，尤其对青少年的身心健康产生了不良影响。为了有效地管理互联网直播营销信息内容服务，国家互联网信息办公室发布了《互联网直播营销信息内容服务管理规定》。

（一）直播平台适用范围

在中华人民共和国境内涉及互联网直播营销的信息内容服务，应当严格依照《互联网直播营销信息内容服务管理规定》的相关要求进行。进行互联网直播营销信息内容服务时，应当积极弘扬社会主义核心价值观，始终保持正确的导向，严格遵守相关法律法规，尊重社会公德，为促进行业健康发展和营造良好网络生态做出贡献。各级网信部门和有关主管部门，根据职责范围，负责全国范围内的互联网直播营销信息内容服务的监督管理工作。同样，各级网信部门和有关主管部门，根据其职责范围，负责本行政区域内的互联网直播营销信息内容服务的监督管理工作。

（二）直播营销平台内容范围

（1）直播营销平台有义务在合法合规的前提下，完成备案手续，并进行安全评估。此外，平台应向所在地的地市级以上网信部门和公安机关提交安全评估报告。

（2）直播营销平台需构建全面的注册及注销机制、信息安全管理、营销行为规范、未成年人保护、用户权益保护、个人信息保护、信用评价、数据安全等制度。同时，平台应配备与服务规模相匹配的直播内容管理专业人员，并具备维护互联网直播内容安全的技术实力，技术方案需遵循国家相关标准。

（3）根据相关的法律法规与国家发布的条款，直播营销平台需要制定并公之于众互联网直播营销信息内容的服务规范、平台规则与公约。平台应与直播营销人员服务机构、直播间运营者签订协议，并确保其能够规范化管理直播营销人员的招聘、培训、管理流程，明确直播营销信息内容的生成、发布、审核责任。直播营销平台还需制定一份直播营销目录，其中须包含法律禁止生产、销售、网络交易和商业推销宣传的产品与服务，以及那些不适宜以直播形式推广的商品和服务。

（4）直播营销平台的角色应被定义为对直播运营者的身份证件，如身份证号码和统一社会信用代码等进行有效的实名认证。同时，为确保直播营销行为的合规性，平台必须建立一个实时的身份验证机制，对所有即将进行的直播营销活动进行身份验证。若验证结果显示有人违反相关规定，平台将不得为其提供直播服务。

（5）针对互联网直播营销信息内容的服务，直播营销平台有义务强化管理，一旦发现违法和不良信息，平台须立即实施必要的处置措施，保存有关记录，并将情况汇报给相关的主管部门。此外，平台须防范和制止可能对用户权益产生影响的违法广告、价格欺诈等行为，并采用显著方式警示用户关于平台外私下交易的潜在风险。同时，平台需根据直播间运营者的账号信用评价、关注度和点击量、营销金额等指标，建立一套分级管理制度，对于重点直播间运营者，平台需安排专人进行实时巡查，并可能延长直播内容的保存时限。此外，平台有必要构建一套风险识别模型，对于高风险的行为，平台应采用弹窗提示、违规警告、限制流量甚至阻断直播等措施。

（6）直播营销平台应当加强新技术新应用新功能上线和使用管理，对利用人工智能、数字视觉、虚拟现实等技术展示的虚拟形象从事互联网直播营销信息内容服务的，应当以显著方式予以标识，并确保信息内容安全。

（7）直播营销平台应当建立健全未成年人保护机制，注重保护未成年人身心健康。对不适宜未成年人参与的互联网直播营销信息内容服务，直播营销平台应当在信息展示前予以提示。

（8）直播营销平台应当建立直播间运营者账号信用评价管理制度，将用户评价和投诉举报、平台处理、监管部门通报等信息作为信用评价指标，根据信用情况确定服务范围及功能，并对直播间运营者账号信用情况进行公示。直播营销平台应当对违反法律法规和服务协议的直播间运营者账号，视情采取警示提醒、限制功能、暂停发布、注销账号、禁止重新注册等处置措施，保存记录并向有关主管部门报告。直播营销平台应当建立黑名单制度，将严重违法违规的直播营销人员及因违法犯罪或破坏公序良俗造成恶劣社会影响的人员列入黑名单。

（9）在直播营销平台上，需建立并实施投诉和举报的管理机制，明确处理过程和反馈时间，并及时处理公众对违法违规内容以及营销活动的投诉和举报。用户若通过直播间内链接或二维码，跳转至其他平台购买商品或享受服务，在产生争议时，直播营销平台应积极协助用户进行权益维护，并提供必要的证据支持。

（10）直播营销平台应当记录、保存直播内容，保存时间不少于六十日并提供直播内容回看功能；直播内容中的商品和服务信息、交易信息，保存时间自交易完成之日起不少于三年。法律、行政法规另有规定的，依照其规定。

（三）直播间运营者和直播营销人员规范

（1）倘若直播营销人员或直播间运营者是自然人，其年龄门槛为 16 周岁；对于 16 周岁以上的未成年人欲申请成为此类人员或运营者的，他们须征得监护人的同意。

（2）直播间运营者以及直播营销人员，在提供互联网直播营销信息服务时，必须依照法律法规和有关规定行事，遵循社会公共秩序和良好风尚，确保商品或服务信息的真实、准确、全面，不得出现以下行为：违反《网络信息内容生态治理规定》第六条、第七条规定的；发布虚假信息，误导、欺骗用户；虚构或篡改关注度、浏览量、点赞量、交易量等数据流量；明知或理应知道他人存在违法违规或高风险行为，仍为其推广、引流；侮辱、诽谤、骚扰、诋毁、恐吓他人，侵犯他人合法权益；可能导致未成年人模仿不安全行为或违反社会公德行为，诱导未成年人产生不良嗜好；涉嫌传销、诈骗、赌博、贩卖违禁品及管制物品等；其他违反国家法律法规和有关规定的行为。

（3）直播营销人员不应在触及国家安全、公共安全、影响他人及社会正常生产生活秩序的场所进行互联网直播营销信息内容的提供。直播间的运营者和直播营销人员应对直播间实施严格的管控，对于关键环节的设定应遵循法律法规以及国家规定，不应有违法和不良信息的出现，不应通过隐晦的方式误导观众。对直播间运营者的账号名称、头像、简介，直播间的标题、封面，直播间的布景，直播营销人员的着装、形象，以及其他可能引起观众注意的关键环节，都应予以充分的关注。

（4）直播间运营者、直播营销人员应当依据平台服务协议做好语音和视频连线、评论、弹幕等互动内容的实时管理，但不得以删除、屏蔽相关不利评价等方式欺骗、误导用户。

直播间运营者、直播营销人员与直播营销人员服务机构合作开展直播营销信息内容策划、生产等合作的，应当共同履行信息安全管理责任。

（5）直播间运营者、直播营销人员使用其他人肖像作为虚拟形象从事互联网直播营销信息内容服务的，应当征得肖像权人同意，不得利用信息技术手段伪造等方式侵害他人的肖像权。对自然人声音的保护，参照适用前述规定。

（6）各级网信部门及其他相关监管机构正在建立与完善信息共享、培训教育以及协同执行网络直播营销的监管检查机制，以共同推动互联网直播营销的信息内容管理工作。各网信部门会对平台落实主体责任的情况进行定期或专项的检查，对于存在问题的平台，会开展针对性的专项督查。各类直播营销平台对于网信等相关部门所实施的监管检查及调查，应当全力予以配合。

（7）倘若逾越本规定并对他人造成损害的，依照法律规定，当事人应当承担民事责任；如果行为构成犯罪，则依法追究其刑事责任；倘若行为尚未构成犯罪，将由互联网管理等相关部门根据各自职责，依照相关法律法规进行处理。

二、《网络直播营销管理办法（试行）》

微课

《网络直播营销管理办法（试行）》简介

近年来，网络直播营销（直播带货）获得惊人的发展，已成为各大电子商务平台以及视频共享网站的基本配置。然而，伴随着该营销方式的飞速发展，各种负面因素也接踵而来，主要体现在不正当竞争、广告以及知识产权、产品质量等方面。2021年4月，国家互联网信息办公室、公安部、商务部等七个部门联合发布了《网络直播营销管理办法（试行）》（以下简称《办法》），并自2021年5月25日起正式实施。

该办法规定的关键在以下几点：

（1）通过明确直播营销平台、直播间运营者以及直播营销人员的定义，奠定适用相关法律法规的基础。

（2）对于直播营销平台的具体规范已经被清晰明确，其中包括事前的预防措施，以及对粉丝数量大，交易金额大的直播间的特别监管方法。为了实现事中的警示作用，直播营销平台必须建立风险识别模型，并对风险性高且可能对未成年人的身心健康造成影响的行为，采取弹窗提示、显著标识、功能限制和流量限制等调节手段。最后，强调直播营销平台在事后必须对违法违规行为采取相应的处置措施，包括关闭直播间、关闭账户、列入黑名单、联合惩戒等。通过这些具体措施，直播营销平台的责任得到了明确。

（3）对直播间运营者和直播营销人员的行为准则以及责任边界进行明确的划定，旨在使从事网络直播营销活动的主体，按照法律法规以及国家的相关规定，维护社会公共秩序，倡导良好的道德风尚，准确、全面地展示商品或服务信息。同时，也明确规定了不可逾越的行为界限，以确保相关从业人员的直播营销行为更为规范。

（4）规定了监督管理问题，赋予监管部门根据需要对直播营销平台履行主体责任情况开展监督检查，对存在问题的平台开展专项检查的权力，要求监管部门对严重违反法律法规的直播营销市场主体名单实施信息共享，依法开展联合惩戒，为网络直播营销领域的治理提供了依据。

《办法》特别重视消费者权益的维护，并对直播间运营者与营销人员进行严格要求：不得故意拖延满足消费者提出的合法合理需求；避免发布虚假信息，以误导或欺骗用户。直播营销平台必须避免为直播间运营者、营销人员的虚假或误导性商业宣传提供帮助或便利条件。同时，直播营销平台应加强直播间内链接、二维码等跳转服务的信息安全管理，防止信息安全风险。此外，《办法》明确了与其他法律法规的有效对接，并进一步明确了监管规则体系的目标。

实例链接

某知名直播平台签约游戏主播王某诈骗案

被告人王某是某著名直播平台所签约的游戏主播，其在直播过程中与大量粉丝互动，在刷礼物的粉丝中寻觅潜在受害者。通过加QQ或微信等方式，他进一步建立信任，然后利用这种信任实施诈骗，手法多样。他有时伪装成某公司的负责人，以公司运转资金短缺为由，向受害者“借款”；有时化身为甜美的“小姐姐”，与多位男性粉丝展开“网恋”，借口购买物品骗取财物。王某累计从多名受害者处骗取资金总计200 000余元，并已全部挥霍一空。

解析：

被告人王某的行为，以非法占有为目的，以虚构和隐瞒事实为手段，诱使多名受害人的财物遭受损失。根据《电子商务法》《网络直播营销管理办法（试行）》以及《刑法》等相关条款，其行为构成诈骗罪，应依法受到惩处。

近年来，网络直播经济快速发展，随着各类直播活动的火热，一些相关犯罪活动以各种形式出现，通过不同的手段侵害公众利益，甚至形成了诈骗产业链。

本案例警告相关行业的从业者，网络平台并非法外之地，不要试图打法律的擦边球，更不要企图实施犯罪。同时，也提醒广大直播平台粉丝，要清楚地认识到网络的虚拟性和自己真实的利益所在，一定要提高防范意识，谨防上当受骗。

判决结果：法院依法判处王某有期徒刑三年，并处罚金人民币两万元，作案工具某品牌手机一部被依法没收。

微课

《关于加强网络直播营销活动监管的指导意见》简介

单元三　短视频及直播电商其他规范

一、《关于加强网络直播营销活动监管的指导意见》

为保障消费者权益，促进直播营销新业态健康发展，根据《电子商务法》《消费者权益保护法》《反不正当竞争法》《广告法》《产品质量法》《食品安全法》《价格法》《商标法》《专利法》等相关法规，国家市场监督管理总局于2020年11月9日发布了《关于加强网络直播营销活动监管的指导意见》（以下简称《指导意见》）。网络直播营销活动作为互联网电子商务的新兴业态，兼具“电子商务＋宣传促销＋导购卖货”等特点，采用互联网直播形式，模式新颖、主体众多、法律关系复杂，一个主体或行为可能涉及多部法律、法规，在不同模式下主体或行为的法律责任和法律性质也会有所不同。《指导意见》的出台明确了网络直播营销活动中各相关主体的法律责任，尤其强调直播营销活动中网络平台和网络直播者的法律责任和义务，对指导基层执法和促进行业规范具有重要作用。

《指导意见》体现了网络直播营销活动的属性特点、行业现状、监管制度等方面的深度审视，并以相关的法律法规为依据，涵盖了总体要求、严格的法律责任承担、规范的直播营销行为、网络直播营销违法行为的查处等四大部分。其中，对于参与网络直播营销活动的各主体的责任与义务、禁止性规定、经营活动规范以及市场监管部门重点打击的违法行为，都有着明确的阐述，旨在推动网络直播营销新业态的健康发展。

第一部分为总体要求。强调要以习近平新时代中国特色社会主义思想为指导，致力于推行并实行中共中央和国务院的方针策略，并始终以法律为指导，秉持开放与兼容的精神，以及审慎的态度，积极尝试以适应新经济形式下的监管方式，例如网络直播营销。坚守法律，对网络直播营销活动中的侵犯消费者权益、侵犯知识产权以及破坏市场秩序的行为进行依法查处，以期推动网络直播营销的健康发展，同时也营造出公正、有序的竞争环境，以及安全、舒适的消费环境。

第二部分为压实有关主体法律责任。主张对网络直播营销活动中的主要参与者，包括网络平台、商品经营者以及网络直播者，进行责任的详细划分。此外，还在三大关键领域中明确了各参与者的责任：第一，对于直播平台被引导至传统电子商务平台的情况，直播平台须尽到电子商务平台经营者的责任和义务；第二，若网络平台为付费导流服务提供广告服务，从而构成商业广告，网络平台须承担广告发布者、广告经营者或广告代言人的责任和义务；第三，网络直播者须根据《反不正当竞争法》履行经营者的责任和义务，如果构成商业广告，则须根据具体情况履行广告发布者、广告经营者或广告代言人的责任和义务。

第三部分为严格规范网络直播营销行为。内容涉及商品进货查验制度的建立和执行、商品与服务的禁售规定、商业广告的发布限制、广告审查的规定，以及消费者知情权和选择权的保障。此外，《指导意见》对公示相关资质、提供基本经营信息，以及网络平台提供技术支持提出了具体要求。

第四部分为依法查处网络直播营销违法行为。《指导意见》揭示了目前在线直播营销中所存在的八大主要违法违规行为，即电子商务违规行为、侵犯消费者权益的行为、不公平竞争的行为、产品质量事故的行为、侵犯知识产权的行为、食品安全违规的行为、广告法规违规行为以及价格欺诈行为。并指出，针对这些违法违规行为，应严格依据相应的法律法规进行查处。

微课

《网络直播营销行为规范》简介

二、《网络直播营销行为规范》

2020 年 6 月 26 日，中国广告协会颁布了《网络直播营销行为规范》，并于 2020 年 7 月 1 日正式实施。虽然《网络直播营销行为规范》并非行政执法、司法裁判的依据，但是，作为一种行业的自我规范，它能够为相关方从事网络直播营销提供行为指导，并对加强行业自律、推动行业健康发展产生积极影响。《网络直播营销行为规范》涉及大量复杂的法律问题，涉及网络直播营销行业的各个方面，这些法律问题多数已经散见于《民法典》《著作权法》《反不正当竞争法》《广告法》以及其他行政法规和部门规章中，《网络直播营销行为规范》对其予以整合。尽管《网络直播营销行为规范》不能作为执法和裁判的依据，但是，如果某种行为违反了《网络直播营销行为规范》，同时也违反了其他法律法规，那么可以直接依据相关法律法规进行制裁。同时，对于违反《网络直播营销行为规范》的行为，中国广告协会将进行劝诫、督促整改，公开批评，对于涉嫌违法的，将提请政府监管机关依法查处等。

《网络直播营销行为规范》内容涵盖网络直播营销平台的经营者、主播服务机构、主播、商家等多元化参与方的权益、责任和义务，从而有效规范了原本混乱无序的格局。

三、《视频直播购物运营和服务基本规范》

微课

《视频直播购物运营和服务基本规范》简介

中国商业联合会媒体购物专业委员会牵头起草行业内首部全国性社团标准《视频直播购物运营和服务基本规范》（以下简称《基本规范》），2020 年 5 月 18 日出台了相关征求意见稿（以下简称《征求意见稿》）。《征求意见稿》对“直播带货”进行了明确定义：直播带货（Live Goods），明星、网红、社会名人或公众人物对某一商品有意无意的助销。

《基本规范》中未直接写明“直播带货”四字，将“直播带货”指称为商家、主播等参与者在电商平台、内容平台、社交平台等网络平台上，以直播形式向用户销售商品或提供服务的网络直播营销活动。相比而言，《征求意见稿》中的定义要明确得多。此外，《征求意见稿》对“社交媒体”“社交电商”“网络视频直播”甚至“网红”等进行了明确的定义。由此可见，《征求意见稿》相比于《基本规范》，在相关用词的定义上更为详细、清晰。

（一）“直播带货”必须遵守义务和规定

在《基本规范》中，除了明示参与者必须遵循的行为规则、被禁止发布的内容以及各自法定的义务外，还详尽阐述了各参与者的具体职责。以商家为例，其应合法经营，商品及服务需符合安全标准，并杜绝虚假宣传，同时提供完善的售后服务。对主播的要求包括掌握必要的专业技能，避免相关不当言论，确保信息真实合法，并不得引导用户私下交易。对于网络直播营销平台，规定必须强化知识产权保护、网络安全和个人信息保护，制定完善的平台规则。《征求意见稿》对《基本规范》中对参与者明确义务和要求的呈现方式进行了调整，对社交媒体和视频直播购物的经营者、从业人员的相关培训、持证上岗等事项进行了统一规定。另外，规定了特定岗位从业人员必须具备相关从业资格证，如经理人需持有由媒体购物行业主管机构颁发的从业资格证。对于特殊的参与人员主播，《征求意见稿》明确了其严格的准入条件，包括：年龄必须在 10 周岁以上；需获得相关机构的审批；具备相关专业资质；需接受专业培训；必须亲自体验过商品或服务，严禁为自己未曾使用过的商品或未接受过的服务做推荐或证明；必须严格遵守广告法的相关规定。

（二）针对消费者保护，《基本规范》中有诸多保护消费者权益的相关条款

《基本规范》充分保障了消费者的知情权和选择权，要求商家严格承担产品责任，并积极兑现售后承诺，这些都是商家的职责所在。明确了作为商家的义务，包括提供的商品或服务必须不存在危及人身或财产安全的不合理风险。依法维护消费者的合法权益，履行自己的承诺，避免进行虚假宣传，不欺骗、误导消费者，为消费者提供退换货保障等售后服务；还要求网络直播营销平台的经营者，必须与入驻主体签订明确

消费者权益保护的协议，并完善平台争议处理机制，以积极的态度维护消费者的合法权益。

相对《基本规范》中较为抽象的消费者权益保护的相关内容，《征求意见稿》中则更为明确和细化。例如，在第四条总体要求中，明确了社交媒体和视频直播购物经营者应为销售商品提供盖有公司印章的正式发票，并根据消费者意愿适时送达消费者；社交媒体和视频直播购物经营者应采取措施确保消费者信息安全；消费者在接到货物7天内，在不影响二次销售的情况下想要退货的，社交媒体和视频直播购物经营者应无条件接受消费者退货，同时按原价退款。同时，将“商品质量”作为一个单项在8个条文中予以明确，如经营者有对确定销售的商品进行审查的义务，并须确认相关资质；商品说明书必须符合国家标准的要求；特殊商品需要明确批号、出厂及质保期、注意事项等；对外包装的明确要求；进口商品的还需要明确原产地、代理商进口商或经销商等的信息；无产品质量合格证明、说明书的可拒付货款且可无条件退货等。除此之外，还明确了售后服务管理应符合《商品售后服务评价体系》（GB/T 27922—2011）的要求。

（三）“直播带货”的商家、平台等主体的职责

《基本规范》第33条确立了网络直播营销平台的合规原则，明确了其对相关规则的建立、实施和维护的需求，主要包括与入驻主体签署协议、界定行为规范和消费者权益保护等方面的权利和义务，包括禁止推销商品或服务的目录及其相应规则，以及建立信用评价奖惩体系。另外，《基本规范》强调交易信息的保存制度、平台间争议解决机制、知识产权投诉处理机制的建立。《征求意见稿》明确通过内部管理制度汇编、员工手册、组织结构图、业务流程图和岗位描述等适当方式来细化职责分工和进行管理，以及商品采购管理制度。社交媒体和视频直播购物经营者需设立专门的商品采购部门或商品开发部门与生产厂家协商商品合作，并制定完善的采购流程和规章制度。此外，它还规定被列入信用黑名单的企业不应成为供应商，并在采购过程中进行信息记录和管理，确保真实性、完整性和可追溯性，并完整保存三年。在内部合规和商品采购之外，《征求意见稿》还对物流外包管理及外部服务管理进行明确和细化，包括要求所选的物流服务商符合《快递服务标准》（GB/T 27917—2011），以及与服务商签订书面协议，以确保消费者数据保密，并提供开箱验货后付款服务等。

（四）监管趋势

《基本规范》对直播带货领域的监管未作深入考察，《征求意见稿》用约六分之一的篇幅详尽地讨论了监管相关事宜，以弥补《基本规范》的不足。监管体系的设立和监管制度的制定是《征求意见稿》的主要关注点，包括社交媒体和视频直播购物应设立监管部门，负责人应接受专业培训；严格执行监管制度，建立完善的监管流程并按

流程工作；及时并主动向监管部门反馈，接受其监督和检查；监管工作完成后，将备案并长期保存，以便随时查阅；保持与监管部门的紧密联系，以确保监管工作的彻底执行。

四、《关于进一步规范网络直播营利行为促进行业健康发展的意见》

《关于进一步规范网络直播营利行为促进行业健康发展的意见》（以下简称《意见》）是由国家互联网信息办公室、国家税务总局、国家市场监督管理总局联合发布的，旨在加强网络直播营利行为的规范性引导，促进网络直播行业的健康发展。

首先，《意见》明确了网络直播平台和网络直播发布者的责任与义务。网络直播平台被要求加强网络直播账号的注册管理和分级分类管理，每半年向相关部门报送存在直播营利行为的网络直播发布者信息。同时，平台和网络直播发布者不得通过虚假营销、自我打赏等方式吸引流量，诱导消费者打赏和购买商品。这些措施有助于维护网络直播公平竞争环境，保障商家和消费者的合法权益。

其次，《意见》强调了税收管理的重要性。网络直播平台和网络直播服务机构被要求依法履行个人所得税代扣代缴义务，不得转嫁或逃避个人所得税代扣代缴义务。网络直播发布者开办的企业和个人工作室也应按照国家有关规定设置账簿，依法纳税。各级税务部门将优化税费宣传辅导，促进网络直播行业的税法遵从，并依法查处偷逃税等涉税违法犯罪行为。

最后，《意见》建立了跨部门协同监管长效机制，加强信息共享和联合奖惩。网信、税务、市场监管等部门将共享网络直播发布者认证登记等直播营利信息，协调推动其他有关部门依法开展部门信息共享。对依法依规经营、积极承担社会责任、诚信纳税的企业和个人，将给予鼓励支持；对存在违法违规营利行为的网络直播发布者及平台，将依法予以处罚，构成犯罪的将追究刑事责任。这些措施有助于构建健康合规的网络直播营利行为体系，推动网络直播行业的持续健康发展。

引入案例分析

微课

直播电商与个人信息保护

被告人廖某及其团队在2020年3月至8月间，在电商直播平台以直播方式为商家营销假冒知名品牌服装、饰品、手表等商品，销售金额近70万元。被告人廖某及5名团队成员违反国家商标管理法规，销售明知是假冒注册商标的商品，销售金额巨大，其行为均触犯了《刑法》第214条，应当以销售假冒注册商标的商品罪分别追究其刑事责任。

判决结果：法院对廖某等人的直播售假案当庭宣判。廖某犯销售假冒注册商标的商品罪，被判处有期徒刑3年4个月，并处罚金人民币40万元。除廖某外，其他团队成员被判有期徒刑2年到3年不等，罚金5 000元至50 000元不等。

思考与练习

一、简答题

1. 简述《网络短视频平台管理规范》设立原则。

2. 简述直播间运营者和直播营销人员规范。

3. 如何压实网络直播营销活动中的主体法律责任？

二、案例分析题

直播间“天然和田玉吊坠”纠纷

原告A在被告B经营的天猫店铺“某品牌旗舰店”直播间购买商品“天然和田玉吊坠籽料原石男士项链观音牌子佛公平安扣女款貔貅钟馗”1件，案涉商品直播时经特别说明为籽料且假一赔十。经鉴定机构检测，案涉商品并非和田玉籽料，直播中存在以次充好的虚假描述，原告A要求被告B十倍赔偿。

思考：从法律角度，原告A的要求合理合法吗？法院应该怎么判决？

活动项目设计

【法律实践】

探讨短视频与直播电商内涵，活学活用《电子商务法》

1. 实践任务

（1）背景。

《电子商务法》于2019年1月1日起实施。随着短视频与直播电商近年快速发展，成为电子商务领域的重要模式，而《电子商务法》未直接提及短视频与直播电商。

（2）通过学习，知悉《电子商务法》相关规定。

（3）通过讨论，探讨《电子商务法》对短视频与直播电商的规制。

（4）通过交流，提升对《电子商务法》的应用能力。

2. 实践步骤

（1）认真学习《电子商务法》《网络直播营销行为规范》等相关法律法规条文、释义和案例，知悉短视频与直播电商的相关法律规定。

（2）进行头脑风暴，系统梳理《电子商务法》对短视频与直播电商的法律适用点。

（3）归纳总结，提炼《电子商务法》对短视频与直播电商的法律规制。

（4）交流发言，提出短视频与直播电商实践中合法合规策略。

模块五 电商物流法律法规

学习目标

素养目标：

1. 牢记为人民服务思想，做好物流配送服务。

2. 具备安全意识，落实安全责任。

3. 能够自觉运用《快递暂行条例》维护公民及自身电子商务物流配送权益。

知识目标：

1. 理解《快递暂行条例》立法思路，了解其立法过程。

2. 理解《快递暂行条例》立法意义。

3. 理解电子商务货到付款释义及流程。

能力目标：

1. 能够正确合规进行快递物件的收寄和签收。

2. 能够正确合规进行快递物件代收。

3. 能够正确合规进行货到付款的处理。

4. 能够正确合规处理快递损坏赔偿问题。

引入案例

未保价手机快递丢失的赔偿纠纷

桂林的一位客户通过线上从四川购买一台苹果手机及其他物品，派件员并未通知收件人，就将包裹放置在了门卫处。当收件人领取包裹后，发现包裹的二次包装痕迹，并在开箱后发现缺少手机，因此选择了报案。执法人员查验快递公司的系统后，发现包裹在离开南宁中转站时，重量显著减少。该客户已向秀峰区法院提起诉讼，要求快递公司赔偿其 6 230 元，并提供了购买手机时商家开具的收款收据作为证据。

快递公司承认其工作人员在派件时存在疏忽，未能将包裹送交到收件人本人手中。然而，快递公司称在客户寄件时，其工作人员已提醒客户对贵重物品进行保价，但客户拒绝保价。快递公司同意赔偿，其赔偿金额应以客户购买手机的正规发票为依据，但客户未能提供。

自 2014 年起，我国的快递业务量已经超过美国，规模跃居世界第一。我国成为名副其实的快递大国。在持续发展过程中，快递行业仍然面临一些制度性问题，比如快递车辆的通行困境，快件的集散和分拣基础设施薄弱，以及末端网点的法律地位不清晰，快递加盟的经营秩序需要进一步规范，服务规则也不够明确，寄递渠道的安全压力较大，迫切需要制定行政法规以规范和保障快递行业的发展。国务院要求坚持包容审慎的监管原则，优化快递行业的政策环境，增强快递服务能力，提升快递服务质量。制定《快递暂行条例》正是为了保障我国快递行业实现从大到强的转变，促进高质量发展，建设邮政强国，更好地满足人民对美好生活的用邮需求。

微课

《快递暂行条例》简介

单元一 《快递暂行条例》立法思路与过程

作为现代服务业的重要支柱之一，物流快递业不仅是推动流通方式转型、促进消费者生活品质升级的核心力量，也是确保国民经济增长、改革深化、结构调整、民生改善、风险防控等方面的关键因素。在过去的十年间，中国的物流快递行业经历了持续、稳定的增长，新的商业模式和创新更是推动物流快递业快速发展。然而，由于《电子商务法》对电子商务商品交付的相关规定较为简要，因此需要制定《快递暂行条例》以保障快递行业的健康发展，确保快递安全，并保护用户的合法权益，从而为物流快递业的治理体系和治理能力现代化奠定坚实基础。

一、《快递暂行条例》立法思路

《快递暂行条例》旨在推动快递业的持续稳健发展，为人民群众带来更大的获得感。在制定条例的过程中，秉持公开、透明、广泛参与的原则，积极接纳并平衡公众、政府部门、行业协会、企业以及员工的观点和需求，努力画出最大的同心圆，以争取获得最大范围的共识。《快递暂行条例》秉承包容、审慎、创新和务实的原则，将快递业视为与新经济、新业态紧密联系的新兴产业，并充分融入快递业的发展需求、改革需求和管理需求。这部条例的立法思路主要集中在以下三个方面。

（一）促进发展

将快递行业的持续健康发展视为立法的核心目标，重点解决制约行业发展的体制机制问题，充分释放制度红利。《快递暂行条例》设立专门章节，涵盖一系列促进快递业发展的制度措施，解决行业内部的问题，以及与其他行业的衔接协调。

（二）服务民生

致力于优化快递服务规范，确保行业秩序井然，厘清法律关系，从而为企业和用户建立明朗的法律预期。这一指导原则有望鼓励快递企业持续优化其服务质量，通过明确的规定规避可能产生纠纷的快递服务环节。

（三）保障安全

《快递暂行条例》秉持实际操作性，针对快递行业在安全进步过程中所面临的问题，以及相关的挑战，进行了深刻的审视。《快递暂行条例》对用户的电子数据信息安全进行了专门的规定，确保这些信息的完整和安全。同时，在立法过程中，充分考虑了企业在使用电子运单等方式维护信息安全的措施。为此，《快递暂行条例》明确对违规行为设定了严格的法律责任。

二、《快递暂行条例》立法意义

《快递暂行条例》是邮政业贯彻习近平新时代中国特色社会主义思想，推动科学立法、民主立法、依法立法的重要实践，给行业改革发展带来了历史性机遇，具有里程碑的意义。

（1）《快递暂行条例》的制定实施，代表了对邮政体制改革所获得的重大成就的权威性总结和显著赞誉。全方位加强法治邮政建设，有效维护了邮政业的持续增长积极性和创新能力，新业态、新模式不断涌现，就业人数持续上升，备受社会各界的关注，为行政法规立法奠定了坚实的社会基础。邮政管理体制的持续优化，确保了邮政市场的稳定运行，全行业积极争取到更多的利好、更强力的支持，强化了全行业推动制度建设的组织性和统一性，为推动条例的出台奠定了行业基础。国务院发布《快递暂行条例》，对邮政体制改革的成功实践做出了最令人信服的总结，这更是对邮政业和邮政管理部门的新的更高要求。

（2）《快递暂行条例》的出台，宣告邮政业已全面迈向高质量发展阶段。《快递暂行条例》基于我国邮政业的发展实际，成功解决了影响行业发展的体制机制问题，大幅度优化了行业的发展环境，引导行业进行质量、效率和动力的变革，并巩固了劳动力、土地、资本和创新等要素的优化配置成果，从而推动了行业全要素生产率的提高，成为邮政业深化供给侧结构性改革的重要制度支撑。《快递暂行条例》将在维护市场公平竞争秩序，推进行业治理体系和治理能力现代化，提升行业发展水平，保障人民用邮权益，以及服务于大众创业、万众创新等方面，发挥基础性、关键性的作用，为我国向邮政强国迈进注入深远而持久的能量。

（3）《快递暂行条例》的出台，开辟了邮政业服务人民美好生活的新起点。在《快递暂行条例》中，推行以人们的需求为中心的发展策略，致力于满足公众对于美好生活的邮件需求，从而构建了全方位优化的快递服务运行体系。此外，《快递暂行条例》倡导广大用户、企业和从业人员对于行政法规的设置形成明确的预期，以确保快递服务的合规性。在提升消费者使用快递服务的体验感、幸福感和安全感的同时，条例也着重保护了从业人员的存在感、归属感和自豪感。

（4）《快递暂行条例》的出台，开创了邮政业持续健康发展的新境界。《快递暂行条例》的设计原则深刻彰显了创新、协同、环保、包容与共享的理念，一贯秉持安全为本的核心指导原则，对邮政行业“构建产业链，扩展上下游领域，并形成同心圆”的发展策略予以充分肯定，在全国范围内达成了广泛共识。《快递暂行条例》充分调动了中央与地方的积极性，使企业与用户的权利义务获得了平衡，积极打造上游与下游产业的协同发展局面，将邮政行业的长期发展推向了更为广阔的领域。

（5）《快递暂行条例》的出台，开启了邮政业制度建设的新征程。《快递暂行条例》是一项在全球范围内进行详细调整的快递法律关系的专门法规，它为全球邮政行业的改革与发展提供了“中国方案”，从而增强了我国邮政行业的顶层设计的自信心。作为一种行政法规，《快递暂行条例》的效力仅次于《邮政法》，并被视为今后制定、修订和编辑邮政部门规章、规范性文件、地方性法规、地方政府规章的重要依据。《快递暂行条例》的出台，拓展了邮政行业法律法规的总体架构，对于构建完整、科学、有效的邮政行业制度体系，起到了承上启下、承前启后的关键作用。

单元二　电子商务物流快递签收规则

随着互联网的深度普及，电子商务已经成为生活和工作的核心元素。电子商务的飞速发展，必然需要快递物流行业提供支持。优秀的物流服务能够为商家和消费者节省大量时间，大幅度提升消费者的购物体验。《电子商务法》和《快递暂行条例》都明确规定了电子商务物流的签收规则。

一、商品风险承担及商家承诺

（一）法律法规条文释义

《电子商务法》第 52 条阐述了电子商务当事人可以约定采用快递物流方式交付商品。作为为电子商务提供服务的快递物流服务提供者，其应依照法律和行政法规行事，同时需履行所承诺的服务规范和时限。根据《电子商务法》的相关规定，商家有权通过快递物流向消费者交付商品，但商品在运输过程中产生的风险和责任应由商家独立承担。即在商家与消费者之间的买卖合同关系中，商家有权将商品邮寄给消费者，只要消费者在确认收货前未签收或确认，商品的风险均由商家独自承担。若快递包裹在运输过程中发生丢失或损坏，商家需对此负责。

此外，《电子商务法》还明确规定，商家应当按照承诺或者约定的方式、时限向消费者交付商品或服务。

根据《快递暂行条例》所述，若快件发生延误、遗失、损坏或内件短缺情形，对于已投保的快件，应按照快递业务企业与寄件人之间的保价规则确定赔偿责任；对于未投保的快件，则需参照民事法律的相关规定来确定赔偿责任。

在商家具体运作中，留有较大的自由发挥空间，例如商家能够自行就商品配送方式及时效作出承诺。依据快递服务国家标准，不同种类的快递服务具有不同的限时要求。例如，同城快送时间限制不超出 24 小时，国内长途快递不超出 72 小时，国际快递则为 6～9 个工作日等。尽管法定规范为商家预留了一定的自主权限，但该条款也清晰了商家不能无期限延迟的原则。即使在“双 11”这样的快递高峰期，商家也应恪守承诺的时限，确保商品能按期抵达消费者手中，而非让消费者陷入无穷等待。

（二）电子商务经营者应对策略

基于商业利益的考量，电子商务运营者在加入电商平台时，需严格研究平台发布的各种运营规章，深入理解《电子商务法》和《快递暂行条例》的法律规定，以确保对消费者的承诺能够得到全面的执行。在运营过程中，运营者也应制定一套完整的运营策略，以避免出现虚假宣传或承诺失真的情况。否则，运营者不仅会面临对消费者的违约责任，同时，根据电商平台的管理机制，还可能面临平台的惩罚；严重的，还可能触及行政处罚，若情节严重，可能会失去经营许可。为给消费者提供更优质的服务，电子商务运营者应该选择信誉良好的快递公司进行合作，从时效、服务态度等方面对快递公司进行约束。

实例链接

快递游戏机失踪，谁的责任？

小刘花 3 000 多元网购了一台游戏机。他在快递员通过电话联系他送货时，因受疫情防控的影响，表示自己目前身在外地，无法在规定期限内签收。小刘提出，能否将送货时间推迟到一周之后。然而，快递员根据快递条款指出，根据规定，收件人在收到送货通知后，必须在规定的 3 日内完成签收，超过期限未完成签收的，需要支付额外的仓储费用和保管费用。在此情况下，小刘选择了联系门岗保安老王，并请他代为签收。老王在签收后，将游戏机包裹放置在门岗处，并告知小刘他在两天后要进行轮休，提醒小刘在回来后及时取走游戏机。

七天后，小刘到门岗取自己的快递，发现包裹已消失。小刘迅速联系快递员，但快递员坚称包裹已由门口保安进行签收。小刘向保安老王询问，老王回应道，代小刘签收后，他将包裹放在门岗处等待小刘自己领取。然而，老王因本周休假，并未在岗亭值班。由于保安岗亭未设置摄像头，小刘无法确定是谁拿走了包裹。尽管小刘心有不甘，他仍寄望于要求快递公司和保安老王承担赔偿责任。

解析：

在案例中，快递公司在遵循小刘的指示下，将包裹移交给了门岗保安老王，由老王代理小刘进行了签收，就此，快递公司已成功履行其快递业务的核心职责。

根据《快递暂行条例》的规定，快递公司仅对运输过程中货物的损毁、灭失承担损害赔偿责任，小刘在快件签收后因为快件遗失要求快递公司承担赔偿责任，没有法律依据。

小刘通过电话委托保安老王负责接收和保存快件。老王根据小刘的指示，成功完成了接收任务。小刘认为，老王在接收包裹之后，有责任妥善保管。依据相关法律，保管期间，若因保管人保管不善导致保管物毁损、灭失的，保管人应对损失承担赔偿责任。然而，如果属于无偿保管的情况，保管人只有在存在重大过失或者故意行为的情况下，才需要承担损害赔偿责任。老王将包裹放置于保安岗亭，并电话通知小刘自己将进行轮休，让其尽快领取包裹。因此，无法认为老王存在重大过失，小刘要求保安老王承担赔偿责任的主张缺乏依据。

二、电子商务快递物流验视签收

（一）法律法规条文释义

1.《快递暂行条例》规定

《快递暂行条例》第 26 条规定：经营快递业务的企业应当将快件投递到约定的收

件地址、收件人或者收件人指定的代收人，并告知收件人或者代收人当面验收。

另外，对于网络购物、代收货款以及与用户有特殊约定的其他快件，企业应当与寄件人在合同中明确投递验收的权利义务，并提供符合约定的验收服务，验收无异议后，由收件人签字确认。

根据《快递暂行条例》第26条的规定，快递公司有义务将快递送到约定的收件地址，收件人有权当面验收。但该条例并未对如何验收做出规定。

2.《快递市场管理办法》规定

《快递市场管理办法》规定，快递员投递时应当告知收件人当面验收。如果外包装是完好的，由收件人签字确认；如果外包装破损或者快递外注明为易碎品的，快递员应当告知收件人先开箱验货再签收。但是，网购、货到付款等特殊的快递，需要由收寄件人自行约定验收的权利义务。也就是说，是否需要开箱，是否能开箱，是先验后签还是先签后验，全凭约定。快递服务国家标准也同样指出，快递员应当告知收件人当面验收快件。快件外包装完好，收件人签字确认；外包装破损异常的，收件人可验视包裹内物品完好后再签收。网购中的签收以商家的要求为准，快递公司可按照商家要求送货、按照商家要求提示或者不提示收件人验收。

3.《电子商务法》规定

快递物流的签收规则，在《电子商务法》中得到了进一步详细的阐述。

《电子商务法》第51条规定："合同标的为交付商品并采用快递物流方式交付的，收货人签收时间为交付时间。""合同当事人对交付方式、交付时间另有约定的，从其约定。"第52条规定："快递物流服务提供者在交付商品时，应当提示收货人当面查验。"

根据《电子商务法》的规定，快递物流应在收件人现场检验后方可签收。即当快递包裹送达消费者手中时，快递员应主动联系收件人，不得私自将包裹悬挂在门把手或放在水表间、窗户等处。

实例链接

快递笔记本电脑未验货屏幕破裂纠纷

陈先生通过××网站选购了联想笔记本电脑及其相关配件，共支付了9 888元。次日，快递员准时将所购商品送到陈先生指定的接收地点。陈先生因为外出，便委托他的父亲代收，然而快递员催促过紧，陈先生的父亲并未进行当面验货。次日上午，陈先生返回家中，打开商品包装，发现笔记本电脑无法正常启动运行。陈先生在当晚提交退货申请后，××网站拒绝了他的要求。随后，陈先生将电脑送至联想售后服务中心进行检测，结果显示，产品问题在于屏幕破裂，属于非正常损毁。随后，陈先生向消费者协会投诉，以××网站快递员未提示验货以及商品破损为由，请求××网站赔偿。在消费者协会的调解下，××网站同意收回电脑并全额退款给陈先生。

（二）电子商务经营者应对策略

电子商务经营者必须向消费者明示其验收的权益，例如在商品包装上标注“请查验后签收”等语句。对于特殊商品或与消费者有特定约定的商品，电子商务经营者应当预先告知快递公司，要求其按规定进行配送。与此同时，快递公司在交付包裹时，也需要按照电子商务经营者的要求和法律规定，提醒消费者先检验再签收。如商品与消费者之间存在特殊约定，并在执行过程中遭遇特殊问题，应在第一时间将问题反馈给商家。因为配送服务作为买卖合同的延伸服务，仍需在根本上满足消费者需求，贯彻服务至上的原则。同时，电子商务经营者和快递公司应妥善保存签收单据或与签收相关的证据，以备不时之需。尽管快递服务国家标准要求档案的保存期限不少于1年，但考虑到实际合同纠纷诉讼时效为3年，因此对相关证据的原件保存也应以3年为最低期限。对于那些超过保存期限的档案，需要定期销毁，以保护消费者的个人信息安全。

三、电子商务快递物流代收

（一）法律法规条文释义

《电子商务法》第52条规定，快递物流服务提供者在交付商品时，应当提示收货人当面查验；交由他人代收的，应当经收货人同意。因此，如果收件人事先同意快递人员可将快件投递至自提柜、驿站、物业或水表间，那么就可以视为收件人已经完成了收货确认。如果快递公司未经收货人同意而擅自将快件放置在非指定的收货地点，那么从商家的角度来说，其交付义务并未完全履行。因此，消费者有权要求商家承担赔偿责任。若在此期间出现商品丢失的情况，相应的责任也应由商家自行承担。

若消费者选择了除默认提供的快递物流服务外的其他服务提供者，商品运输过程中的风险将由该消费者自行承担。比如，在消费者下单时，商家已明确告知本店将默认选用申通、中通和韵达快递，然而消费者却坚持要求使用其他快递。如果在运输过程中商品发生丢失、损坏等问题，消费者将承担相应的责任。当然，在这种情况下，消费者有权向快递公司主张赔偿要求。

（二）电子商务经营者应对策略

在实际服务中，商品快递数量多，致使快递员无法在送件之前逐一电联收件人，若从法律层面来看，商品未交付至收件人手中，导致的任何问题，都应由商家承担责任。

随着消费习惯的转变，快递服务企业及互联网公司也在不断优化其服务，例如设立驿站、自提柜、代收点等，或采用短信签收、验证码签收、GPS定位匹配签收等新型签收方式。然而，在采用这些代收服务方式之前，电子商务经营者与消费者订立合同时，务必取得消费者对代收服务的授权。此外，在商家与快递公司签订合同时，也可将对消费者的承诺纳入快递公司的服务条款之中。

实例链接

快递运动鞋代收丢失纠纷

张女士在考拉海购购买了一双498元的运动鞋，两周后张女士仍未收到任何快递信息。张女士查看“我的订单”时发现该订单已在三天前由门卫签收，但她并未在门卫处找到自己的快递。张女士立即联系了平台客服，经过核实，送货的快递员确实未曾联系张女士，双方沟通协调后，平台同意全额退款给张女士，并向她赠送价值50元的无门槛现金抵用券。

解析：

《电子商务法》第52条规定：“快递物流服务提供者在交付商品时，应当提示收货人当面查验；”“交由他人代收的，应当经收货人同意。”在具体案例中，若商家或快递公司未经收件人的同意，擅自将快递放置至非指定签收人的位置，则收件人有权要求相应的赔偿。另外，若商家未能按照约定的地址将商品交付给收件人，其应对商品丢失的责任、未经授权的代收而引发的责任承担全部责任；商家也可向快递公司提出追偿。

单元三 电子商务交易中货到付款法律问题

为了消除线上购物者的疑虑并吸引更多的消费者，不少商家采用货到付款这种交易方式。这种方式要求双方一手交钱一手交货，但在快递员无法直接接触到消费者的情况下，交易便无法顺利进行，这种现象常常引发众多争议。

一、《电子商务法》相关规定与释义

《电子商务法》第52条规定：“快递物流服务提供者在提供快递物流服务的同时，可以接受电子商务经营者的委托提供代收货款服务。”代收货款服务成为一种额外的服务，独立于买家和卖家的合同交易之外，这种服务在快递物流行业中指的是：快递公司在与卖家签订的合同中，为卖家运输、配送货物的同时，依据“钱货两清”的原则，向买家或其指定的收货人收取货款并转账给卖家，这是一种增值服务。代收货款既符合市场交易习惯，同时也是合同中的权利和义务。在电子商务实践中，货到付款（COD）模式尤为常见。现在越来越多的快递公司也提供代收货款的服务，接受商家的委托，帮助它们达成买卖关系。

二、《快递代收货款服务规范》相关规定与释义

《快递代收货款服务规范》对快递公司的代收货款服务做出更详细的规定，主要包括寄件人选择，合同签订，快件的收寄、分拣、封发、运输、投递，快件的退回，货款结算，快件的查询、投诉、赔偿等环节。

当然，商家与快递物流公司在进行代收货款的合作前，需要就服务的具体细则达成共识，如验收标准、是否支持开箱验货、开箱的程度、收件人拒收货物的条件等。此外，双方还需明确服务费用、各方责任承担、代收货款的货物和资金安全等问题的约定。在达成一致后，快递公司将商品送到收件人手中，并按照商家的要求提示收件人验货验收。在收件人确认无误后，收取货款。快递公司在收到货款后，应按照与商家的约定将款项返还给商家，以完成此项服务。当然，若出现投诉或退回的情况，流程将会变得更为复杂。

从整个服务环节来看，货到付款的核心问题是商品和资金的安全问题。根据国家发布的行业规范，快递公司应当将每日收取的代收货款资金存入指定的账户，快递公司应当保证账目准确无误，发现问题及时处理，向商家返还货款的期限不宜超过 7 个工作日。

快递公司必须创建健全的组织结构、安全管理、财务管理以及业务运营规范，以确保系统的稳定运行，并确保收到的款项符合金融监管机构的相关要求。由于收到的款项并非快递公司的私人财产，因此，代收款应被用于款项的返还，快递公司不应进行任何形式的挪用或占用。

随着电子商务领域的稳步扩展，代收货款将展现出强劲的新产业升级姿态。相比线上支付，代收货款在解决信誉问题和使用门槛方面表现出更广泛和便捷的优势。此外，货到付款的方式能够推动诚信交易的实现，有助于卖家提升服务质量和产品品质。代收货款跨越电子商务、物流和金融三大主导行业，在未来的市场竞争格局中将占据重要地位。

三、电子商务经营者的应对策略

在开展电子商务活动的过程中，从事此类业务的经营者务必对快递物流公司的资

质及实力进行详尽的考察，并将合作的对象锁定在信誉优、品牌影响力突出、知名度高的大规模公司身上。此类大型快递物流企业，在服务质量、投诉处理标准、财务管理制度以及风险控制能力等方面展现出出色的水准，并且在资金监管上也能严格按照规范进行。再者，大型快递物流公司本身拥有相当的固定资产，为了维护其声誉，更加注重每个托运人/寄件人的服务体验。

当电子商务的经营者选取适当的快递物流伙伴后，双方在商业合作的细则中，应更加重视资金的保障问题。此外，与银行、大型的第三方支付公司或新兴电子支付平台建立深度合作关系，设立独立的资金账户，使资金受到全方位的监管。同时，建议电子商务经营者减少现金支付的代收货款。

在与快递物流公司合作的过程中，电子商务经营者也应注意保护收件人/消费者的个人信息，预防在处理投诉和纠纷时，给收件人造成不必要的困扰。

实例链接

快递公司关门，代收款追回困难

月末是甲纸制品工厂与乙快递公司结算的时间，甲工厂财务部门领导朱某在试图与乙公司的业务员小张进行沟通时，发现小张的电话无法接通，其个人微信也被对方拉入黑名单。朱某感知到异常情况后，立即前往乙公司现场进行确认，发现乙公司的营业部已经关闭。同时，旁边超市的老板透露，乙公司的领导已经有半个月未出现在公司，传言他已携带货款潜逃，现在每天都有债权人在乙公司门前等待。朱某返回公司后，向上级领导进行了汇报，同时向公安机关报案。

通过公安机关工作人员的调查，朱某才发现乙公司挪用了200多家客户代收的货款累计1 000多万元，用于扩张乙公司位于其他省市的网点。到了结账给货主的时候，乙公司发现无法隐瞒，又面临巨额债务还不上，索性关门大吉一走了之。

在乙公司歇业之后，诸多商家已向警方报案，以合同欺诈罪控告乙公司，期望追究其领导者的刑事责任。

解析：

在该案件中，乙公司并未策划欺诈商家，也未曾捏造事实或隐瞒真相，从而诱骗商家获取数额较大的财物。此外，乙公司在与甲公司签订合同之初，仍然具有履行合同的能力，仅仅是在合同执行过程中发现资金短缺，直至无法弥补，最终选择了逃离。

上述案例中，商家固然不能忍气吞声，比较合适的做法是以“要求快递公司支付代收货款”为诉讼请求向有管辖权的法院提起民事诉讼。商家应该拿起法律武器，维护自身的合法权益；即使货款不能在短期内取回，也要让快递公司及其负责人受到应有的惩罚。

单元四　电子商务物流配送典型问题

电子商务的便利和物流快递的高效，正在逐渐提升人们的生活品质，但快递行业的失范也给人们带来了一些困扰。在中国，首部专门针对快递业的行政法规《快递暂行条例》对于快递员的上门服务、快递企业的末端配送协作、寄件人的实名制、寄件人的隐私保护以及物品损坏赔偿等事项都明确规定了责任和处理方式。

一、关于快递员送货上门

快递员拒绝送货上门，显然是与规定相悖的。很多快递公司面临快递员不愿将包裹送上门的尴尬，甚至有快递员坚决拒绝，而部分客服也对此发表了“现在所有快递都会在驿站自取，未来也将会是这样”的声明。根据《快递暂行条例》的规定，经营快递业务的企业应该将快递投递到约定的收件地址、收件人或收件人指定的代收人，并告知收件人或代收人当面验收。收件人或代收人有权当面验收。因此，快递员拒绝送货上门是违反规定的。若快递员希望将包裹存放在代收点或快递柜，他们首先需要征得收件人的同意。如果收件人不同意，快递员就必须将包裹送上门。

二、关于末端配送协作

快递企业加强共享设施建设，促进智能快递柜的推广。然而，即使在配送上门的过程中，快递员也有其自身的困难。例如，部分小区禁止快递车辆进入；部分快递单上的门牌号存在误差；经常面临收件人不在家中的情况，从而导致送货效率下降和快件积压；同时也担忧快递车辆和车内的快件被盗。因此，国家也支持“最后一公里”的配送形式的多样化。《快递暂行条例》第 15 条明确规定：“鼓励多个经营快递业务的企业共享末端服务设施，为用户提供便捷的快递末端服务。”此外，条例还鼓励和引导经营快递业务的企业采用先进技术，推动自动化分拣设备、机械化装卸设备、智能末端服务设施、快递电子运单以及快件信息化管理系统等的普及和应用。

三、关于寄件实名制

在快递行业的运营过程中，运营商与相关企业应避免向无法核实其真实身份的用户提供包裹服务。《快递暂行条例》规定中明确了实名制的实施标准。实名制，通常要求寄件人提供身份证并进行个人信息登记，已全方位执行。这一规定对实名制做了更深入的界定：快递服务提供商在收取快件时，应对寄件人的身份进行审查并记录其身份信息。若寄件人拒绝提供身份信息或所提供的身份信息不真实，快递服务提供商则不应予以包裹寄送。

四、关于寄件人隐私保护

对于泄露寄件者的个人隐私，快递从业人员或企业将面临严重的惩罚。实名制已被确立为确保快递包裹安全的策略之一，但也引发了公众对个人隐私安全的担忧。基于此，《快递暂行条例》第 35 条明确规定：“经营快递业务的企业及其从业人员不得出售、泄露或者非法提供快递服务过程中知悉的用户信息。发生或者可能发生用户信息泄露的，经营快递业务的企业应当立即采取补救措施，并向所在地邮政管理部门报告。”第 52 条规定：“冒领、私自开拆、隐匿、毁弃、倒卖或者非法检查他人快件，尚不构成犯罪的，依法给予治安管理处罚。”

五、关于物件损坏赔偿

《快递暂行条例》第 28 条规定：“快件延误、丢失、损毁或者内件短少的，对保价的快件，应当按照经营快递业务的企业与寄件人约定的保价规则确定赔偿责任；对未保价的快件，依照民事法律的有关规定确定赔偿责任。国家鼓励保险公司开发快件损失赔偿责任险种，鼓励经营快递业务的企业投保。”快递经营者需使用全程信息化管理，公示联系方式，确保与用户的沟通畅通，为用户提供业务咨询、包裹查询等服务。若用户对快递服务的质量不满，可向快递经营者提出投诉，快递经营者需要在接到投诉的 7 天内完成处理并将结果告知用户。

倘若在处理订单的过程中出现快递冒领的问题，消费者可依法状告网店的经营者以追回已支付的款项。若能证实错误源于快递公司的操作失误，网店经营者则有权追诉快递公司承担相应的赔偿责任。而若错误系网店经营者自身过失所致，消费者也可要求实际收到货物的人员返还原物或者支付货款。若网店经营者已与快递公司签订服务费补偿协议，则在快递公司承担赔偿责任后，保险公司将依据合同约定，对快递公司的损失予以保险补偿。

实例链接

电脑保价 10 000 元，快递损坏赔偿 1 000 元?

2021 年 1 月初，杨女士委托某快递公司将她的电脑主机从北京送至长春。此电脑乃杨女士于 2020 年 10 月花 14 000 余元购入。为确保主机的运输安全，杨女士特别叮嘱快递员需精心包装。快递员向杨女士提出购买保价服务的建议。当天，快递员对主机实施木架固定，并收取杨女士 225 元快递费，其中包含 64 元的理赔保险，保额为 1 万元，快递员明确表示，只要主机在运输过程中发生故障，理赔保险即刻生效。

电脑机箱运输至杨女士的住处时，她拆箱检查后察觉到机箱存在明显的问题。电脑机箱的外壳有明显的凹陷，在连接电源与显示屏后，主机始终未能顺利启动。经过深入检查，杨女士留意到凹陷处恰恰位于显卡的所在部位，而电脑无法开机，也与显卡损坏的情况相吻合。此外，机箱内部的若干内存条也存在程度不一的破损现象。杨女士前往电脑城寻求专业人士的帮助，经过检查，确认显卡已经损坏。

杨女士立马联系某快递公司的客服，希望对方依照保价服务进行理赔，同时，杨女士也将自己当初购买电脑的凭证发给了客服。本以为购买了 1 万元的保价，就能获得相应的赔偿，但是，事情并没有杨女士想象的那么容易。客服说，机箱坏了，赔 200 元。

在收到客服回复后，杨女士陷入困惑。她购买的保价服务何在？当初承诺的 1 万元内物品损坏可获得赔偿的条款又如何呢？一位快递公司客服解释说，机箱的凹陷明显可见，因此定损金额为 200 元。显卡表面看上去并无异常，损坏程度难以确定，因此并未进行赔偿。经过多轮交涉后，快递公司最终给予杨女士 1 000 元的赔偿。

解析：

日常生活中，由于保价快递部分毁损所引发的争议频繁出现，其主要的冲突在于双方对于毁损的金额无法达成一致的认识。损坏的金额直接决定赔偿的金额，这就会间接触及快递公司的自身利益。然而，让快递公司独自进行损毁的确定，难免存在着“双重角色”的争议，会对给出的结果的公正性和可接受性提出疑问，同时也可能影响消费者权益的保护。

《快递暂行条例》第 28 条规定：“快件延误、丢失、损毁或者内件短少的，对保价的快件，应当按照经营快递业务的企业与寄件人约定的保价规则确定赔偿责任；对未保价的快件，依照民事法律的有关规定确定赔偿责任。”考虑到防止经济损失以及预防纠纷的重要性，寄件人在寄送高价物品时，强烈建议其预先明确商品的预估价值并进行同等的保险价值投保。然而，若遇到需要依赖专门知识和技术才能进行的损坏证明，例如杨女士所需要的对于电脑主机功能性损坏的证明，则推荐她将商品交由专业人士进行鉴定并提供有力的书面证明。在双方对于损失金额存在争议的情况下，应该优先由快递公司进行预估损失，然后在双方达成共识的基础上，将商品交由第三方鉴定机构进行最终损失金额的认定，这样既能提高效率，又能确保公正性。

对于一般物品，购买价格或市场价格可提供衡量标准，往往是由寄件人申报并通过负责揽收的快递人员核实之后，确定为保价的金额。然而，实际上也存在许多特殊物品，包括有价无市的收藏品，人身意义和情感价值显著的特定物，或是具有特定用途的重要文件，其客观价值不易确定。对于这些特殊物品，寄件人和快递方应先行协商保价金额，若双方无法达成共识，快递业务的运营企业有权拒绝提供保价服务。在现实中，可能出现寄件人违反诚信原则，有意隐瞒声明价值，或因善意遗忘实际价值，导致在实际损失发生时，双方对快递物品的实际价值各持己见。

此案例中，杨女士应首先与快递公司进行商议，并妥善保管相关的证据。如果无法达成满意的结果，她可以依据《消费者权益保护法》第39条的规定，向消费者协会或者其他依法设立的调解组织寻求调解，同时也可以向市场监督管理等行政部门投诉。

引入案例分析

微课

电商物流其他相关法规

类似案例不在少数，其根源在于送件人员在执行任务时未能严格遵循规章制度，同时，对于保险和赔偿的责任界定方面也存在不足。

《快递暂行条例》针对此类问题作出了明确的规定。若快件出现延误、遗失、损坏或内容物短缺等问题，而寄件方已投保的情况下，快递业务的运营方应按双方约定的保价赔偿规则承担责任；若未投保，则依据民事法律有关规定确定赔偿责任。法院在审理之后，根据我国《民法典》所载明的承运人对于运输过程中货物的毁损、灭失需承担损害赔偿责任的规定，裁定快递公司应赔偿客户遗失手机的实际损失。然而，由于客户未能提交正式的购机发票并购买的是二手机型，法院参考市场价格，决定快递公司支付给客户5 000元的赔偿金。

思考与练习

一、简答题

1. 简述《快递暂行条例》的立法意义。
2. 电子商务经营者如何应对快递业务风险？
3. 很多情况下用户不能做到当面签收快递物件，由此可能产生纠纷，如何解决？
4. 货到付款的方法值得提倡吗？为什么？

二、案例分析

快递奢侈品牌皮包损伤，快递理赔拖拉

陈女士委托其弟弟在英国购买了一个奢侈品牌皮包，其价值约为1万元人民币，而后其弟弟将皮包带回中国，并通过快递寄给陈女士。由于皮包价值过高，陈女士的弟弟亲自将其送至快递收件处，并购买了价值1万元的保价服务（保价费用为50元）。包裹抵达广州后，快递小哥打电话通知陈女士到大厦前台签收。然而，陈女士当时正在接听一个重要电话，便请快递小哥稍等，并特别强调这个包裹的重要性，必须亲自签收。几分钟后，陈女士前往大厦前台，却发现快递小哥已经离开，包裹被留在前台。于是，陈女士将包裹带到自己的办公室，立即打开查验，结果发现皮包的金属拉链受损，连接处撕裂，疑似被人强行拉扯。当时距离快递小哥离开仅15分钟，陈女士立即拨打快递企业客服，对方承诺在4个小时内给予回复。然而，24小时后，

在陈女士的催促下，快递企业的理赔专员给出赔偿7 500元的方案。陈女士认为，自己的包裹享受保价服务，快递企业应当按照保价条款赔偿保价价值，于是陈女士进一步投诉。经过一个多月的交涉，快递企业将赔偿提高到8 500元。陈女士权衡后同意，并在当天提供了支付宝账号、身份证号等资料给快递企业。然而，快递企业却迟迟没有理赔。

思考：（1）这种情况下，陈女士如何处理？

（2）快递公司应该承担什么责任？

活动项目设计

【法律实践】

探讨快递交付当面验收出现问题后的合理合法合规解决途径

1. 实践任务

（1）背景。

关于电子商务快递交付要求，《电子商务法》第52条规定："快递物流服务提供者在交付商品时，应当提示收货人当面查验；交由他人代收的，应当经收货人同意。"《快递暂行条例》第26条规定："经营快递业务的企业应当将快件投递到约定的收件地址、收件人或者收件人指定的代收人，并告知收件人或者代收人当面验收。收件人或者代收人有权当面验收。"然而现实中因快递量太大，快递员与收件用户不可能一一见面进行当面拆封验收。由此商品丢失、损坏、质量、数量等纠纷不断。

（2）明确电子商务快递交付相关法律规定。

（3）探讨在电子商务领域快递交付当面验收出现问题后的合理合法合规解决途径。

2. 实践步骤

（1）认真学习《电子商务法》《快递暂行条例》《邮政法》等相关法律法规条文、释义和案例，明确电子商务领域快递交付相关法律规定。

（2）进行头脑风暴，罗列电子商务领域快递交付验收存在的各种问题和纠纷。

（3）归纳总结，提炼电子商务领域快递交付当面验收问题的类型与特点。

（4）讨论发言，提出电子商务领域快递交付当面验收问题的解决途径、策略与方法。

模块六　电子商务消费者权益保护法律法规

学习目标

素养目标：

1. 能够自觉遵循自愿、平等、公平、诚实信用的电子商务经营原则。

2. 能够自觉运用《消费者权益保护法》维护权益。

3. 具备办事依法、遇事找法、解决问题用法、化解矛盾靠法的法治素养。

知识目标：

1. 理解电子商务消费者安全保障权、知情权、自主选择权等内涵。

2. 理解电子商务经营者依法诚信经营的义务。

3. 理解电子商务消费者依法维权的必要途径。

4. 理解电子商务经营违反《消费者权益保护法》的法律责任。

能力目标：

1. 能够描述电子商务消费者自身权利。

2. 能够描述电子商务经营者的消费者权益保护义务。

3. 能够描述电子商务消费者依法维权途径，并能切实维护自身权益。

4. 能够描述电子商务经营违反《消费者权益保护法》所应承担的责任。

引入案例

我国首例“大数据杀熟”案成功维权

2020年7月，胡女士通过XC APP预订了A酒店的一间豪华湖景大床房，支付了2 889元。然而，在她离开酒店时发现，酒店的实际挂牌价只有1 377.63元，预订价格与实际价格之间存在1 511.37元的差额。作为XC钻石级会员的胡女士，不仅未享受到8.5折的优惠，还支付了超过房价一倍的金额。之后，胡女士与XC平台进行了沟通，但XC平台以其是平台方，而非该订单的相对方为由，仅退还了部分差价。对于处理结果不满的胡女士决定对XC提起诉讼，并请求包括“退一赔三”在内的赔偿，同时要求XC APP上线一个选项，使用户在不同意《服务协议》和《隐私政策》的情况下仍可以继续使用该应用。理由是，胡女士不希望XC收集她的非必要个人信息，以免成为“大数据杀熟”的目标。

法院对此案件进行了公开审理并随即作出判决。依据此判决，XC需赔偿胡女士因投诉XC未完全支付差价243.37元，以及三倍的订房差价赔偿金，总计4 777.48元。法院认为，作为中介平台，XC没有履行如实报告标的实际价值的义务，也没有履行“钻石贵宾享受优惠价”的承诺。此外，XC平台缺乏价格监管措施，向胡女士展示了一个溢价100%的不实价格。因此，法院确定XC存在虚假宣传、价格欺诈和欺骗行为，支持原告要求退一赔三。

依据《消费者权益保护法》第55条的规定，经营者提供商品或服务有欺诈行为的，应根据消费者的要求，增加赔偿其受到的损失，增加赔偿的金额应为消费者购买商品的费用或接受服务的费用的三倍，不足五百元的，则赔偿五百元。胡女士认为XC的“不全面授权就无法使用”的规定不合理，这一观点也得到了法院的认可。法院要求XC在APP中添加选项，用户在未同意《服务协议》和《隐私政策》的情况下，仍能继续使用该APP；或者修改相关协议，删除对用户非必要信息采集和使用的内容，且修改版本需经法院审核批准。

法院在审理过程中，发现“若不同意全面授权则无法正常使用”的要求，实则构成对用户的强制性约束。XC在《服务协议》和《隐私政策》中，要求用户必须授权注册信息、交易记录、支付数据等，允许其进行数据分析和商业化利用，这类操作既缺乏实质性的必要性，又可能加重用户个人信息被过度使用的风险。此外，对于XC明确的自动收集用户个人信息的范围和目的，法院也表达了疑虑。XC要求用户授权日志、设备、软件、位置等信息，以便平台更好地了解用户需求，形成个性化推荐并用于营销活动。法院认为，在一定程度上，这种情况导致原告怀疑被告可能存在“大数据杀熟”行为。

“原告因此不同意XC现有《服务协议》和《隐私政策》合乎情理，也应在常情下支持。”法官称，“本案的判决就是要杜绝这种概括性地要求用户授权的行为，更好地保护公民个人信息。”

思考：

1. 从此案判决中可以看出，法院用了《消费者权益保护法》中的规定，您认为在此案中，XC APP的捆绑协议（不同意授权就拒绝提供其核心业务功能）是否具有法律效力？

2. 本案有什么现实意义？

党的二十大报告强调，要“加大关系群众切身利益的重点领域执法力度”。在电子商务领域，消费者权益就是典型的关系群众切身利益的重点领域。在电子商务交易过程中，由于消费者的性质和身份与传统消费者并没有本质的区别，都是为生活、工作等需要购买、使用商品或者接受服务，只不过是二者购买使用商品或接受服务的方式不同而已，因此其所享有的合法权利以及应取得的利益也都受此法的保护。也正是因为电子商务的出现，《消费者权益保护法》于2013年进行了修订，在多方面进一步保障了消费者的权益，尤其是网络购物、个人信息保护等方面，比如说现在大家都熟知的七日无理由退货条款。“国以民为本，社稷亦为民而立。”消费者是拉动经济增长的重要主体，消费升级已成为我国经济增长的持续动力，依法保护消费者权益事关国计民生和经济发展。

微课

电商消费者权益保护概述

单元一　消费者的权利

一、安全保障权

消费者在购买、使用商品和接受服务时享有人身、财产安全不受损害的权利。消费者有权要求经营者提供的商品和服务，符合保障人身、财产安全的要求。

法律对消费者安全保障权的规定，其含义有两个方面：

其一，消费者在消费过程中，有权要求商品与服务的质量达到保证人身与财产安全的标准。消费者在消费过程中享有的生命安全权、健康安全权和财产安全权，是受到安全保障的权利。如果商品的质量问题导致消费者身体受伤或财产损失，商家就侵犯了消费者的权益。消费者的健康安全权是指消费者在消费过程中，身体健康未受损害的权利。如果服务设施存在问题，导致消费者身体健康受损，商家就侵犯了消费者的权益。消费者的财产安全权是指消费者在消费过程中，财产未受损害的权利。财产损失不仅包括财产外观的损坏，也包括财产内在价值的减少。财产安全不只是指消费者所购买、使用的商品或服务的安全性，而且包括购买、使用商品或接受服务以外的其他财产的安全性。如果消费者正常使用商品或接受服务导致其他财产受损，这同样属于侵犯了消费者的财产安全权。

其二，经营者有义务保障消费者在消费过程中的人身、财产安全。这就要求经营者必须做到：

（1）提供的商品和服务应当符合人体健康和人身财产安全的国家标准或者行业标准。

（2）提供的商品和服务没有国家标准或者行业标准的，应当保证符合人身健康、财产安全的要求。

（3）对可能危及人体健康和安全的商品和服务，要事先向消费者作出真实的说明和明确的警示，并标明或说明正确使用商品和接受服务的方法。

（4）发现提供的商品和服务有严重缺陷，即使消费者采用正确使用方法仍可能导致危害的，应及时告知，并采取切实可行的措施。

（5）经营者提供的消费场所和环境必须具有必要的安全保障的措施，使消费者能在安全的环境中进行消费或接受服务。例如，宾馆、商场、银行、车站、娱乐场所等公共场所的管理人或者群众性活动的组织者，未尽到安全保障义务，造成他人损害的，应当承担侵权责任；因第三人的行为造成他人损害的，由第三人承担侵权责任；管理人或者组织者未尽到安全保障义务的，承担相应的责任。

在实际生活中，侵害消费者安全权的现象非常普遍，通常表现在以下几个方面：

（1）在食品中添加有毒有害物质。例如，为了牟取非法利润，招徕顾客，一些不法分子用福尔马林泡毛肚、凤爪、水产品（如海参、鱿鱼等），出售变质、发霉的食物等。这些商品不仅不能满足人们的正常需要，反而会损害人们的身体健康，甚至会导致消费者死亡。

（2）制造销售假药、劣药。药物本来是用来治病救人的，但是一些不法分子为了赚钱，置人们的生命健康于不顾，以非药物冒充药物，病人服用后，根本不能对病情产生缓解及解除作用，延误疾病的治疗；有些假药中还掺杂有害成分，不仅耽误治病，而且使病情加剧。例如，一些不法分子用泥土、鸡饲料、淀粉或廉价药品加上伪装，冒充抗生素及名贵药品出售，造成消费者中毒或死亡。

（3）出售过期变质的食品、药品。出售过期、变质的食品以及过期、失效的药品等侵犯消费者安全的现象时有发生，有些经营者将已经过期的商品打上新的日期，欺骗消费者。

（4）机电产品等商品缺乏安全保障。一些地方曾发生电视机、电冰箱等家用电器爆炸伤人和电风扇、电热毯、电热杯、洗衣机等漏电致人伤亡的事件。

（5）化妆品有毒有害。有些生发水不仅没有生出头发，反而使原有的头发脱得精光，一些润肤膏不仅不能美容反而致人容貌毁损，还有些化妆品甚至含有致癌、致畸、致突变的有害物质。

（6）服务方式不安全。如理发师使用工具不当或者不消毒致顾客受伤或者被传染疾病，浴室水温过高烫伤顾客，浴室地板没有防滑功能或防滑设施致顾客摔伤等。

（7）营业场所和环境存在的安全隐患导致的安全事故。如有些旅馆房屋楼梯老化腐朽致顾客摔伤；有些商品、饭店、旅馆电源外露致顾客触电等。

（8）第三人造成的伤害。近年来，在经营场所发生的第三人损害消费者权益案件日益增多，如消费者在餐厅消费时因第三人设置的炸弹爆炸而伤亡、消费者入住宾馆被第三人杀害、消费者在商场消费时被第三人抢劫、消费者在浴场被第三人刺伤等案件。在以往的司法实践中，这类由于第三人侵权甚至犯罪导致消费者人身或财产受到损害的案件，在受害人向第三人或犯罪分子求偿不能转而向经营者索赔时，经营者往往以自身未实施侵权行为为由进行抗辩，相同的案件在不同法院审理的结果大相径庭。对于此类事件，作为直接加害人的第三人是直接、主要责任人，但是并不能排除经营者的一切义务和责任。经营者应该承担保障消费者安全的义务；如果未尽到这一义务，未为消费者提供符合安全保障的经营场所和环境，一旦发生对消费者的侵权行为，消费者有权向经营者索赔，而经营者也应当依法承担相应的赔偿责任。

实例链接

受害者和嫌疑犯均死亡，顺风车公司承担连带责任

2018年5月6日凌晨，云南A航空公司21岁的空乘员李某珠在河南郑州通过X顺风车从郑州前往火车站的过程中被侵害，而刘某华被视为重大作案嫌疑人。通过对监控录像的查阅，发现刘某华在作案后弃车并跳河，警方随即展开紧急打捞。5月12日凌晨4时30分左右，警方在郑州西三环附近的一河渠内成功打捞出一具尸体。根据郑州警方的最新通报，通过DNA鉴定，确认打捞出的尸体是犯罪嫌疑人刘某华。

据了解，李某珠在遇害前曾与同事微信聊天，称遇到一个变态，还跟同事进行了50多秒的通话，之后，电话就再也联系不上。

这起恶性案件发生后，引发社会的广泛关注。

受害人父亲：继续追究X顺风车公司责任

虽然嫌疑人已经死亡，但是受害人父亲李先生在接受媒体采访时表示，已经得知了杀害自己女儿的嫌疑人遗体被打捞出来的消息，但是他没有去打捞现场。李先生说虽然嫌疑人已死，很遗憾他没能得到法律的严惩，下一步，将追究X顺风车的责任。

解析：

案件暴露X顺风车多个安全漏洞。

首先，X打车平台公布自查进展表示，犯罪嫌疑人刘某华并没有使用自己的账号，而是违规使用他父亲的X顺风车账号接单。如此“人车不符”，X公司又是如何让这种严重的违规接单行为存在的呢？

其次，犯罪嫌疑人刘某华到底是如何通过X顺风车平台的认证系统呢？对此，X打车平台解释，原有的夜间安全保障机制不合理，导致这起遇害案的订单中，针对夜间人脸识别机制没有被触发。也就是说，随便一个人用着这个账号就可以接到受害人前往目的地。而X平台此前对外宣称的——顺风车注册时的三证验真、犯罪背景筛查，似乎全都成了摆设，一个接单前必须进行的安全保障机制完全失灵了。

最后，更令人痛心，因为这不是一次偶然事件。案发前这名犯罪嫌疑人就有过一起言语性骚扰的投诉记录，之后X平台客服给刘某华打了5次通话都没联系上他，后续X平台也未对投诉做妥善处理。

嫌疑人投河自尽，但这起案件并不能就此画上句号，对于该案件的赔偿问题，到底应该由谁来负责呢？

负责运营的X顺风车平台，一直是这件事件的主角！这名空姐通过X顺风车平台的服务，才上了该X顺风车司机的车辆。而顺风车也是借助于X平台才接单的。于是空姐已经属于X平台的消费者。

《消费者权益保护法》第7条规定，消费者在购买、使用商品和接受服务时享有人身、财产安全不受损害的权利。经营者应当保证其商品或者服务符合保障人身、财产安全的要求。对于可能危及人身、财产安全的商品或服务，应当向消费者做出真实的说明和明确的警示。而在X服务款项中：由于车主提供了虚假或者不完善的信息，所导致的任何责任或者损失，应由车主独立承担，这便成为一个对消费不公平的协议！相对于消费者来说，平台对于司机的约束能力更强，其责任也更大！所以在空姐遇害事件中，X公司也应承担相应的赔偿责任。

根据《消费者权益保护法》第49条的规定：“经营者提供商品或者服务，造成消费者或者其他受害人人身伤害的，应当赔偿医疗费、护理费、交通费等为治疗和康复支出的合理费用，以及因误工减少的收入。造成残疾的，还应当赔偿残疾生活辅助具费和残疾赔偿金。造成死亡的，还应当赔偿丧葬费和死亡赔偿金。”

法院判决：

被告刘某军、宋某某在继承其子刘某华遗产范围内，赔偿原告李某某、董某（李某珠父母）死亡赔偿金、丧葬费、交通费、住宿费、误工费等。

同时，因运营X出行平台的公司已与李某某、董某达成补偿协议（依协议，该补偿费具有精神慰藉性质），因此原告要求被告赔偿精神损失费的请求，法院不予支持。

二、知悉真情权（知情权）

消费者享有知悉其购买、使用的商品或者接受的服务的真实情况的权利。

消费者有权根据商品或者服务的不同情况，要求经营者提供商品的价格、产地、生产者、用途、性能、规格、等级、主要成分、生产日期、有效期限、检验合格证明、使用方法说明书、售后服务，或者服务的内容、规格、费用等有关情况。

在电子商务的背景下，消费者知情权已经跃升至消费者权益保护的核心位置，这主要依赖于我国《消费者权益保护法》的明文规定。消费者有权对他们所购买和使用的商品或服务有全面的了解，这也是他们做出合理决策、正确操作商品并享受服务的基础。《消费者权益保护法》第 8 条规定："消费者享有知悉其购买、使用的商品或者接受的服务的真实情况的权利。消费者有权根据商品或者服务的不同情况，要求经营者提供商品的价格、产地、生产者、用途、性能、规格、等级、主要成分、生产日期、有效期限、检验合格证明、使用方法说明书、售后服务，或者服务的内容、规格、费用等有关情况。"同时，法律还要求经营者提供真实的商品或服务信息，避免误导性的虚假宣传。保护消费者知情权对于维护交易公正性，构建市场诚信体系，特别是在网络购物环境中，具有重要意义。这是因为在网络购物过程中，信息分布的不平衡现象极为普遍。这种情况指的是在交易过程中，生产经营者与消费者之间存在信息分布不均衡的状态，生产经营者比消费者拥有更多的知识和信息，包括产品的原料构成、制作方法、生产成本、用途、质量等。这种信息不平衡可能导致网络购物交易双方地位的失衡，为追求自身利益最大化，卖方可能利用信息优势，采用微妙隐蔽的手段，隐瞒相关信息，转嫁成本或风险，从而谋取不当利益，这显然违反了公平、诚信的基本原则。因此，保护电子商务环境下消费者的知情权，有助于大幅改善信息分布不均衡的状况，降低卖方欺骗消费者的道德风险，维护市场公平交易，并构建网络消费市场乃至整个市场的诚信体系。总的来说，消费者知情权已经成为电子商务环境下消费者权益保护的核心，全面了解商品质量、视觉效果和服务水平，是消费者做出合理选择和正确使用商品的基础。然而，在电子商务环境下，消费者只能通过销售者提供的商品服务目录和介绍来了解商品和服务，难以全面了解商品的质量、视觉效果和服务水平等。因此，有必要加强对消费者知情权的保护，从而更好地保护消费者的其他权益。

实例链接

优某公司未向消费者明确说明使用方法被罚

贺某于 2019 年 1 月在某平台购买了由优某公司生产的显瘦棉衣一件，货款共计 465.21 元。贺某收到衣物后，按照洗衣机的水洗洗涤（含脱水）程序进行清洗，结果发现衣物中的填充物呈现结团现象。贺某认为，该问题是由优某公司在水洗标识中没有明确告知用户不能机洗所导致。因此，贺某提出诉讼请求，要求优某公司承担退还货款 465.21 元以及三倍赔偿 1 395.63 元的产品质量责任。

解析：

经营者在主给付义务执行过程中，还需承担相应的附随义务，如通知、协助、保密等。当涉及商品使用和保养的需求，特别是对消费者可能导致损失的情况，经营者应向消费者提供详尽的解释，以维护消费者的知情权益。若经营者未完全履行附随义务，应按照法律规定承担相应的责任。明确经营者在履行主给付义务之外，还要履行附随义务，对保护消费者权益、规范经营行为具有显著的指导作用，尤其在网络购物环境下，将促使电子商务经营者更加规范、全面地展示网页商品信息。在本案中，法院审理认为，在日常生活中，机洗是常见的洗涤方式。结合生活经验，在不进行特殊调整的情况下，家用洗衣机的洗涤程序默认包含甩干过程。案涉衣物虽然可以水洗，但不能甩干，优某公司应向消费者明确告知，否则可能导致消费者未进行特殊操作使衣物被甩干，影响性能的后果。对于损害后果的大小以及是否达到无法实现合同目的的程度，法院综合考虑了优某公司的行为性质、商品价值及损害情况，确定优某公司应赔偿贺某相应损失，并酌情确定优某公司承担责任的方式向贺某支付赔偿金 200 元。

法院判决：被告优某公司向原告贺某赔偿 200 元；驳回原告贺某的其他诉讼请求。

三、自主选择权

消费者享有自主选择商品或者服务的权利。

消费者有权自主选择提供商品或者服务的经营者，自主选择商品品种或者服务方式，自主决定购买或者不购买任何一种商品、接受或者不接受任何一项服务。

消费者在自主选择商品或者服务时，有权进行比较、鉴别和挑选。

消费者在购买商品或接受服务时，应当遵循自愿原则，不应忽视自身的主观意志，而应掌握商品选择的主动权。消费者在购买商品或接受服务之前，有权利要求经营者解释与商品或服务相关的知识，以便做出明智的购买决策。此外，消费者的商品选择行为必须在法律框架内进行，不得将自主选择权建立在侵犯国家、集体和他人的合法权益之上。自主选择权的范围通常仅限于购买商品或接受服务，而不应扩大到商品的使用上。

此外，《反不正当竞争法》中也要求：经营者销售商品，不得违背购买者的意愿搭售商品或者附加其他不合理的条件。政府及其部门不得滥用权力，限制他人购买其指定的经营者的商品，或者限制外地商品进入本地或本地产品流向外地，这也是对消费者选择权的重要保护措施。

实例链接

手机 APP 购买车票强行捆绑保险

赵先生初次尝试通过××手机应用购买两张由西安北站至北京西站的 G88 次高

速动车车票。然而，当晚进行付款时，赵先生发现每张车票均附有默认的保险费用，每张 20 元，于是他选择了不购买保险。由于当时未能找到信用卡，赵先生未能完成支付流程。

“早上到单位一打开 APP，就出现了我昨晚的订票信息，我以为是昨晚取消过保险的订单，就直接支付了。”付完后，赵先生收到了某保险承保的短信，仔细一看订单金额为 1 071 元，包括 2 张车票的保险费 40 元。让赵先生觉得蹊跷的是，“我昨晚明明勾选了 0 份保险，输入了我的个人信息，但今晨付款时，个人信息还在，不需要输入，但仍然变成系统默认的 20 元保险，对于绑定的保险费，并没有任何提示，导致我误操作付款。”

在该 APP 中，某报记者观察到赵先生购买的那一车次的保险声明中，该保险被描述为“某某火车意外险高端款保险”，保险金额为火车意外伤害 80 万元，保险费用为 20 元，保险生效时间仅限于当次火车（仅限当日当次）。

记者注意到，在退保规则中，正式的保险责任并未开始，投保人可以选择全额退保。随后，赵先生致电保险客服，客服立即告知退保事务应由××APP 所在企业处理。赵先生联系××APP 客服，客服表示此乃捆绑销售，如果希望免去保险费用，必须选择退票。然而退票将扣除 52 元的手续费。在种种困扰下，赵先生不得不放弃退票。

解析：

在涉及消费争议的案件中，××APP 等电商平台在代售车票交易过程中，未以显眼且特别突出的方式提醒消费者选择保险的可选性，并未充分履行告知职责，造成一定程度的误导销售行为；当消费者发现问题并依照相关规定要求退保时，被不合理地拒绝，存在非法的捆绑搭售行为，已侵犯了消费者的自主选择权利。

根据《消费者权益保护法》第 9 条的规定：“消费者享有自主选择商品或者服务的权利。消费者有权自主选择提供商品或者服务的经营者，自主选择商品品种或者服务方式，自主决定购买或者不购买任何一种商品、接受或者不接受任何一项服务。消费者在自主选择商品或者服务时，有权进行比较、鉴别和挑选。”

如果消费者与网站经营者无法就全额退还保险费达成一致，他们可以向消费者协会投诉，也可以要求工商部门进行调查，或者向法院提起诉讼，要求网站赔偿退还保险费用，或由消费者协会根据《消费者权益保护法》提起诉讼，同时，相关的行政执法部门也可以启动调查并根据事实和法律进行处罚。

四、公平交易权

消费者享有公平交易的权利。

消费者在购买商品或者接受服务时，有权获得质量保障、价格合理、计量正确等公平交易条件，有权拒绝经营者的强制交易行为。

公平是指导经营者与消费者进行交易的重要法律准则，它意味着交易双方从交易中获利是均衡的，双方享有的权利和承担的义务是相当的。

消费者的公平交易权，主要体现在两方面：首先，消费者有权获得质量可靠、价格公正、计量精确等公平交易条件。质量保障是消费者在购物或接受服务时对商家的基本诉求，此问题直接关系人体健康和人身安全，是一个至关重要的议题。价格合理，符合等价交换的原则，而计量的精确性直接关系消费者的经济利益。因此，商家在提供商品或服务时，必须确保质量、价格公正、计量精确。其次，消费者有权拒绝商家的强制交易行为。某些商家在手握消费者急需且稀缺的商品或服务时，往往违反平等自愿、公平交易的市场规则，违背消费者的意愿强制交易，侵犯了消费者的自主选择权，损害了消费者的合法权益。因此，当消费者的公平交易权受到侵害时，有权依法要求商家改正错误，提供质量优良、价格公正、计量精确的商品或服务，有权拒绝强制交易，并获得合理的赔偿。

实例链接

古装写真拍摄团购套餐99元，便宜吗？

王女士说，上个月底，她和几个同事参加了一个99元的古装写真拍摄团购套餐，到店才发现团购活动并非她想的那么简单。

王女士称，到店消费时，商家表示，99元的活动要升级为其他套餐才能拍照，而且每人还要交200元押金，一笔笔算下来，平均每人要花费上千元。看到这个情况，她和同事都表示不同意。后来商家告诉她们，拍照可以，但电子底片需要另外购买，每张80元。一听这话，王女士和同事们更不高兴了，当场就要求退钱。“可是商家表示，如果不升级或者选择其他套餐，一旦激活，这99元是不退的。至于‘激活’，是指通过微信参加活动后，向商家预约了拍摄日期，即为‘激活’。”王女士气愤地表示，微信上买的时候不了解情况，预约了拍摄日期就算激活，就不能退钱了，这是什么道理？

随后记者电话联系了该店店长依依女士。依依表示，她们是老店新开，为了聚集人气才搞了这个活动，实际上是赔本赚吆喝。“我们这个活动现在已经有600多人参加了，我们不可能一一去通知，只有加了微信、付钱之后，我们才会把相关事项发给她们。”

依依说，99元的活动可以提供两套服装和6张不同尺寸的照片，都是精修后打印成册的，但不提供电子底片。“如果我们拍得好，顾客自然会喜欢，那么她们就会出钱来购买底片，这也是我们的一种促销手段。”依依说，每张底片80元，拍摄前会明确告诉顾客，买不买由顾客自由选择，不存在强迫消费。

至于王女士提到的200元押金，依依表示，如果拍摄完成后，顾客没有其他增值消费，她们会退还押金；如果顾客要购买电子底片或选择其他套餐，这200元可以用来抵扣。“一旦激活后，这99元是不可以退款的。这些情况我在微信里都是和她们说过的，可她们却执意要退款。我们这个活动参加的人那么多，如果都像她们这样，这生意就没法做了。”依依说，当天王女士等人来拍摄时，店里的摄影师、化妆师、灯光师忙活了半天，这些人力成本也是需要计算在内的。

解析：

在处理此次网络团购纠纷时，若商家在拍摄前已告知消费者需购买底片，并且明码标价，那么这应被视为双方订立的一份协议。协议双方均应对该协议负责，履行各自职责。然而，若商家在拍摄前仅以低价吸引消费者，而在拍摄后才通知消费者需要支付底片费用，这无疑是一种不诚信行为，已侵犯了消费者的知情权及公平交易权。

在购买团购类商品时，消费者务必详尽审视商品信息和描述。低价商品往往暗含一些条款，限制消费者的合法权益。因此，消费者在购买此类团购商品时，应妥善保存消费信息和验证码等凭证，以备将来在与经营者发生纠纷时提供有力证据，从而更好地维护自身合法权益。

五、依法求偿权（索赔权）

消费者因购买、使用商品或者接受服务受到人身、财产损害的，享有依法获得赔偿的权利。

依法求偿权是弥补消费者所受损害的必不可少的经济性权利。享有求偿权的主体除因购买、使用商品或接受服务而受到人身、财产损害的消费者外，还包括因为偶然原因在事故发生现场受到损害的其他人。

有以下行为，均构成对消费者求偿权的侵犯：

（1）未承担消费者应获得的补偿；

（2）用拖延方式，甚至使用暴力或威胁等手段，逃避消费者索赔。

消费者求偿权具有以下特性：（1）应具备民事索赔权的基本特征；（2）仅限于消费领域，包括金融消费；（3）本质上，这一权利是消费者对相关经营者的侵权损害赔偿请求权，只能发生在消费者与其相关经营者之间，且消费者只能对其相关经营者提出这一权利。一旦离开消费领域，消费者的求偿权将失去存在基础，没有任何意义。

此外，消费者求偿权还包括惩罚性赔偿的规定。就实际情况而言，消费者明显处于弱势地位，他们易受经营者侵害，导致人身、财产权利受损。另外，由于索赔困难，他们往往选择隐忍，放弃索赔。因此，为保护社会弱者，我国《消费者权益保护法》规定了对不法经营者的惩罚性赔偿，旨在加强对消费者的保护，同时增加对不法侵害者的法律责任。

实例链接

手机自燃并熏坏家具，手机公司怎么赔偿？

陈先生于南京的一家电商企业官方旗舰店购得一部某品牌手机，其售价为 1 299 元。然而，该手机在家中充电时疑似发生自燃现象，造成设备严重损坏并使床头柜部分区域受到烟熏。据陈先生所述，事发时他的父母正在他处上网和观看电视，突然闻到卧室内的焦糊味，才发现正在充电的手机正在冒烟。尽管他们当时未听到爆炸声，但事后可见烧毁手机外壳有裂缝痕迹。

陈先生立即与当初购买手机的官方旗舰店取得联系。次日，他收到了对方的回复，称需要将手机送检，并正在与手机品牌方接洽。又过了两天，网店给出最终答复，表示“手机品牌方对过保产品不予受理，承诺赔偿手机损失，折现后为 300 元”。对此，陈先生表示无法接受。

随后，手机品牌公司表示愿按原价赔偿，但需陈先生签订保密协议。

解析：

以消费者权益保护法规的相关原则为基础，消费者在购买和使用商品过程中，如商品因存在瑕疵导致消费者自身或者他人财产受损，消费者可向销售商或者生产商提出索赔。因此，陈先生有权向网店或手机生产商提出赔偿。

在此案例中，手机品牌方在承诺赔偿消费者损失的同时，要求消费者签署保密协议以防止此事的公开传播。需注意，手机品牌公司作为生产厂家，其在产品瑕疵导致人身财产损害时对消费者的赔偿责任，依据法律规定而非基于双方约定。该赔偿责任的存在并不以消费者需履行保密义务为前提。

若陈先生的手机损坏是因产品存在瑕疵所致，这将威胁到社会的公共利益，因为它可能涉及不特定多数人的人身和财产安全。根据相关规定，经营者发现商品存在瑕疵并可能危及人身、财产安全时，应立即向相关行政部门报告并告知消费者，同时采取停止销售、警示、召回等措施，而非以保密条款来隐瞒产品质量问题。因此，在赔偿协议中加入保密条款的做法，显然违反了法律规定，即使签订也属无效。

最终此案以陈先生通过 12315 与手机品牌公司签下和解协议，手机品牌方赔偿 1 799 元（手机 1 299 元+床头柜 500 元）解决纠纷。

六、依法结社权（结社权）

消费者有权设立并组织支持其合法权益的社会组织，这一举措使消费者从分散的个体成为集中的群体，并提升其合法权益的维护力度。在我国，保护消费者权益的主要社会团体是消费者协会。

知识链接

中国消费者协会于1984年12月经国务院批准成立，是对商品和服务进行社会监督的保护消费者合法权益的全国性社会组织。消费者协会和其他消费者组织是依法成立的对商品和服务进行社会监督的保护消费者合法权益的社会组织。

根据《消费者权益保护法》第37条的规定，消费者协会履行下列公益性职责：

(1) 向消费者提供消费信息和咨询服务，提高消费者维护自身合法权益的能力，引导文明、健康、节约资源和保护环境的消费方式。

(2) 参与制定有关消费者权益的法律、法规、规章和强制性标准。

(3) 参与有关行政部门对商品和服务的监督、检查。

(4) 就有关消费者合法权益的问题，向有关部门反映、查询，提出建议。

(5) 受理消费者的投诉，并对投诉事项进行调查、调解。

(6) 投诉事项涉及商品和服务质量问题的，可以委托具备资格的鉴定人鉴定，鉴定人应当告知鉴定意见。

(7) 就损害消费者合法权益的行为，支持受损害的消费者提起诉讼或者依照本法提起诉讼。

(8) 对损害消费者合法权益的行为，通过大众传播媒介予以揭露、批评。

各级人民政府对消费者协会履行职责应当予以必要的经费等支持。

消费者协会应当认真履行保护消费者合法权益的职责，听取消费者的意见和建议，接受社会监督。

依法成立的其他消费者组织依照法律、法规及其章程的规定，开展保护消费者合法权益的活动。

在现实生活中，消费者群体往往因其个体性、分散性而处于孤立的状态，他们所面对的经营者常常展现出较强的经济实力、结构严密的组织架构，并具备专门知识和经验的专业人员。所以在法律层面，消费者和经营者具有平等的地位，但在实际操作中，消费者的平等权益往往难以实现。因此，仅仅依靠消费者的个体力量，是很难与经营者进行公正的博弈的。

为了平衡消费者与经营者之间的力量对比，实现双方之间的真正平等，除明确国家的支持和社会的帮助之外，还应当允许消费者联合起来，组成自己的组织，共同与不法经营行为进行斗争。已经成立的中国消费者协会及其地方各级协会，就是这样的社会组织。事实证明，成立消费者维权组织对于建立政府与消费者之间的联系，解决消费者与经营者之间的矛盾，切实保障消费者的合法权益，具有积极的作用。

需要注意的是，成立社会组织涉及众多领域，并且与政治、经济等生活领域息息相关。因此，必须严格依法进行，依法向国家有关主管部门办理登记手续。同时，依法成立的维护消费者合法权益的社会组织，必须严格遵守宪法和法律、法规，依法开展活动，不得从事损害国家、集体利益以及其他公民、组织合法权益的活动。

七、求教获知权（获知权）

消费者享有获得有关消费和消费者权益保护方面的知识的权利。

消费者应当努力掌握所需商品或者服务的知识和使用技能，正确使用商品，提高自我保护意识。

知识链接

求知权，作为从知情权中演化而来的权益，也是知情权的关键保障。我国在消费者求知权的保障问题上起步较晚。直至1984年中国消费者协会成立，其章程中阐述的六项消费者权利，并未明文规定求知权。到了1993年第八届全国人民代表大会常务委员会第四次会议通过的《消费者权益保护法》，才将求知权以法律条文的形式明确保护。然而，在现实生活中，消费者的求知权相对于他们的安全权和公平交易权等其他权益，不仅实现途径模糊，并且最容易被忽视。

这一权利的内容包括以下两个方面：一方面，享有获取有关消费知识的权利。涉及消费观念、商品和服务相关的知识以及相关的市场知识等方面。在消费观念方面，消费者应理解并遵守国家倡导的文明、健康、节约资源和保护环境的消费方式，反对浪费。同时，消费者应理性消费，保持消费水平与其收入水平相适应，避免盲目消费、跟风消费，并合理实施自己的消费行为。在商品和服务知识方面，消费者有权通过多种途径，如通过收听广播、观看电视、阅读报刊及浏览互联网等方式，获取有关商品或服务的知识，并掌握其质量、性能、使用方法等相关知识。在市场知识方面，消费者可以通过各种途径了解并掌握自己所需商品或服务的市场供求状况、相关经营者的信誉情况等，以在自主选择的基础上作出科学合理的判断和消费决定。另一方面，享有获取消费者权益保护知识的权利。这主要涉及消费者权益保护的法律、法规和政策，以及保护机构和争议解决途径等方面的知识。如果消费者缺乏这方面的知识，他在消费活动中的合法权益，如安全权、公平交易权、请求赔偿权等，将无法得到充分、有效的保障。根据相关规定，消费者应积极掌握所需商品或服务的知识和使用技能，正确使用商品，提高自我保护意识。

为了保障消费者获取相关知识的权利，各级政府和保护消费者权益组织应积极开展相关知识的宣传、普及工作，经营者也应采用多种形式，及时开展商品或服务相关知识的宣传工作，引导消费者努力掌握相关知识，增强消费者自我保护意识。消费者自身也应提高认识，重视相关知识的学习，切实掌握相关知识，这样才能对相关商品或服务有正确的认识和理解，正确使用相关商品或接受相关服务，防止在消费过程中因不当使用而造成损害，切实维护自身合法权益。

八、维护尊严权（受尊重权）

消费者在购买、使用商品和接受服务时，享有人格尊严、民族风俗习惯受到尊重的权利，享有个人信息依法得到保护的权利。

（一）关于尊重消费者的人格尊严

“人格尊严”所指的是公民的名誉、作为个体应当受到他人尊重的权利，该项权利具体表现为名誉权、肖像权、姓名权、荣誉权等。我国《宪法》第 38 条明确指出：“中华人民共和国公民的人格尊严不受侵犯。禁止用任何方法对公民进行侮辱、诽谤和诬告陷害。”消费者在购买、使用商品或接受服务过程中享有的人格尊严权利，正是宪法保障公民人格尊严不受侵犯这一基本权利在消费者权益保护领域的具体体现。

尊重他人的人格尊严，既是宪法与法律设立的一项重要制度，也是国家和社会文明进步的标志。消费者在购买、使用商品或接受服务过程中享有人格尊严的权利，要求经营者在提供商品或服务过程中，不得以任何借口或理由，对消费者实施包括但不限于言语调戏、侮辱、盘查、搜身或搜包等不当行为。

（二）关于尊重消费者的民族风俗习惯

我国是一个由多个民族组成的统一国家，各民族在法律面前一律平等。《宪法》第 4 条明确指出，各民族均有保持或改革其风俗习惯的自由。对各民族风俗习惯的尊重，直接关乎国家的和谐稳定，以及各民族间的长期友好。消费者在购买、使用商品或接受服务时有权要求其民族风俗习惯受到尊重，这是我国政府在消费者权益保护领域实施的具体民族政策。

尊重民族风俗习惯，就是尊重各民族的情感、意识和尊严。所谓民族风俗习惯，是指各民族在特定的自然环境和社会环境中长期积淀而形成的，经常重复的行为方式，主要体现在生产、居住、礼仪、婚姻、节庆、饮食、服饰、丧葬等方面的喜好、崇敬或忌讳。经营者在为消费者提供商品或服务时，应当学习和理解相应的民族风俗习惯，充分尊重消费者的民族风俗习惯。

（三）关于保护消费者的个人信息

在电子商务背景下，消费者个人信息保护现状令人忧虑，引发广泛关注。各类商业推广和宣传手段的泛滥，如电话、短信、电子邮件、普通邮件的信息轰炸，包括消费者的姓名、职业、电话、住址等私密信息已经在互联网上暴露无遗。消费者往往对何时何地的个人信息泄露毫不知情，无从追究相关人员的法律责任。因此，在2013年修订《消费者权益保护法》时，特地在条款中增设规定，明确赋予消费者个人信息依法得到保护的权益。

消费者个人信息涵盖姓名、性别、年龄、住址、职业、婚姻状况、电话号码、身份证号、消费习惯等，属于个人隐私范畴，依法受到法律保护。消费者享有个人信息得到保护的权利，意味着经营者需采取措施保护其在提供商品或服务过程中获取的消费者个人信息，防止泄露给他人，也不允许在互联网或其他媒体上公开消费者的个人信息。

实例链接

网购海鲜被骂，网店客服应承担怎样的责任?

2021年8月11日，湖北省李女士计划在一家网店购买海鲜。她向客服询问发货信息时，却遭客服恶言相向。接着，她立即被拉黑。李女士提到，购买海鲜的是她的朋友，当时她的朋友询问卖家湖北是否能够发货。客服以“待在家里好好的，因为你们……疫情又严重了……”等侮辱性言辞作为回复。李女士将聊天记录上传至网络后，该客服发布了致歉声明。然而，李女士和她的朋友认为道歉内容缺乏诚意，她们拒绝接受。

解析：

《消费者权益保护法》第14条规定：“消费者在购买、使用商品和接受服务时，享有人格尊严、民族风俗习惯得到尊重的权利，享有个人信息依法得到保护的权利。”第27条规定：“经营者不得对消费者进行侮辱、诽谤，不得搜查消费者的身体及其携带的物品，不得侵犯消费者的人身自由。”第51条规定：“经营者有侮辱诽谤、搜查身体、侵犯人身自由等侵害消费者或者其他受害人人身权益的行为，造成严重精神损害的，受害人可以要求精神损害赔偿。”在本案中，网店客服的不当言辞侵犯了消费者的人格尊严权，并且该言论在疫情期间产生了不良社会影响。因此，消费者李女士有权要求经营者恢复名誉、消除影响、赔礼道歉并提出赔偿。

九、监督批评权

消费者享有对商品和服务以及保护消费者权益工作进行监督的权利。

消费者有权检举、控告侵害消费者权益的行为和国家机关及其工作人员在保护消费者权益工作中的违法失职行为，有权对保护消费者权益工作提出批评、建议。

作为商品与服务消费活动的直接参与者，消费者对商品与服务的状况和维护消费者权益的状况了如指掌，他们也清楚侵犯消费者权益的行为和公共部门在维护消费者权益工作中的失职行为。因此，消费者拥有了解并监督侵犯消费者权益行为的资格，并拥有对商品与服务及维护消费者权益工作的投诉举报权，以及对维护消费者权益工作的批评和建议权。

消费者有权对商品和服务以及保护消费者权益工作进行监督，包括以下三个方面的内容：一是有权对经营者的商品和服务进行监督，在其合法权利受到侵害时，有权提出检举或者控告。二是有权对国家机关及其工作人员进行监督，对其在保护消费者权益工作中的违法失职行为进行检举、控告。三是有权对消费者权益工作提出批评、建议。根据我国《宪法》第 41 条的规定，中华人民共和国公民对于任何国家机关和国家工作人员，有提出批评和建议的权利；对于任何国家机关和国家工作人员的违法失职行为，有向有关国家机关提出申诉、控告或者检举的权利，但是不得捏造或者歪曲事实进行诬告陷害。对于公民的申诉、控告或者检举，有关国家机关必须查清事实，负责处理。任何人不得压制和打击报复。由于国家机关和国家工作人员侵犯公民权利而受到损失的人，有依照法律规定取得赔偿的权利。

实例链接

网店产品有问题，客户差评起纠纷?

原告：买家无事实依据发差评，致店铺销量下降。

某商贸公司的淘宝卖家对李某提出法律诉讼。李某曾在该卖家的店铺购买了儿童秋梨膏。在收货后，李某在没有事实依据的情况下，与公司的客服发生了争执，言语激动，并带有侮辱性词汇。在此过程中，卖家始终通过阿里旺旺与李某协商，并反复强调他们出售的商品都是正品。然而，李某并未理会卖家提供的证据，仍在差评中增加了照片和视频，并在公开评论中指责卖家售卖假货。卖家认为，李某利用互联网评价展示页面公开诽谤并侮辱其商业信誉，导致其他不特定网页浏览者受到误导，从而对其商业信誉造成了严重损害，影响了营业额并造成了一定的经济损失。在多次与李某沟通无果的情况下，卖家无奈向法院提起了诉讼。

被告：涉案产品引人误解，买家差评无主观恶意。

李某辩称：其在卖家店铺购买了儿童秋梨膏一盒，收货后发现该产品与其之前购买产品相比，颜色较浅、浓稠度较稀，仔细核对发现其于 2018 年 12 月 5 日所购买产品的生产日期竟是 2019 年 10 月 22 日。在与卖家沟通过程中，客服人员敷衍解释，之后片面强调自身产品属于正品，要求自己做产品鉴定，并拒绝退货退款申请。在长时间沟通无果后，李某在评论中给予差评，并上传和客服的聊天记录以及产品对比照片。

李某认为卖家在未尽到商家告知义务的情况下，反复要求消费者提供检验报告和相关证据证明其销售假货，这无异于推脱和欺凌。且李某信誉度良好，给出差评基于该产品事关幼儿食品安全、客服初期态度消极、提出差评后客服处理方式生硬等原因，无主观恶意，并非侵犯名誉权。李某同意删除评论及相关附件，不同意赔礼道歉、赔偿损失。

解析：

电商平台设定买家评价功能的机制，根植于网络购物的虚拟性特征。此举希望通过真实购买后的买家体验评论，创建买卖双方信息对称的沟通平台。对卖家来说，好评能增加积极的口碑和人气，而差评则可能削弱潜在消费者的购买意愿。

《消费者权益保护法》规定，消费者有权对商品和服务以及保护消费者权益的工作进行监督。他们可以依据个人消费体验给出好评或差评，这都是行使监督权的体现。然而，消费者评价具有高度的主观性，因此差评可能无法准确反映商品和服务的优劣。然而，只要消费者不是出于恶意，即使评价存在片面和不当的内容，缺乏事实依据，也不应构成侵权。最高人民法院《关于审理名誉权案件若干问题的解释》明确规定，消费者对生产者、经营者、销售者的产品质量或服务质量进行批评、评论，不应认定为侵犯他人名誉权。然而，借机诽谤或诋毁，损害他人名誉的，应认定为侵犯名誉权。在实践中，已有类似案例，卖家通常败诉。在卖家起诉买家差评侵权被驳回的案例中，买卖双方都应理性看待。

法院已查明，目前尚无充分证据证明涉案产品存在质量问题。然而，产品包装盒的生产日期容易给消费者造成混淆和误解。在这种情况下，卖家并未积极为买家李某提供合理解决方案。卖家先解释日期为保质期，之后始终强调让李某鉴定产品质量，并拒绝其退货退款的要求。法院综合判断，李某添加差评并非故意贬低卖家的名誉，不存在主观过错，对卖家不构成诽谤或诋毁。然而，李某在与客服沟通过程中的言辞确实不当，加剧了双方矛盾，并不可取。与客服的聊天内容本身并不侵犯法人名誉权，在评论过程中也未使用侮辱性言论，但将聊天内容中的过激言论公之于众，可能存在侵权风险。鉴于评论目前处于屏蔽状态无法显示，李某也同意删除全部内容，故李某无须承担侵权责任。

法院判决：驳回原告某商贸公司的全部诉讼请求。

单元二　建立电子商务消费者权益保护机制

在电子商务领域切实保护消费者权益，必须建立完备的电子商务消费者权益保护机制，《电子商务法》《消费者权益保护法》中都有相应的规定。

一、《电子商务法》相关规定

关于电子商务消费者权益保护机制，《电子商务法》有如下规定：

（1）第 58 条："国家鼓励电子商务平台经营者建立有利于电子商务发展和消费者权益保护的商品、服务质量担保机制。电子商务平台经营者与平台内经营者协议设立消费者权益保证金的，双方应当就消费者权益保证金的提取数额、管理、使用和退还办法等作出明确约定。消费者要求电子商务平台经营者承担先行赔偿责任以及电子商务平台经营者赔偿后向平台内经营者的追偿，适用《中华人民共和国消费者权益保护法》的有关规定。"

（2）第 59 条："电子商务经营者应当建立便捷、有效的投诉、举报机制，公开投诉、举报方式等信息，及时受理并处理投诉、举报。"

（3）第 63 条："电子商务平台经营者可以建立争议在线解决机制，制定并公示争议解决规则，根据自愿原则，公平、公正地解决当事人的争议。"

二、电子商务消费者人身财产保护要求特别规定

《电子商务法》第 13 条规定："电子商务经营者销售的商品或者提供的服务应当符合保障人身、财产安全的要求和环境保护要求，不得销售或者提供法律、行政法规禁止交易的商品或者服务。"

《消费者权益保护法》第 7 条规定："消费者在购买、使用商品和接受服务时享有人身、财产安全不受损害的权利。消费者有权要求经营者提供的商品和服务，符合保障人身、财产安全的要求。"

《产品质量法》第 13 条规定："可能危及人体健康和人身、财产安全的工业产品，必须符合保障人体健康和人身、财产安全的国家标准、行业标准；未制定国家标准、行业标准的，必须符合保障人体健康和人身、财产安全的要求。禁止生产、销售不符合保障人体健康和人身、财产安全的标准和要求的工业产品。具体管理办法由国务院规定。"

上述法律规定是对于可能危及消费者人身、财产安全方面的特别规定，而电子商务交易的特殊性，更加需要在人身、财产方面切实保障消费者的合法权益。

三、建立全方位电子商务消费者权益保护机制

在《电子商务法》《消费者权益保护法》等相关法律框架下，电子商务经营者应该为电子商务消费者建立全方位权益保护机制，包括争议解决机制、质量担保机制、保证金机制、投诉举报机制等。

（一）建立电子商务消费者权益争议解决机制

除现有的争议解决体系外，国家也鼓励电子商务经营者通过建立担保机制，建立投诉、举报机制和争议在线解决机制，更好地处理电子商务争议纠纷。担保机制和在

线解决机制系非强制性规定，仅是国家对电子商务平台经营者的倡导性意见，但是对于所有的电子商务经营者，明确要求应当建立便捷、有效的投诉、举报机制，并且需要公开投诉、举报方式等信息，及时受理并处理投诉、举报。

（二）建立电子商务商品负责质量担保机制

关于商品、服务质量担保机制的建立，国家对电子商务平台经营者作出了倡导性的建议，而非强制性的规定。关于该担保机制的建立，可以由电子商务平台经营者自行建立，也可以由平台经营者要求平台内经营者对消费者作出保障承诺，共同建立或是由包括保险公司、担保公司或其他能独立承担民事法律责任的第三方作出保证承诺，或是各方合作共同作出保障承诺。

（三）建立电子商务消费者权益保证金机制

为预防或更为高效、便捷地处理电子商务争议纠纷，电子商务平台经营者与平台内经营者可通过协议约定的方式设立消费者权益保证金，双方应当就消费者权益保证金的提取数额、管理、使用和退还办法等作出明确约定。应当明确的是，该保证金系为保障消费者权益及时、有效、妥善实现的保证金，无论该保证金是由平台内经营者独立交纳，还是由电子商务平台经营者也交纳一部分，该保证金应当明确专款专用。同时平台经营者还需履行安全存管的义务，采取合理的安全措施防止该款项与其自有资金混同，如出现平台内经营者侵犯消费者权益的情形，且该经营者拒不对消费者承担责任的，则平台经营者有权以该保证金代为作出相应偿付，或就平台内经营者同时构成违约的情形处以一定的违约金。当然，在此过程中，也须注意避免平台滥用保证金制度的风险，比如媒体多次报道的某大型电商平台的商家被平台扣除保证金进行罚款事件。

根据《消费者权益保护法》第 44 条的规定，消费者通过网络交易平台购买商品或者接受服务，其合法权益受到损害的，可以向销售者或服务者要求赔偿。网络交易平台提供者不能提供销售者或者服务者的真实名称、地址和有效联系方式的，消费者也可以向网络交易平台提供者要求赔偿……网络交易平台提供者赔偿后，有权向销售者或者服务者追偿。网络交易平台提供者明知或者应知销售者或者服务者利用其平台侵害消费者合法权益，未采取必要措施的，依法与该销售者或者服务者承担连带责任。因此，如电子商务平台经营者承担了赔偿责任之后，依其与平台内经营者协议约定之责任划分，属于平台内经营者责任的，平台有权向相关经营者追偿，该二者之间系合同纠纷，而非消费者权益纠纷。

（四）建立电子商务消费者投诉举报机制

根据《电子商务法》第 59 条的规定，电子商务经营者应当建立便捷、有效的投诉、举报机制，并要求电子商务经营者公开投诉、举报方式等信息，及时受理并处理投诉、举报，但并未要求电子商务经营者必须公示处理的结果，这与处理过程中可能涉及保密信息有关。如前所述，投诉与举报的法律性质不同，消费者对电子商务经营者的投诉本质上仍属于民事纠纷，电子商务经营者可通过权益保证金等方式协商处理，但举报情形下则有涉嫌违法犯罪之情形的发生，如知识产权权利人对平台上的侵权行为的举报，用户对电子商务经营者销售法律、法规禁止交易的商品或服务的举报等。对于投诉、举报机制的建立，电子商务经营者应当考虑根据《电子商务法》第32条的规定，在其服务协议和交易规则中予以明确。

此外，《电子商务法》也倡导电子商务平台经营者建立争议在线解决，制定并公示争议解决规则，自愿、公平、公正地解决当事人的争议。尽管对于建立在线争议解决机制并非强制性规定，但如平台建立相应机制的，关于该机制的相关规则和适用也应当按照《电子商务法》关于服务协议和交易规则的要求，确保用户的知情权和选择权，同时该争议解决机制的处理结果不影响用户再行通过诉讼或仲裁方式解决争议的权利。

实例链接

充值必须消费，不能退款?

在被告运营的B知识付费网站上，原告A为获取《中药》文献而付费7元。在原告点击“购买”按钮后，页面提示需支付7元费用，随后原告访问了充值中心。尽管充值中心提供了支付宝、微信及银联在线等充值方式，但均存在最低充值金额限制，即个人用户需至少充值50元。在被迫充值50元后，原告试图退款，然而客服以退款需支付手续费、程序烦琐且时间较长为由，拒绝了原告的退款要求。B知识付费网站在“答读者问”栏目的第19条写道：“充值金额无法退回，购买金额不设时限，使用完为止。”根据《电子商务法》和《消费者权益保护法》的有关规定，经营者不得以格式条款、通知、声明等方式，对消费者排除或限制权利、减轻或免除责任、加重消费者责任等不公平性和不合理性，且不得利用格式条款并借助技术手段强制交易。其中，若含有上述内容，则其内容无效。最低充值额限制及充值金额不可退回的规定为格式条款，限制了原告的权利，加重了原告的责任，应属无效。此外，《消费者权益保护法》第9条、第10条规定了消费者享有自主选择权及公平交易权。被告通过设置最低充值金额限制，拒绝为原告提供商品，实际上是设定了不公平性和不合理性的交易条件，进行强制交易，侵犯了原告的上述权利。因此，原告请求法院判决如下：

（1）撤销被告设置的最低充值金额限制；

（2）被告向原告退还账户中的全部余额43元；

（3）被告承担本次诉讼费用。在审理过程中，原告将上述第1项请求变更为：请求法院判决被告设定的最低充值金额限制条款无效。

被告B知识付费网站公司辩称：

（1）个人用户充值的余额可以退回，客服人员的答复是可以退回，只是向原告说明退回的程序复杂，还会扣除手续费，建议原告继续使用。原告称与客服多次沟通不属实，事实上我方得知原告起诉后多次主动联系原告，试图解决此事，但均被原告拒绝。我方已经将原告账户余额41元退至原告的付款账户。

（2）网站首页帮助中心第19条是以问答形式表述，且位置不显眼，不应视为原、被告之间的合同条款。我方在实际操作中并未按照该问答的规定操作，而是可以退回充值余额。我方已将该条问答删除。

（3）最低充值额的设定是业界的共识，被告已经为其运营的网站和手机APP提供了多样化的充值选项，如支付宝、微信、银联在线以及会员卡等，其中某些充值选项的最低限额设定为10元。通过银行电汇、邮局汇款或在书刊超市订阅期刊，可以处理任意金额的付款结算，并未设定最低金额限制。针对不同充值方式设置的最低限额和阶梯充值金额，是为了提高用户的使用效率，以此可大幅度降低每篇文章的付费操作次数，毕竟许多用户会重复下载或阅读文献。经过多年的执行，该方式得到了用户的认可。鉴于实践中确实存在小额付费的用户需求，我方即将加入0.5元短信充值的支付方式选项，每篇文献每页的费用为0.5元，最低充值0.5元的规定已相当于取消了最低充值金额限制。此外，被告也在研发单篇付费系统，目前正在测试阶段。

解析：

消费者享有自主选择商品或者服务的权利，有权自主选择商品品种或者服务方式，自主决定购买或者不购买任何一种商品。经营者不得以格式条款、通知、声明、店堂告示等方式，作出排除或者限制消费者权利、减轻或免除经营者责任、加重消费者责任等对消费者不公平、不合理的规定，不得利用格式条款并借助技术手段强制交易。格式条款、通知、声明、店堂告示等含有前款所列内容的，其内容无效。

本案中，被告B知识付费网站上关于最低充值额限制的规定导致消费者为购买价格仅为几元的文献需最低充值10元至50元。虽然账户余额可以退还，但B知识付费网站称退还需扣除手续费，故该网站对于最低充值额的设定占用了消费者的多余资金，且收取退款手续费也增加了消费者的负担。故该规定侵犯了消费者的自主选择权，限制了消费者的权利，是对消费者不公平、不合理的规定，应认定无效。

虽然本案的最低充值金额较低，大多数消费者尚可忍受，也未提出异议，但该做法的负面示范效应仍应引起重视并加以规范、指引，商家应在充值时允许消费者对于充值金额进行自定义。对于A要求B知识付费网站退款的请求，因B知识付费网站已经退款，故对该项请求予以驳回。

综上所述，法院依照《电子商务法》《消费者权益保护法》中的有关规定，判决如下：

一、被告B知识付费网站在其网站充值中心关于最低充值额限制的规定无效；

二、驳回A的其他诉讼请求。

本判决为终审判决。

单元三 切实保护电子商务消费者权益

电子商务经营者与消费者之间的法律关系，是电子商务法调整的重点。同时，如何切实有效地在电子商务交易中保护消费者的合法权益，需要对电子商务交易环节中常见的消费者权益受侵害情形进行分析，对因网络的虚拟性导致的有别于线下交易模式的侵权行为进行归纳总结，最终做出有利于消费者权益保护的法律规定。

一、《电子商务法》相关规定

《电子商务法》中对于切实保护消费者权益做了明确的规定。

(1) 第17条："电子商务经营者应当全面、真实、准确、及时地披露商品或者服务信息，保障消费者的知情权和选择权。电子商务经营者不得以虚构交易、编造用户评价等方式进行虚假或者引人误解的商业宣传，欺骗、误导消费者。"

(2) 第18条："电子商务经营者根据消费者的兴趣爱好、消费习惯等特征向其提供商品或者服务的搜索结果的，应当同时向该消费者提供不针对其个人特征的选项，尊重和平等保护消费者合法权益。电子商务经营者向消费者发送广告的，应当遵守《中华人民共和国广告法》的有关规定。"

(3) 第19条："电子商务经营者搭售商品或者服务，应当以显著方式提请消费者注意，不得将搭售商品或者服务作为默认同意的选项。"

(4) 第20条："电子商务经营者应当按照承诺或者与消费者约定的方式、时限向消费者交付商品或者服务，并承担商品运输中的风险和责任。但是，消费者另行选择快递物流服务提供者的除外。"

(5) 第21条："电子商务经营者按照约定向消费者收取押金的，应当明示押金退还的方式、程序，不得对押金退还设置不合理条件。消费者申请退还押金，符合押金退还条件的，电子商务经营者应当及时退还。"

《电子商务法》结合《消费者权益保护法》《广告法》《网络交易管理办法》等相关法律法规，形成了完整的电子商务消费者权益保护法律法规体系。

二、保障消费者的知情权和自主选择权，不得误导、欺骗消费者

消费者知情权是指消费者享有知悉其购买、使用的商品或者接受的服务的真实情况的权利。《消费者权益保护法》第8条对消费者知情权作了具体规定："消费者享有知悉其购买、使用的商品或者接受的服务的真实情况的权利。消费者有权根据商品或者服务的不同情况，要求经营者提供商品的价格、产地、生产者、用途、性能、规格、等级、主要成分、生产日期、有效期限、检验合格证明、使用方法说明书、售后服务，或者服务的内容、规格、费用等有关情况。"

从上述法律规定可以归纳出，消费者知情权主要包括以下几层含义：(1) 消费者有权要求经营者按照法律、法规规定的方式标明商品或服务的真实情况；(2) 消费者在购买、使用商品或接受服务时，有权询问和了解商品或服务的有关情况；(3) 消费者有权知悉商品或服务的真实情况。

自主选择权是指消费者可以根据自己的消费需求，自主选择自己满意的商品或服务，决定是否购买或接受的权利。《消费者权益保护法》第9条规定："消费者享有自主选择商品或者服务的权利。"该权利简称自主选择权。也就是说，消费者有权根据自己的需求、意向和兴趣，自主选择自己满意的商品或服务。自主选择权包括以下几层含义：(1) 自主选择提供商品和服务的经营者；(2) 自主选择商品品种和服务方式；(3) 自主决定购买或者不购买任何一种商品，接受或者不接受任何一项服务；(4) 在自主选择商品或服务时，有权进行比较、鉴别和挑选。

上述两项权利的保障，关键还是在于电子商务经营者需要对其商品和服务的信息进行有效的披露。具体而言，也就是需要将有关商品和服务的信息全面、真实、准确、及时地进行披露。

除了有效披露属于经营者的积极义务之外，电子商务法还规定了经营者的消极义务，即不得通过不法手段欺骗和误导消费者。主要包括以下三种情形：一是虚构交易；二是编造用户评价；三是进行其他虚假或者引人误解的商业宣传。

由于电子商务商品及服务属于海量的信息，消费者无从根据线下的"口碑"进行有效的选择，因此销售量的大小和评价的好坏，就成了消费者最重要的参考因素，而且也成为商家用于宣传的重要信息。真实的交易量及评价有助于消费者作出正确的选择，而虚假的交易量和编造的评价，则会使消费者掉入陷阱之中，无论是虚构交易还是编造评价，其实质都是一种虚假或者引人误解的商业行为。

（一）虚构交易

所谓虚构交易，也称刷单，是指商家和刷客在没有真实交易的情况下制造虚假交易记录的行为。刷单流程实质是高度仿真的网购流程，刷客搜索关键词后进入店铺停

留一定时间，与客服假聊，随后下单，刷客付款可由他人代付、远程付款或自己垫付，商家可真发货或假发货（如拍A发B），刷客在物流信息显示已签收后确认收货，进而完成一个虚拟的交易流程。

其特点在于：(1) 易操作。在激烈的市场竞争环境中，商家在短时间积累销量的愿望强烈，而对于刷客来说，刷单是一份“不错”的兼职。有需求也有供给，刷单市场也就迅速发展壮大。(2) 高效率。数据对商家的发展至关重要。在前期发展中，商家没有资金做宣传，很难积累数据，但虚构交易能使店铺升级的速度更快。(3) 更隐蔽。刷单流程除了没有交付商品外，其余与真实网购无差异，所以电子商务平台即使使用机器和人工团队也难以识别。

（二）编造用户评价

所谓编造用户评价，是指并非是真实的消费者，在购买商品和服务时，自己或受他人指使违背其真实意志，对经营者作出有利或者不利的评价。用户评价一般分为好评、中评和差评。电子商务经营者通常会对自身的商品刷好评，而部分不法经营者，除了刷自身的好评之外，还可能对竞争对手刷差评。

编造用户评价的特点，与虚构交易基本相似，在此不再赘述。

（三）虚假或引人误解的虚假宣传

虚假宣传行为是指在商业交易过程中，经营者对其所销售的商品或者所提供的服务，作出的与真实情况不相符合的宣传，从而对消费者产生误导并产生错误的决策结果，进而获得高于一般经营者的商业交易机会，获取不正当的利益，在市场交易环境中进行不正当竞争的行为。《最高人民法院关于审理不正当竞争民事案件应用法律若干问题的解释》第8条中列出了可以认定为“引人误解的虚假宣传”的三种情形：(1) 对商品作片面的宣传或者对比的；(2) 将科学上未定论的观点、现象等当作定论的事实用于商品宣传的；(3) 以歧义语言或者其他引人误解的方式进行商品宣传的。但是以明显夸张的方式宣传商品，不足以造成相关公众误解的，不属于引人误解的虚假宣传行为，如在化妆品上使用“今年20，明年18”的广告。

三、不得通过定向搜索侵害消费者权利

大数据时代，如何有效吸引消费者的眼球，快速获得客户，并将其所需要的商品和服务推送到消费者的面前，成为电子商务经营者孜孜不倦追求的目的。消费者在网络上浏览网页和查看商品服务，均不可避免地留下其轨迹，作为提供商品和服务的经营者，显然不会放过这个重要的信息，而收集上述信息，只要在电子商务的经营者隐私政策中作了说明，且消费者登录注册网络成为经营者的客户，则该收集信息行为属于法律允许的范畴。对于经营者如何应用这些数据进行营销活动，则有必要予以规

制，尤其是在当下大量使用大数据营销的状况下。

所谓大数据营销，是指基于多平台的大量数据，在依托大数据技术的基础上，应用于互联网广告宣传行业的营销方式。大数据营销衍生于互联网行业，又作用于互联网行业。依托多平台的大数据采集，以及大数据技术的分析与预测能力，能够使广告更加精准有效，给品牌企业带来更高的投资回报率。

大数据营销的特点包括：(1) 多平台化数据采集。大数据的数据来源通常是多样化的，多平台化的数据采集能使对网民行为的“画像”更加全面而准确。多平台采集可包含互联网、移动互联网、广电网、智能电视，未来还有户外智能屏等数据。(2) 强时效性。在电子商务交易中，消费者的消费行为和购买方式极易在短时间内发生变化，在消费者需求点最高时及时进行营销非常重要。(3) 个性化营销。在网络时代，广告主的营销理念已从“媒体导向”向“受众导向”转变。以往的营销活动须以媒体为导向，选择知名度高、浏览量大的媒体进行投放。如今，广告主完全以受众为导向进行广告营销，因为大数据技术可让他们知晓目标受众身处何方，关注什么位置的什么屏幕。(4) 高性价比。和传统广告“一半的广告费被浪费掉”相比，大数据营销在最大限度上让广告主的投放做到有的放矢，并可根据实时性的效果反馈，及时对投放策略进行调整。(5) 注重关联性。大数据营销的一个重要特点在于消费者关注的广告与广告之间的关联性，由于大数据在采集过程中可快速得知目标受众关注的内容，以及可知晓网民身在何处，这些有价信息可让广告的投放过程产生前所未有的关联性。

基于上述特征，如果电子商务经营者根据消费者的兴趣爱好、消费习惯等特征，仅向其提供此类的商品或者服务的搜索结果，将导致消费者的选择权和知情权受到侵犯，因此，电子商务法还要求经营者同时向消费者提供不针对其个人特征的选项。

在理解的过程中，需要注意的是：电子商务法并不反对经营者在征得消费者同意的情况下，向其收集其兴趣爱好、消费习惯等浏览记录并对其进行“数据画像”；也不反对根据其兴趣爱好、消费者习惯向消费者提供其感兴趣的搜索结果，这也有助于消费者更加快速、便捷地选择商品和服务；在提供上述搜索结果的同时，必须提供不针对其个人特征的选项，并且避免对于老用户和新用户提供不同的商品和服务的价格，防止“大数据杀熟”。

另外，在向消费者发送广告的过程中，应当遵守广告法的相关规定。如未经当事人同意或者请求，不得向其住宅、交通工具等发送广告，也不得以电子信息方式向其发送广告。以电子信息方式发送广告的，应当明示发送者的真实身份和联系方式，并向接收者提供拒绝继续接收的方式。利用互联网发布、发送广告，不得影响用户正常使用网络。在互联网页面以弹出等形式发布的广告，应当显著标明关闭标志，确保一键关闭。

四、禁止搭售商品或者服务

搭售也称为捆绑销售，是指经营者要求消费者购买其产品或者服务的同时也购买其另一种产品或者服务，并且把买方购买其第二种产品或者服务作为其可以最终购买和优惠购买的条件。搭售行为往往会为消费者所厌恶，但它们并不总是违法的行为。因为在市场交易中，经营者可能会出于各种动机进行搭售，关键是强制搭售还是自愿搭售（或者称为组合购买）。

在电子商务经营过程中，将多个商品或者服务打包，向消费者提供，也是其特殊的模式之一。作为消费者，如果能够在商品详情页中详细了解需要购买的商品或者服务的具体内容，则并非属于搭售。但是，由于电子商务的特殊属性，消费者在下单的时候并未完全了解购买的商品和服务的内容，或者经营者采用隐蔽的方式（如默认选项）来搭售商品和服务，则在现实中同样存在。因此，电子商务法并未禁止搭售行为，而是要求规范搭售：一是在显著位置提醒消费者注意；二是不得将搭售作为默认同意的选项。

五、保障商品或服务的正常交付

消费者购买商品或服务，最主要目的是获取商品和服务。在电子商务交易过程中，交易物既包括有形的商品，也包括无形的数字产品和服务。《消费者权益保护法》第 16 条规定："经营者和消费者有约定的，应当按照约定履行义务，但双方的约定不得违背法律、法规的规定。"因此，无论是线下还是线上交易，作为经营者，都应当保障消费者能够正常、及时、安全地获取交易物。

双方在交易过程中的约定，属于合同法的调整范畴，是双方对于商品或服务具体的规格、型号、数量、质量、交付方式等方面的约定，而除了双方约定之外，部分电子商务经营者为了提高其声誉，吸引更多的消费者购买其商品或服务，会在双方约定之外作出一些承诺，比如"假一罚十""当天送达"等，这些承诺，也构成了双方交易过程中应当遵循的准则，如果经营者违反，消费者可据此向经营者主张权利。

至于交付，正常的交易过程中，如果经营者将商品交给了物流公司，则一般认为是已经交付，但是由于电子商务交易的特殊性，如果此时视为交付，而一旦消费者获取的商品出现运输过程中的风险所导致的毁损，则由消费者向物流公司主张权利会存在较大的障碍，而电子商务经营者与物流公司之间本来存在长期的合作关系，因此在电子商务经营者处于优势地位的情形下，由其承担商品运输过程中的风险和责任，将会更加有利于保护消费者的合法权益。

当然，也存在另外一种情形，如果是消费者不选择经营者提供的快递物流服务提供者，而作了另行选择，则属于除外情形。在此种情况下，应当由消费者承担经营者将商品交给消费者自行选择的快递物流服务提供者之后的风险和责任。

六、押金退还的保障

押金，实务中也称保证金、风险抵押金等，是指当事人双方约定，债务人或第三人向债权人给付一定的金额作为其履行债务的担保，债务履行时，返还押金或予以抵扣，债务不履行时，债权人得就该款项优先受偿。

在电子商务全面发展的过程中，共享经济是其中的一个重要内容，一些共享经济商业模式便是以收取押金作为前置条件，以保障该种商业模式能够正常开展，同时也是为经营者提供一种免息的资金支持。但是实践中，不少提供共享经济商业模式的经营者因为经营管理不善，以及其他因素导致经营行为无法维系，最终退出市场，此时押金退还在正常情况下并非难事，但是由于经营者资金有限，在退还过程中出现了困难，进而导致消费者的合法权益受到侵害。

从本质上来说，押金的所有权并未转移到经营者名下，只不过是暂时存储在经营者账户里而已，一旦消费者要求返还，应当及时予以归还。但是不少电子商务共享经济的经营者却打起了歪主意，为了能够更大程度上占用消费者的资金，会在押金退还的流程、方式和条件上作出种种限制，最终导致消费者无法正常退还押金，或者在退还过程中遇难则退。

电子商务法对于共享经济电子商务模式下的押金退还，作了如下规定：（1）电子商务经营者有权根据约定向消费者收取押金，这本身是一种合法行为；（2）需要向消费者明确告知押金退还的方式和程序，并且不得就押金退还设置不合理的条件；（3）一旦消费者申请退还押金，符合押金退还条件的，应当及时退还。

实例链接

购买消费券过期，消费者自认倒霉？

2021年11月18日，郑先生在某酒店消费3 080元购买了10张晚餐餐券，餐券背面规定，有效期为2022年2月17日。然而，在这段时间内，郑先生只消费7张餐券，还有3张因个人原因未能在有效期内及时消费。

在2022年5月7日，郑先生通过电子邮件向酒店请求，希望能将这3张餐券的有效期延长至2022年6月17日。郑先生同时表示，他收到酒店的通知，告知“酒店财务政策规定，如果客人在规定时间内未前来消费，礼券将被视为作废”。如果客人在有效期内并得到酒店的同意，可以给予客人最多不超过半个月的延期。但郑先生所持有的3张餐券已经过期3个月，无法再进行延期。

未享受服务谁之过？

“过期”的餐券就得自认倒霉？郑先生不这么看，他认为，酒店将餐券设置有效期属霸王条款，交涉无果后，他将酒店告上法庭，要求酒店退还预付款。

酒店方面认为，任何人购买自助晚餐券，都应该知悉有效期是三个月，双方缔结餐饮服务合同，是双方的真实意思表示，对于有效期的约定，对双方都有约束力。

酒店方面还表示，因为食物具有时令的特点，餐厅会因为不同时节的安排有不同的服务，原来的自助晚餐已作更改，不能继续履行。

酒店认为，因郑先生个人原因，未能按约定享受服务，过错在郑先生一方，是郑先生导致了合同无法履行，因此请求驳回郑先生的诉讼请求。

解析：

此餐券被视为一项预先获取资金的行为，酒店有义务按照约定提供服务，若无法兑现，则需承担相关责任。根据《消费者权益保护法》第 16 条的规定：“经营者向消费者提供商品或者服务，应当恪守社会公德，诚信经营，保障消费者的合法权益；不得设定不公平、不合理的交易条件，不得强制交易。”第 53 条规定：“经营者以预收款方式提供商品或者服务的，应当按照约定提供。未按照约定提供的，应当按照消费者的要求履行约定或者退回预付款；并应当承担预付款的利息、消费者必须支付的合理费用。”

本案中，酒店就餐券单方面设定期限，在郑先生未予消费的情况下，不予延期或退款，有违公平原则。法院判决，酒店返还郑先生 3 张餐券的预付款 924 元。

引入案例分析

《消费者权益保护法》规定，消费者享有自主选择商品或服务的权利。消费者有权自由选择商品供应商、商品品类或服务模式，自行决定购买或不购买任何商品，接受或不接受任何服务。在自由选择商品或服务时，消费者有权进行比较、评估和筛选。XC APP 的捆绑协议（若不同意授权，将拒绝提供其核心业务功能）含有排除、限制消费者权利、减轻或免除经营者责任、加重消费者责任等对消费者不公平、不合理的内容，符合格式条款的特征。依据《消费者权益保护法》的规定，经营者不得利用格式条款并借助技术手段强制交易。因此，XC APP 的捆绑协议（若不同意授权，将拒绝提供其核心业务功能）是不具有法律效力的。

该案为消费者在质疑遭遇“大数据杀熟”时成功维权提供了样板；为市场监管部门对此类依托大数据从事其他经营活动的行为进行更加严格的监管提供了依据，能够更好地规范经营者行为，净化市场环境，保护消费者的合法权益。

思考与练习

一、简答题

1. 简述消费者的权利和经营者的义务。

2. 简述消费争议解决的途径。

3. 电子商务经营者应该从哪些方面建立消费者权益保护机制?

4. 简述电子商务领域典型误导和欺骗消费者的情形。

5. 如何保障电子商务商品或服务的正常交付?

二、案例分析

网购花瓶有使用痕迹可以退货吗?

商家小李在淘宝上负责运营一家专卖花瓶的在线店铺。一名顾客在他的店铺内以5 800元的价格购买了60只花瓶，但在购入后的第6天，小李收到该顾客的退货申请，理由是“不满意/效果不佳”。这让小李感到十分困惑，他曾在发货前与该顾客进行充分沟通，确认了顾客对产品满意，才发出货品。然而，由于商品仍在“7日无理由退货”期内，小李只好接受退货申请。

当小李收到退回的花瓶时，他发现其中多只花瓶上存在明显的使用痕迹，因此，以“影响二次销售”为由，拒绝退款。随后，该顾客向法院提起诉讼，称其已退回的花瓶均无破损痕迹，标签和包装也完好无损，且水渍并不影响商品的二次销售。然而，商家小李表示，退回的花瓶存在明显的使用痕迹，出于商家声誉考虑，他不可能将使用过的二手商品出售给其他顾客，退回的60只花瓶确实严重影响了商品的二次销售。

思考：请问商家的主张可以成立吗？为什么?

活动项目设计

【法律实践】

拿起法律武器，打击电子商务领域损害消费者权益的行为

1. 实践任务

（1）学法识法。深入学习《电子商务法》《消费者权益保护法》等法律法规，识别电子商务领域的侵权行为。

（2）探讨对策。通过讨论，探讨如何运用法律武器与电子商务领域的侵权行为作斗争。

（3）案例分析。通过实际案例分析，增强对侵权行为的认识和应对能力。

2. 实践步骤

（1）法律法规学习。

内容：重点学习《电子商务法》中关于经营者义务和消费者权利的规定，以及《消费者权益保护法》中关于知情权、选择权、求偿权等核心权利的保护条款。

方式：阅读法律条文，结合法律释义和案例分析，深入理解法律精神和实践应用。

（2）侵权行为识别。

关键词：如虚假宣传、价格欺诈、搭售、个人信息泄露、大数据杀熟等。

讨论：小组讨论，列举并讨论这些侵权行为的具体表现、危害及法律后果。

(3) 对策探讨。

途径：探讨如何通过投诉、举报、诉讼等法律途径维护自身权益。

策略：讨论如何收集证据、选择适当的维权方式、制定维权策略等。

模拟：选取典型案例，进行模拟维权演练，提升实际操作能力。

(4) 案例分析。

选取案例：如“大数据杀熟”案、共享单车押金退还难等。

分析：深入分析案例中的侵权行为、法律适用、维权过程及结果。

反思：总结案例中的经验教训，提炼出有效的维权方法和策略。

(5) 趋势预测与建议。

趋势分析：结合电子商务发展趋势，预测未来侵权行为的可能形式和特点。

建议：针对预测趋势，提出加强法律法规建设、提高消费者维权意识、加强行业监管等方面的建议。

3. 实践成果

(1) 知识总结。整理学习笔记，形成电子商务领域侵权行为识别与应对的知识体系。

(2) 案例报告。撰写案例分析报告，详细记录案例背景、分析过程、维权策略及结果，为其他同学提供参考。

(3) 宣传材料。制作宣传海报或短视频，普及电子商务领域消费者权益保护知识，提高公众的法律意识。

模块七 跨境电商政策法规

学习目标

素养目标：

1. 树立跨境电子商务合法经营意识，认识违法经营的法律后果，自觉抵制违法行为。

2. 培养诚信经营理念，在跨境贸易中尊重不同国家的法律法规和贸易规则，维护消费者合法权益。

3. 增强风险防范意识，能够识别跨境电商经营中的法律风险，主动规范经营行为。

知识目标：

1. 知悉《电子商务法》对跨境电子商务的规制条款。

2. 知悉跨境电子商务发展现状与政策法规。

3. 知悉跨境电子商务经营者的法律责任。

4. 知悉跨境电子商务海关监管与检疫法律制度。

5. 知悉跨境电子商务争议解决方式与创新途径。

能力目标：

1. 能够在跨境电子商务经营中自觉遵纪守法，合法合规经营。

2. 能够在跨境电子商务经营中利用法律武器维护自身合法权益。

3. 能够在跨境电子商务经营中做到商品通关和检疫合法合规。

4. 能够解决跨境电子商务经营中的争议，规避风险。

引入案例

“代购”机场免税店商品非法牟利案

“‘代购’机场免税店商品非法牟利，两人走私化妆品的偷逃税额高达425万余元。”2021年9月29日，记者从上海市某法院获悉，该院公开开庭审理了这起走私化妆品案件。

该法院经审理查明，2015年起，被告人A和B在淘宝网开设店铺销售化妆品等。2016—2020年间，A、B为牟取非法利益，与C、D（均立案处理）等人通谋，由C等人在机场免税店采购化妆品等货物，在未向海关申报的情况下，通过机场工作人员通道等方式将化妆品等货物偷运出海关监管区，再经快递寄送、当面交接等方式将采购的货物交付A、B，由A和B二人在淘宝店铺销售牟利，A通过银行、支付宝转账等方式向C等人支付货款及好处费。

其间，A、B还多次自行出入境，在机场免税店或线上免税店采购化妆品及其他物品，通过无申报通道将货物携带入境或交由C偷运出海关监管区。其中，A主要联系C、D等人，负责传递订单、支付货款等，B主要负责接收清点、寄送货物、维护淘宝店铺经营等。

2021年7月13日，侦查机关接线索后到A、B住处抓获二人，同时查获并扣押销售单、电脑、手机、U盘等物品。经海关计核，A、B偷逃化妆品等货物应缴税额共计425万余元。

党的十八大以来，我国实行更加积极主动的开放战略，构建面向全球的高标准自由贸易区网络，加快推进自由贸易试验区、海南自由贸易港建设，共建“一带一路”成为深受欢迎的国际公共产品和国际合作平台。我国成为100多个国家和地区的主要贸易伙伴，货物贸易总额居世界第一，吸引外资和对外投资居世界前列，形成更大范围、更宽领域、更深层次的对外开放格局。党的二十大报告提出：“推动货物贸易优化升级，创新服务贸易发展机制，发展数字贸易，加快建设贸易强国。”随着互联网和电子商务的快速发展，跨境电子商务已成为国际贸易的一种新形式，其发展潜力巨大。然而，跨境电子商务活动涉及不同国家和地区之间的贸易往来，涉及多个方面的法律问题，如经营者责任和义务、合同纠纷、商品通关与检疫、消费者权益保护等。因此，了解和掌握跨境电子商务法律法规对于跨境电子商务健康有序发展非常重要。

微课

跨境电子商务介绍

单元一 跨境电子商务政策法规概述

跨境电子商务政策法规主要涵盖了经营者责任义务、检验检疫、跨境支付、知识产权保护、平台责任以及信息使用与大数据等方面。跨境电子商务是电子商务的特殊形式，应遵从电子商务相关政策法规，但也有自身特点。

一、我国跨境电子商务政策法规概况

从我国跨境电子商务行业近年的发展脉络可以看出，跨境电子商务的迅猛发展离不开政策的大力支持与法律的规范引导。

（一）我国目前主要的跨境电子商务相关法律

我国目前在跨境电子商务领域相关的法律主要包括：《电子签名法》《电子商务法》《民法典》《网络安全法》《消费者权益保护法》《刑法》等。

其中，《电子商务法》中有 4 个条款是关于跨境电子商务的规定，为我国跨境电子商务的发展提供了概括性指导，明确表明了我国对于跨境电子商务这种新业态、新经济的鼓励支持、规范引导的态度。可以说，在新时代依法治国和全面建成小康社会的背景下，《电子商务法》的颁布开启了跨境电子商务健康、绿色、规范、快速发展的新纪元，标志着跨境电子商务的黄金时代的到来。

《电子商务法》涉及跨境电商的内容集中在第五章“电子商务促进”第 71 条至第 73 条，所占篇幅不多，主要内容为：《电子商务法》第 71 条规定：“国家促进跨境电子商务发展，建立健全适应跨境电子商务特点的海关、税收、进出境检验检疫、支付结算等管理制度，提高跨境电子商务各环节便利化水平，支持跨境电子商务平台经营者等为跨境电子商务提供仓储物流、报关、报检等服务。国家支持小型微型企业从事跨境电子商务。”

《电子商务法》第 72 条规定：“国家进出口管理部门应当推进跨境电子商务海关申报、纳税、检验检疫等环节的综合服务和监管体系建设，优化监管流程，推动实现信息共享、监管互认、执法互助，提高跨境电子商务服务和监管效率。跨境电子商务经营者可以凭电子单证向国家进出口管理部门办理有关手续。”

《电子商务法》第 73 条规定：“国家推动建立与不同国家、地区之间跨境电子商务的交流合作，参与电子商务国际规则的制定，促进电子签名、电子身份等国际互认。国家推动建立与不同国家、地区之间的跨境电子商务争议解决机制。”

（二）我国目前主要的跨境电子商务部门法规、规章和其他规范性文件

自 2009 年以来，为促进跨境电商的发展，除了地方性指导意见如《中国（上海）跨境电子商务综合试验区实施方案》外，国务院及其各部门已经发布了一系列监管和服务措施。这些措施涵盖了进出境货物、物品监管到税收监管，外汇管理到支付管理，结算服务到融资管理，商品清单到质量备案等各个方面，形成了一套完整的监管体系。主要包括以下文件：《关于实施支持跨境电子商务零售出口有关政策的意见》

《关于促进跨境电子商务健康快速发展的指导意见》《关于跨境贸易电子商务进出境货物、物品有关监管事宜的公告》《关于公布跨境电子商务零售进口商品清单的公告》《关于跨境电子商务零售进口税收政策的通知》《关于跨境电子商务零售进出口商品有关监管事宜的公告》《关于跨境电子商务进口统一版信息化系统企业接入事宜的公告》《海关特殊监管区域外汇管理办法》《关于改进海关特殊监管区域经常项目外汇管理有关问题的通知》《跨境贸易人民币结算试点管理办法》《关于规范货物贸易外汇收支电子单证审核的通知》《营业税改征增值税跨境应税行为增值税免税管理办法（试行）》《跨境电子商务经营主体和商品备案管理工作规范》等。

从上述监管文件来看，基于“个人物品”和“一般货物”的差异，跨境电商的产业基石虽发端于 B2C（保税区），繁荣于 C2C 和海外官网直邮，但监管部门更希望将传统 B2B 的进出口贸易也囊括其中。《电子商务法》出台后，我国结合《电子商务法》等立法及跨境电商零售进口发展情况，进一步完善了监管模式。2018 年 11 月 21 日，国务院召开国务院常务会议，决定延续和完善跨境电子商务零售进口政策并扩大适用范围。

自 2012 年起，中央政府和各地方政府陆续发布了涉及跨境电子商务行业的主要政策和法律制度，这些政策持续促进了跨境贸易的发展，主要表现在税收、检验检疫、跨境支付、平台责任、信息使用与大数据、消费者权益保护和外资准入等方面。各政府部门根据其主管业务，推出了针对跨境电子商务行业的扶持或监管政策，未来政府部门将继续为跨境电子商务的健康发展提供良好的政策环境。

跨境电商是近年来发展速度最快的贸易方式，我国向来高度重视发展跨境电商，坚持“在发展中规范，在规范中发展”。2018 年以来，跨境电商经历了中美贸易战、关税变化、《电子商务法》颁布、我国多个城市新设跨境电商综合试验区等一系列重要事件，在机遇和挑战中不断前行。

2012 年，商务部发布了《关于利用电子商务平台开展对外贸易的若干意见》，针对电子商务平台在开展对外贸易过程中的通关、退税、融资、信保等政策性问题提出了指导性意见。同时，国家发展改革委办公厅也发布了《关于组织开展国家电子商务示范城市电子商务试点专项的通知》，要求海关总署组织部分国家电子商务示范城市开展跨境贸易电子商务服务试点工作。

2013 年，商务部发布了《关于促进电子商务应用的实施意见》，倡导探索发展跨境电子商务的企业对企业（B2B）进出口和个人从境外企业零售进口（B2C）等模式。该文件鼓励多种跨境电子商务发展模式的探索，加快跨境电子商务物流、支付、监管、诚信等配套体系的建设。此外，该文件明确支持境内电子商务服务企业“走出去”，支持境内电子商务企业在境外设立服务机构，完善仓储物流、客户服务体系建设，并与境外电子商务服务企业实现战略合作。同时，该文件还支持境内电子商务企业建立海外营销渠道。

2014 年，海关总署发布了《关于跨境贸易电子商务进出境货物、物品有关监管事宜的公告》，详细规定了企业注册登记及备案管理、电子商务进出境货物及物品通关管理、电子商务进出境货物及物品物流监控等监管问题。同时，海关总署还下发了《关于增列海关监管方式代码的公告》，明确了保税跨境电子商务贸易方式等问题。

2015 年出台的《关于加快培育外贸竞争新优势的若干意见》和《关于促进跨境电子商务健康快速发展的指导意见》，鼓励培育跨境电子商务平台，鼓励有条件的企业拓展“海外仓”，积极抢占国际电子商务市场，使我国跨境电子商务向产业链协同化、服务集约化和管理规范化迈出一大步。

2016 年，我国决定在天津市、上海市、重庆市、合肥市、郑州市、广州市、成都市、大连市、宁波市、青岛市、深圳市和苏州市等 12 个城市设立跨境电子商务综合试验区。2017 年，商务部等 14 个部门发布了一份文件，推广跨境电子商务综合试验区所探索形成的成熟经验做法。此外，2016 年，海关总署还增列了“保税跨境贸易电子商务 A”海关监管方式代码“1239”，以方便企业通关，规范海关管理，并实施海关统计。

2019 年，我国在石家庄市、太原市、赤峰市、抚顺市、珲春市、绥芬河市等 24 个城市设立跨境电子商务综合试验区。对跨境电子商务零售出口试行增值税、消费税免税等相关政策，为推动全国跨境电子商务健康发展探索新经验、新做法，进一步推进贸易高质量发展。

2020 年，我国将石家庄、秦皇岛、廊坊、乌鲁木齐等 50 个城市（地区）和海南全岛纳入跨境电子商务零售进口试点范围。在雄安新区、吉林市、黑河市、常州市等 46 个城市和地区设立跨境电子商务综合试验区。2020 年，海关总署发布《关于全面推广跨境电子商务出口商品退货监管措施有关事宜的公告》，进一步优化了跨境电子商务综合试验区营商环境，促进贸易便利化，使跨境电子商务商品出得去、退得回，推动跨境电子商务出口业务健康快速发展。

2022 年我国又新增鄂尔多斯、扬州市、镇江市等 27 个城市和地区为跨境电子商务综合试验区。

截至 2023 年，我国跨境电子商务综合试验区达到 165 个。

二、国外跨境电子商务立法概况

（一）国际组织电子商务立法

鉴于电子商务的独特性及迅速发展的趋势，对电子商务进行法律规范已成为许多发达国家、发展中国家以及一些国际组织（如联合国国际贸易法委员会、国际商会、国际海事组织）的当务之急。自 1985 年起，联合国国际贸易法委员会主持制定了一系列调整国际电子商务活动的法律文件。在这些立法活动中，最重要的是联合国国际贸易法委员会于 1996 年 12 月起草并通过的《电子商务示范法》（以下简称《示范法》)。该法旨在为各国政府的执行部门和议会提供电子商务立法的原则和框架，尤其是对以数据电文为基础的电子合同订立和效力等作出了开创性规范。

《示范法》是世界上第一部关于电子商务的法律，它的诞生解决了许多国家在电子商务立法上的空白或不完善，为解决电子商务法律问题奠定了基础，对各国的电子商务的发展产生了重大的推动作用。《示范法》主要涉及电子商务的各个方面，包括形式、法律承认、书面形式要求、签字、原件、数据电文的接受性和证据力、留存、电子合同的订立和有效性、当事人对数据电文的承认、数据电文的归属、确认收讫、发出与收到时间以及涉及货物运输的电子商务活动等。《示范法》并非国际公约或国际惯例，但它为各国的电子商务立法提供了框架和示范文本，因此在电子商务法律领域具有重要的意义。

1999 年 12 月，国际经济合作与发展组织制定了《电子商务消费者保护准则》，该准则强调了三大原则和七个目标，旨在保护消费者的权益。2000 年，联合国国际贸易法委员会签署了《电子签名示范法》，这是继《示范法》后的又一重要国际法规。该法为电子签名在电子商务交易中的广泛应用提供了坚实的法律基础。

（二）欧洲电子商务立法

在欧洲，欧盟一直将规范电子商务活动作为发展电子商务的重要工作，并制定了一系列有关规范电子商务发展的法律制度。其中，1997 年欧盟委员会提出的《欧洲电子商务行动方案》是规范跨境电子商务的最早的法律文件。该方案为欧洲内部的电子商务制定了基本法律框架，为欧洲的电子商务法确定了立法宗旨和立法原则。其目标是建立消费者和企业对电子商务的信任和信心，营造合法、安全的交易环境，从而推动以欧洲统一市场为基础的、协调的管理制度的发展。为了防止成员各自立法、互相冲突，阻碍统一市场和协调管理的形成，《关于信息社会服务的透明度机制的指令》随后颁布，要求有关“信息社会服务”的立法，成员需向欧委会通报，以确保成员立法相互协调。1999 年，欧盟颁布了《电子签名统一框架指令》。2000 年，欧盟颁布了《电子商务指令》。该指令的主要目的是确保成员之间信息与服务的自由流动，并促进形成内部市场，对欧洲各国的电子商务立法及各国间电子商务活动的开展具有重要的指导作用。

英国跨境电子商务的飞速发展，得益于法律的不断完善。英国对电子商务交易的规范，主要体现在其根据欧盟《电子商务指令》所形成的《电子商务条例》。英国在 2024 年 5 月通过的《数字市场、竞争和消费者法案》(DMCC)，补充了数字市场监管框架，明确了英国脱欧后的对应法规。

德国电子商务发展的重要推动力之一是其法律体系的完善性和应变性。作为大陆法系的代表国家，德国的法律体系完备健全，虽然尚未出台一部统一的电子商务法律，但涉及电子商务的法律法规名目繁多，主要基于该国的《民法典》和《新反不正当竞争法》。

德国根据欧盟的《电子商务指令》推出了修订的《民法典》，于2002年正式生效。该法将原来的《上门销售法》、《远程销售法》及欧盟《电子商务指令》统一起来，以“特别营销形式”为专节进行集中规定，将电子购物等新兴营销方式纳入其中。

（三）亚洲电子商务立法

在韩国，电子商务法律的制定和实施得到了高度的重视。1999年7月，韩国的《电子商务基本法》正式生效，为电子商务法的具体实施提供了基础法律依据。韩国还制定了《电子签名法》等，对电子商务的概念进行了初步界定，并对行业标准和准入门槛进行了初步规范。此外，韩国2002年颁布了《电子商务消费者保护法》，聚焦非面对面交易中的消费者权益，赋予平台责任，并于2021年和2023年两次修订。2011年韩国颁布了《个人信息保护法》，为电子商务消费者提供了法律保障，如规定消费者有权获得真实、准确的商品信息，有权要求经营者提供售后服务等。

在日本法律体系中，电子商务涉及行业法、商业交易法、竞争法和消费者权利保护法四个方面的法律。尽管日本尚未制定专门的电子商务行业法，但政府通过对现有法律的持续修改和完善，实现了对电子商务的有效监督。例如，电子商务促进委员会曾发布交叉认证指南，规定了从业者证书认证的方式，承认不同行业或区域的证书可以交叉互认。此外，2000年日本颁布了《电子签名与认证服务法》，规范了用户的认证和交易双方电子签名的使用。

单元二　跨境电子商务经营者及其法律责任

按照《电子商务法》的相关条款，跨境电子商务经营者可以理解为在跨境电子商务活动中，利用互联网等信息网络向境内外消费者销售商品或者提供服务，承担商品销售或者服务质量的保障、承诺维修等法定义务的自然人、法人或者非法人组织。

一、跨境电子商务经营者

《电子商务法》对于境内经营者与境外经营者的跨境电子商务活动的调整范围与条件有所不同，下面分别介绍。

（一）境内跨境电子商务经营者

我国境内的跨境电子商务经营者的电子商务活动适用《电子商务法》，这是无疑的。然而，跨境电子商务并未被完全排除在《电子商务法》的适用范围之外。我国电子商务经营者从事跨境电子商务活动时，必须遵守《电子商务法》以及涉及进出口监管的法律和行政法规的规定。

此外，在跨境电子商务的出口贸易中，我国境内经营者为了提高效率和降低成本，会在买家所在的国家或地区设立储存商品的海外仓。这些仓储设施位于我国境外，因此必须遵守所在国家或地区的法律。

（二）境外跨境电子商务经营者

我国可酌情决定是否将《电子商务法》扩展适用于在我国境内产生影响的境外经营者的活动。这种扩展适用可分为三类：一是电子商务平台服务引起的扩展适用；二是保护我国消费者的利益而引起的扩展适用；三是依据国际条约或者协定而引起的扩展适用。

1. 电子商务平台服务引起的扩展适用

境外法人或非法人组织使用我国电子商务平台服务从事经营活动的，即使其依据外国法律成立且未在我国取得市场主体登记和经营性网站许可证，也应受《电子商务法》的管辖，除非境外经营者与我国电子商务平台经营者达成明确协议排除我国法律的适用。反之，我国自然人、法人、非法人组织之间通过国外网站或使用国外平台服务进行的电子商务活动，应视为境内电子商务活动而适用《电子商务法》，除非交易双方明确约定排除我国法律的适用（但在消费者贸易情况下，此种协议排除受到一定限制）。

2. 保护我国消费者的利益而引起的扩展适用

经常居住地为我国的消费者与境外电子商务经营者之间购买商品与服务的合同，应适用《电子商务法》的规定。

外国经营者是否在我国从事相关电子商务活动、是否通过网络向我国消费者提供商品与服务，应当根据实际情况加以判断。如果境外电子商务经营者（包括自建网站经营者、电子商务平台经营者与平台内经营者）使用的语言文字、支付货币与配送方式等交易诸方面均明确指向中国境内的消费者，应当视为面向我国消费者从事相关电子商务活动，属于我国境内的电子商务活动，应适用《电子商务法》。

在跨境电子商务中，根据契约自由原则与意思自治原则，电子商务主体可以通过合同约定适用的法律。因此，理论上，消费者如果选择适用商品、服务提供地法律，则从其约定。但是，在现实生活中，消费者常常受制于经营者提供的格式条款或者格式合同，被动选择商品、服务提供地的法律为合同适用的法律。在此情况下，法律有必要给予消费者特殊的保护与救济，以弥补消费者在缔约能力上的不足。因此，如果境外经营者在格式条款中或者订立合同的自动信息系统中明确规定合同适用商品、服务提供地法律，排除《电子商务法》等我国法律的适用，损害消费者利益的，我国消费者可以对该条款不知情、不同意为由到我国有管辖权的法院起诉，主张适用外国法的条款无效，维护自身的合法权益。法院应当根据消费者的主张与证据，依法认定适用外国法条款是否有效。

3. 依据国际条约或者协定而引起的扩展适用

我国与其他国家、地区所缔结或参加的国际条约、协定规定跨境电子商务活动适用《电子商务法》的，应从其规定。

二、跨境电子商务经营者的法律责任

（一）跨境电子商务通关事务代理

《电子商务法》的出台，其中一大亮点在于规定了电子商务平台经营者的法律责任。《电子商务法》第 38 条明确规定了在商品、服务交易中，消费者权益受到侵害后，电子商务平台应当向消费者承担何种责任。而提供办理报关手续服务的电子商务平台经营者在跨境电子商务活动中，也应当承担相应的法律责任。

《电子商务法》第 37 条的“民事责任”，给执法者留下了更大的自由裁量空间。此处的“民事责任”，根据《电子商务法》第 38 条第 2 款的规定是落实于“关系消费者生命健康的商品或者服务”内容中，即“对关系消费者生命健康的商品或者服务，电子商务平台经营者对平台内经营者的资质资格未尽到审核义务，或者对消费者未尽到安全保障义务，造成消费者损害的，依法承担相应的责任”。

在《海关法》中，收发货人承担了报关、交验进出口许可证和有关单证、缴纳税款、提供担保、办理退运或进口手续、提供商品归类资料、提交申报知识产权证明文件等法律义务。同时，《海关法》第 82 条至第 84 条、第 86 条、第 90 条规定了收发货人需承担相应的法律责任，并对“走私行为”的具体情形进行了定义，列明了处以行政处罚的情形，以及向海关工作人员行贿的法律责任等。同时，根据《海关法》第 10 条第 2 款的规定，报关企业接受进出口货物收发货人的委托，以自己的名义办理报关手续的，应当承担与收发货人相同的法律责任。此外，根据《电子商务法》第 71 条第 1 款的规定，国家支持跨境电子商务平台经营者等为跨境电子商务提供仓储物流、报关、报检等服务。该条规定从法律上认可了跨境电子商务综合服务的概念，首次明确了跨境电子商务平台经营者提供服务的法律地位，使之获得了合法发展的空间。跨境电子商务平台经营者作为服务提供者，为平台内经营者提供报关、报检等服务，不应承担与收发货人相同的法律责任。

根据《海关法》的规定，在通关过程中，仓储物流、报关、报检等环节都是必不可少的组成部分。在责任认定方面，该法认为，接受收发货人委托并以自己名义办理报关手续的企业应承担与收发货人相同的法律责任。具体而言，如果跨境电子商务的经营主体（收发货人）未能向受托报关企业提供真实的申报材料和数据信息，导致受托企业向海关提供虚假的申报材料和数据，则应根据对实际收发货人的处罚方式对受托企业进行惩罚。根据《电子商务法》的规定，跨境电子商务平台经营者可以平台整体实力和自己的名义帮助未办理进出口备案的中小微企业办理报关、报检等手续。因此，该法认为跨境电子商务平台经营者应被认定为进出口商，并承担相应的法律责任。然而，为了保护中小微企业的积极性，该法主张穿透到实际的进出口商，区分进出口商和报关、报检服务提供者的法律责任。鉴于此，按照《立法法》第 48 条第 2 款第 2 项的规定，法律制定后出现新的情况，需要明确适用法律依据的，由全国人大常委会解释。在全国人大常委会公布法律解释前，因《电子商务法》并未将跨境电子商务平台经营者提供代理报关等服务的法律责任及法律关系明确到主要条款中，在实践中遇到上述情形时，还应当依据《海关法》压实平台审核责任。

（二）跨境电子商务的产品责任问题

跨境自营的电子商务平台相较于在境内生产、在境内销售商品及服务的电子商务平台，需要增加报关、清关环节，而商家入驻类的跨境电商平台则按照其平台规则分配报关、清关责任。当产品来到中国境内，无论是自营类平台或是接受商家入驻类平台均需遵守中国法律对产品质量的要求，遵守包括《消费者权益保护法》《食品安全法》《产品质量法》等一系列法律。但平台、商家与消费者之间法律关系认定的不同，平台所承担的法律责任也不尽相同。

从国内市场监管部门的角度来看，市场监管部门的工作重点在于清理不法商家。而跨境电商平台作为境外商家进入中国境内销售产品的渠道，具有承担更大责任的能力和义务。例如，如果一个海外直营的商家在中国境内进行虚假宣传，国内监管部门通常会通知平台进行调查，并由平台依据其平台规则关闭该店铺。以天猫国际为例，天猫国际对入驻的商家有详细的行为规范，在《天猫国际服务条款规则》的“严重违规行为处理方式的规则与实施细则”部分，对于商家因出售假冒商品、提供虚假资质证明的行为，不仅会对商家作出清退处理，还将没收商家向天猫国际缴纳的保证金作为违约金。这种方式是对商家的有效束缚。

从消费者维护自身权益的角度出发，消费者需要明确向谁以及以何种方式来追讨损失。在实际操作中，由于平台、商家和消费者之间关系的不同认定方式，导致了消费者维权途径的多样性。在实践中，平台、商家和消费者之间的关系存在两种主要的认定方式：一种是认定为买卖关系，另一种是认定为委托代理关系。在跨境电商交易过程中，消费者需要提供个人身份证信息等个人信息，并以个人名义向海关报关、纳税，以个人行邮性质通关。在这种情况下，一些法院在作出认定时认为，商家并非销售者，而是代理商，不应承担销售者责任。然而，在其他相同的情况下，部分法院则认为，商家提交的报关单以及在保税区收件的记录，并不能证明消费者与商家之间约定从海外代购商品的相关事宜。从商家的网站上显示，商家将涉案商品放在网上明码标价予以销售，消费者选择购买并支付货款，双方成立买卖合同关系，而非委托合同关系。因此，商家需要承担销售者责任。

综上所述，根据不同的实际情况和司法实践，平台、商家和消费者之间的关系存在不同的认定方式，消费者在维权时需要根据具体情况选择适当的途径。

（三）跨境电子商务商标的审核与维权

在跨境电子商务活动中，由于商标权需要根据不同国家、地区的法律法规要求进行注册，因此商标注册至关重要。对于跨境电子商务平台经营者来说，审核并监督入驻商家是否真实持有注册商标是平台风险防控的重要手段，也是平台经营者应尽的法律责任，有助于保护消费者权益。

世界知识产权组织对“商标”的定义为“商标是将某商品或服务标明是某具体个人或企业所生产或提供的商品或服务的显著标志”。商标权是一种重要的民事权利，同时也是我国保障生产、经营者保证商品和服务质量，以保障消费者和生产、经营者的利益的重要制度。根据《电子商务法》第 27 条的规定，电子商务平台经营者应当要求申请进入平台销售商品或者提供服务的经营者提交其身份、地址、联系方式、行政许可等真实信息，进行核验、登记，建立登记档案，并定期核验更新。这一条款的初衷在于在发生纠纷时能够及时定位相关当事人。《消费者权益保护法》第 44 条规定了网络交易平台提供者的责任，即网络交易平台提供者不能提供销售者或者服务者的真实名称、地址和有效联系方式的，消费者也可以向网络交易平台提供者要求赔偿；网络交易平台提供者作出更有利于消费者的承诺的，应当履行承诺。网络交易平台提供者赔偿后，有权向销售者或者服务者追偿。网络交易平台提供者明知或者应知销售者或者服务者利用其平台侵害消费者合法权益，未采取必要措施的，依法与该销售者或者服务者承担连带责任。

电子商务平台经营者发现平台内的商品或者服务信息存在违反相关法律规定的情况，应当依法采取必要的处置措施，并向有关主管部门报告。在实践中，侵犯商标权的行为可能成为民事的商标侵权案件，但也可能存在假冒商标销售假货的情形。根据《电子商务法》第 80 条的规定，如果电子商务平台未履行核验、登记义务，不按照规定对违法情形采取必要措施或者未向有关主管部门报告的，由有关主管部门责令限期改正；逾期不改正的，处 2 万元以上 10 万元以下的罚款；情节严重的，责令停业整顿，并处 10 万元以上 50 万元以下的罚款。

在信息获取极不对称的跨境电子商务交易中，商家和平台所获取的交易信息量远超过普通消费者。当跨境电子商务交易中出现销售假冒伪劣商品侵犯消费者人身、财产安全时，平台经营者不仅需要按照《电子商务法》第 29 条的规定采取必要处置措施，并向主管部门报告，还应当按照《电子商务法》第 38 条承担相应的法律责任。

因此，对入驻商家的信息登记、资格审查成为电子商务平台维护消费者利益、把控平台内经营者法律风险的重要手段。对于跨境电子商务平台来说，其对注册商标应当进行审核，应制定严格的商标审核制度；对不符合法律规定的入驻商家，不得允许入驻，对于已经入驻但发现没有合法资质的，应当及时清理。

跨境电子商务平台面临着商标法律风险防范的重要问题。对于国外品牌商来说，商标不仅是民事权利的象征，更是其在中国市场实现经济利益增长的关键。

实现商品或服务通过跨境电商方式向中国境内销售有两种途径：一是在中国境外注册商标，授权中国境内代理商入驻跨境电子商务平台；二是在中国境内注册商标，由代理商在中国注册品牌商标或者品牌方自行注册后再授权给中国国内代理商，由代理商入驻跨境电子商务平台。采取第一种方式进入中国市场的品牌方，如果未在中国注册商标，依照《商标法》，如果其他品牌方抢先在中国注册，那么采取第一种方式进入中国市场的品牌方将无法继续在中国市场销售，只能无奈地退出中国市场。

综上所述，对于跨境电子商务平台来说，为避免平台法律风险，保障消费者利益，应该制定完备的商标审核制度和监督制度。对于境外品牌方来说，正确利用商标，才能保证己方民事权利和经济利益。

实例链接

跨境电商平台当“刷手”的“刷单费”纠纷

A公司为增加其海购网店的交易量，委托案外人B组织刷手为其在知名跨境电商平台开设的海购网店刷单。A公司需按照交易订单金额退还货款，并支付刷单报酬，标准为每刷单1万元支付50元。通过B牵线，刷手组织者C向A公司介绍了刷手D。D遂在某知名跨境电商平台创建了涉案交易订单，双方均确认涉案海购商品未实际发货。D称，A公司未向其退还因刷单垫付的2万元及支付刷单费，在某平台提出“仅退款”申请。A公司称其已将涉案款项支付给案外人B，拒绝向D退款。

D诉请A公司退还货款2万元。

解析：

D与A公司订立网络购物合同，意在以虚假网络购物意思表示掩盖“刷销量、赚报酬”的真实意思，属于《民法典》规定的通谋虚伪行为。对于双方以虚假的意思表示实施的民事法律行为，即网络购物合同的效力，因双方缺乏真实的意思表示而无效。在本案中，双方通谋共同实施了跨境电商经营刷销量的行为，致使涉案合同因违反法律规定被认定无效，客观上已产生了虚假订单，造成了跨境电子商务网络营商环境的损害，且D系自行决定投入款项，故对于D基于赚取刷单报酬目的投入的款项，依法不予保护。A公司所述向案外人B支付款项的行为，与本案D付款的行为并无二致，二者支出的款项均属于进行非法“刷销量”活动的财物，依照《民法典》的规定，另行处理。

法院最终判决，驳回原告D的全部诉讼请求。

单元三　跨境电子商务海关监管法律制度

跨境电子商务海关监管法律制度是指国家为了保障跨境电子商务活动的顺利进行，对相关海关事务进行监管而制定的法律规范。这些法律规范通常包括海关监管的基本原则、程序、措施等，并针对跨境电子商务的特点作出了相应的规定。

一、海关监管概述

（一）海关监管的范围

根据《海关法》的规定，海关的主要职责包括监管、征税、查私和编制海关统计。具体来说，监管是指海关对进出境的货物、行李物品、运输工具、邮递物品和其他物品进行监督和管理；征税是指海关依法对货物或物品征收关税和其他税、费；查私是指海关对走私货物进行搜查和捕拿；编制海关统计是指海关收集、整理、分析我国对外贸易进出口货物原始资料，并形成海关统计资料。

此外，根据国家相关规定，原国家质量监督检验检疫总局的出入境检验检疫管理职责和队伍已划入海关总署。因此，海关在原有的安全准入、税收征管等传统职能基础上，新增了卫生检疫、动植物检疫、商品检验、进出口食品安全监管等职责。海关监管涉及多种制度，包括进出口许可管理制度、商检制度、动植物检疫制度、药品检验制度、食品检验制度、濒危物种管理制度、文物管理制度、金银及外汇管理制度、进口废物管理制度和知识产权保护制度等。这些制度为海关监管提供了依据和规范，以确保国家贸易活动的安全和合法性。

（二）狭义的跨境电子商务海关监管

根据我国实际情况，海关总署为了适应跨境电子商务的发展，增设了涉及跨境电子商务的贸易方式。狭义的跨境电子商务海关监管指的是海关对境内个人或电子商务企业在经过海关认可的电子商务平台上实现的跨境交易商品进行监督和管理。跨境电子商务可以划分为跨境电子商务出口和跨境电子商务进口两类。根据海关监管方式代码分类，跨境电子商务出口包括一般出口（9610 出口）、保税出口（1210）和跨境电商 B2B 出口（9710 和 9810）；跨境电子商务进口则分为直购进口（9610）和保税电商 A（1239）。

1. **一般出口（9610 出口）**

一般出口（9610 出口）模式采用“清单核放、汇总申报”的方式操作。在电子商务出口商品以邮件、快件方式分批运送的情况下，海关会根据清单进行核放出境。然后，定期将已核放的清单数据汇总并形成出口报关单。电子商务企业或平台会以此报关单为基础，办理结汇、退税等手续。

2. 保税出口（1210）

根据2014年海关总署第57号文件的规定，自2014年8月1日起，增列海关监管方式代码“1210”，全称为“保税跨境贸易电子商务”，简称为“保税出口”，俗称为“备货模式”。

保税出口（1210）规定开展区域必须是跨境贸易电子商务进口试点城市的特殊监管区域。自2013年开始，目前已有上海、杭州、宁波、郑州、重庆、广州、深圳前海、福州、平潭、天津等地作为跨境电子商务试点城市。

保税出口是指商家将商品批量存放在海关监管下的保税仓库，消费者下单后，电商企业为每件商品办理海关通关手续，在保税仓库完成贴运单和打包，经海关查验放行后，由电商企业委托物流配送至消费者手中。

保税出口的优势在于商家能够提前批量备货至保税仓库，降低国际物流成本，有订单后可立即从保税仓发货，提高通关效率，并能够及时响应售后服务需求，提升用户体验。然而，使用保税仓库存在仓储成本，备货会占用大量资金。

3. 跨境电商B2B出口（9710和9810）

跨境电商B2B出口是指境内企业通过跨境电子商务平台，以电子数据形式将交易商品发送至境外企业或海外仓的一种贸易交易形式。按照《海关法》的规定，跨境电商企业必须将所需电子数据上传至海关平台，接受海关的监管。跨境电商B2B出口分为两种形态：第一种是跨境电子商务企业对企业的直接出口，简称为“跨境电商B2B直接出口”，对应的海关监管方式代码为“9710”，适用于跨境电商B2B直接出口的货物；第二种是跨境电子商务出口海外仓，简称为“跨境电商出口海外仓”，对应的海关监管方式代码为“9810”，适用于跨境电商出口海外仓的货物。

4. 直购进口（9610）

自2014年2月10日起，海关监管方式代码新增“9610”，全称为“跨境贸易电子商务”，俗称为“集货模式”。该方式适用于境内个人或电子商务企业通过电子商务交易平台实现交易，并采用“清单核放、汇总申报”模式办理通关手续的电子商务零售进出口商品。这种跨境电商具有小额多单的特点，传统B2C出口企业主要采用航空小包、邮寄、快递邮政小包、快件等方式，报关主体是邮政或快递公司。而9610代码将跨境电商的监管独立出来，有利于规范和监管。简而言之，商家将多个已售出商品统一打包，通过国际物流运送至国内的保税仓库，电商企业为每件商品办理海关通关手续，经海关查验放行后，由电商企业委托国内快递派送至消费者手中。每个订单附有海关单据。直购进口的优点是灵活，不需要提前备货，相对于快件清关而言，物流通关效率较高，整体物流成本有所降低；但需在海外完成打包操作，海外操作成本高，且从海外发货，物流时间稍长。

5. 保税电商 A（1239）

海关总署于 2016 年 12 月新增海关监管方式代码“1239”，全称为“保税跨境贸易电子商务 A”，简称为“保税电商 A”。该监管方式与“1210”监管方式不同，适用于境内电子商务企业通过海关特殊监管区域或保税物流中心（B 型）一线进境的跨境电子商务零售进口商品。此外，区别于“1210”监管方式，上海、杭州、宁波、郑州、重庆、广州、深圳、福州、平潭、天津 10 个试点城市暂不适用“1239”监管方式开展跨境电子商务零售进口业务。

因此，在新政之后，国内保税进口分为两种情况：一是新政前批复的具备保税进口试点的 10 个城市；二是新政后开放保税进口业务的其他城市。由于新政后续出现了暂缓延期措施，且仅针对此前的 10 个城市，海关在监管时，对两者进行了区分：对于免通关单的 10 个城市，继续使用 1210 代码；对于需要提供通关单的其他城市（非试点城市），采用新代码 1239。

（三）广义的跨境电子商务海关监管

根据狭义的跨境电子商务海关监管定义，跨境交易应在经海关认可的电子商务平台上进行。然而，在实际情况中，除了在如天猫国际、京东国际等大型电子商务平台购物外，部分消费者还会选择“海淘”或“个人海外代购”模式。这些购物方式通常通过邮递、快件等渠道通关，并未纳入海关对跨境电商的监管政策范围。

邮递渠道指的是通过万国邮联组织框架下的各国邮政寄递的国际邮件，其通关手续由邮政企业统一办理。国际快件则分为文件类、个人物品类、免税货物类、报关货物类和征税货样广告品货物类。其中，个人物品类进出境快件指的是自用的、合理数量范围内的进出境的旅客分离运输行李物品、亲友间相互馈赠物品和其他个人物品。快件主要依靠具备经营快件资质的国际快件企业，如国外的 FedEx（联邦快递）、DHL（中外运敦豪）、UPS（联合包裹）和中国的顺丰等这些具备“直邮＋转运”资质的企业负责办理海关通关手续。目前中国消费者购买海外商品的主要方式比较如表 7－1 所示。

表 7－1　目前中国消费者购买海外商品的主要方式比较

比较项目	主要方式		
	个人代购	个人海淘	跨境电商
简介	消费者通过国内外的个人或买手直接购买海外商品	消费者在国外电商网站直接购买商品	消费者通过国内的跨境 B2C 电商网站购买商品
贸易模式	个人物品	个人物品	跨境 B2C 贸易
物流模式	海外直邮/代购个人或委托带回	海外直邮	海外仓直邮/保税仓发货

续表

比较项目	主要方式		
	个人代购	个人海淘	跨境电商
物流时效	时间较长	时间较长	海外仓集货模式发货时间较长/保税仓发货时间较短
通关速度	较慢	较慢	快
报关概率	不报关，抽查	不报关，抽查	报关
是否交税	抽检到需要缴纳行邮税	抽检到需要缴纳行邮税	限额以内：0 关税＋70％消费税＋70％增值税 超过限额：按照一般贸易全额缴税
信任模式	对代购者的信任	对国外网站的信任	对国内跨境电商平台的信任

因此，广义上的跨境电子商务海关监管除了对海关明文规定的跨境电子商务贸易模式进行监管，还要对通过邮递、快件渠道出入境的符合跨境电子商务特征的其他商品贸易活动进行监管。

二、跨境电子商务报关

（一）报关基本术语

报关活动最基本的术语就是报关和清关。

1. 报关

报关是指进出境运输工具的负责人、货物和物品的收发货人或其代理人，在通过海关监管口岸时，按照我国《海关法》的规定进行申报、办理有关手续的过程。根据《海关法》，所有进出国境的货物必须经由设有海关的港口、车站、国际航空站，并由货物所有人向海关申报，经过海关放行后，方可提取或装船出口。报关对象可分为进出境的运输工具和货物、物品两大类。

2. 清关

清关，即完成海关申报手续，是指进出口货物或转运货物进入一国海关关境或国境时必须向海关申报，并且办理海关规定的各项手续，履行各项法规规定的义务。只有在履行各项义务，包括海关申报、查验、征税等手续后，货物才能被放行，货主或申报人才能提货。同样，载运进出口货物的各种运输工具进出境或转运，也均需向海关申报，办理海关手续，得到海关的许可。在结关期间，不论是进口、出口或转运，货物都处在海关的监管之下，不允许自由流通。这是确保国家财政收入、维护贸易秩序和保护消费者权益的重要措施。

（二）报关流程

报关的基本程序主要包括申报、查验和放行三个环节。

1. 申报

在货物进出口过程中，进出口货物的收、发货人或其代理人应在海关规定的时间内，按照海关规定的格式填写进出口货物报关单，并附上相关的货运和商业单据，同时提供批准货物进出口的证明文件，向海关进行申报。报关的主要单证包括以下几种。

（1）进口货物报关单。根据官方要求，报关单应一式两份。填报项目必须准确、齐全，字迹清晰，且只能使用黑色或蓝色墨水。报关单内各栏目，凡海关规定有统计代号的，以及税则号列及税率一项，必须由报关员用红色墨水填写。每份报关单限于填报四项货物。如发现填报内容有误或其他情况需要变更的，应主动、及时向海关递交更改单。

（2）出口货物报关单。根据规定，需要填写一式两份单据。填单的要求与进口货物报关单基本相同。如果因为填报有误或者需要变更填报内容，而未主动、及时更改的，出口报关后发生退关情况，报关单位应在 3 天内向海关办理更正手续。

（3）随报关单交验的货运、商业单据。在进口海运过程中，必需的文件包括海运进口提货单，以及需要报关单位盖章的海运出口装货单。此外，陆运或空运单、货物的发票（数量比报关单少一份，并且需要报关单位盖章），以及货物的装箱单（数量与发票相同，并且需要报关单位盖章）也是必需的文件。

（4）进出口货物许可证。进出口货物许可证制度是一种行政保护手段，用于管理进出口贸易。需要向海关提交进出口货物许可证的商品并不固定，而是由国家主管部门随时调整并公布。根据现行政策（截至 2025 年 3 月），我国进出口货物许可证制度已全面升级为数字化管理模式。商务部统一发布动态调整的进出口许可证管理货物目录，企业可通过国际贸易“单一窗口”实时查询最新管控清单。企业须通过“单一窗口”提交电子申请，上传合同、发票等材料，3 个工作日内可获取加密电子许可证。未取得有效许可证的货物，外汇管理部门将冻结相关结汇业务。现行制度形成“目录动态化、审批电子化、监管协同化”的新体系，企业应重点关注商务部年度目录更新，依托数字化平台完成全流程合规操作。

（5）商检证书。海关要求报关单位提供商检证书，一方面是为了监督法定检验商品是否已接受法定的商检机构检验，另一方面是为了作为进出口商品征税、免税、减税的依据。根据《中华人民共和国进出口商品检验法》、《商检机构实施检验的进出口商品种类表》（以下简称《种类表》）的规定，凡列入《种类表》的法定检验的进出口商品，均须在报关前向商品检验机构报验。在报关时，对于进口商品，海关需要凭商检机构签发的检验证书或在进口货物报关单上加盖的印章进行验收。除上述单证外，对于国家规定的其他进出口管制货物，报关单位也必须向海关提交由国家主管部门签发的特定的进出口货物批准单证。海关会对这些单证进行查验，确认无误后才放行。这些进出口管制货物包括食品卫生检验、药品检验、动植物检疫、文物出口鉴定、金银及其制品的管理、珍贵稀有野生动物的管理、进出口射击运动、狩猎用枪支弹药和民用爆破物品的管理以及进出口音像制品的管理等。

2. 查验

除海关总署特准免验外，进出口货物一般均应接受海关查验。海关查验的目的是审查货物的进出口是否合法，核对报关单证所申报的内容与实际到货是否相符，以防止错报、漏报、瞒报、伪报等情况。海关查验货物时，应在规定的时间和场所进行。如有特殊理由，事先报经海关同意，海关可在规定的时间和场所以外进行查验。申请人应提供往返交通工具和住宿并支付费用。在海关查验货物时，货物的收、发货人或其代理人必须到场，并按照海关要求负责办理货物的搬移、拆装箱和查验货物的包装等工作。海关认为必要时，可以自行开箱、复验或者提取货样，货物保管人应当到场作为见证人。如果由于海关关员的责任造成被查货物损坏，海关应按规定赔偿当事人的直接经济损失。

3. 放行

海关在审核报关单据和查验实际货物后，会依法办理征收货物税费或减免税手续，并在相关单据上签盖放行章。只有在此之后，货物的所有人或代理人才能提取或装运货物。此时，海关对进出口货物的监管才结束。另外，如果进出口货物需要特殊处理，可以向海关申请担保放行。海关对担保的范围和方式有明确的规定。

三、我国对跨境电子商务的主要海关监管政策

我国对跨境电子商务的监管政策体现在进口和出口两个方面。

（一）跨境电子商务进口的监管政策

1. 个人自用进境物品监管

根据规定，个人自用、合理数量的跨境电子商务零售进口商品应按照邮递物品征收行邮税。行邮税针对的是非贸易属性的进境物品，将关税和进口环节增值税、消费税三税合并征收，税率普遍低于同类进口货物的综合税率。为优化税目结构，提高通关效率，国家对行邮税政策进行了调整，将原先的四档税目调整为三档，具体如表 7－2 所示。其中，税目 1 主要为最惠国税率为零的商品，税目 3 主要为征收消费税的高档消费品，其他商品归入税目 2。调整后，为保持各税目商品的行邮税税率与同类进口货物综合税率的大体一致，税目 1、2、3 的税率分别为 15％、30％、60％。

表 7-2 中华人民共和国进境物品进口税率表

税目	物品名称	税率
1	食品、饮料；金银；家具；玩具、游戏品、节日或其他娱乐用品；计算机、视频摄录一体机、数字照相机等信息技术产品；书报、刊物、教育用影视资料	15%
2	电视摄像机及其他电器用具；运动用品（不含高尔夫球及球具）、钓鱼用品；纺织品及其制成品；自行车；税目 1、3 中未包含的其他商品	30%
3	烟、酒；贵重首饰及珠宝玉石；高尔夫球及球具、高档手表；化妆品	60%

2. 跨境电商零售进口商品监管

根据相关税收政策，跨境电子商务零售进口商品通过邮递渠道进境，但不同于传统非贸易性进境物品，政府按照货物征收关税和进口环节增值税、消费税。而跨境电子商务企业对企业（B2B）进口，则按照一般贸易等方式完成货物进口，并按照现行有关税收政策执行。具体而言，根据《关于跨境电子商务零售进口税收政策的通知》（财关税〔2016〕18 号，简称 18 号文）的规定，跨境电子商务零售进口税收政策如下所述。

微课

海淘免税
“白名单”

（1）根据相关规定，跨境电子商务零售进口商品按照货物征收关税和进口环节增值税、消费税。纳税义务人为购买跨境电子商务零售进口商品的个人，完税价格为实际交易价格，包括货物零售价格、运费和保险费。电子商务企业、电子商务交易平台企业或物流企业可作为代收代缴义务人。

（2）跨境电子商务零售进口税收政策适用于以下两种情况的商品：1）通过与海关联网的电子商务交易平台交易，能够实现交易、支付、物流电子信息“三单”比对的跨境电子商务零售进口商品；2）未通过与海关联网的电子商务交易平台交易，但快递、邮政企业能够统一提供交易、支付、物流等电子信息，并承诺承担相应法律责任的跨境电子商务零售进口商品。不属于跨境电子商务零售进口的个人物品以及无法提供交易、支付、物流等电子信息的跨境电子商务零售进口商品，按照一般贸易进口规定执行。同时，跨境电子商务零售进口商品的单次交易限值为人民币 5 000 元，个人年度交易限值为人民币 26 000 元。超过单次限值、累加后超过个人年度限值的单次交易，以及完税价格超过 26 000 元年度交易限值的单个不可分割商品，均按照一般贸易方式全额征税。

（二）跨境电子商务出口的监管政策

我国跨境电子商务出口监管政策包括跨境零售出口退税。出口退税是指政府对出口货物退还其在国内生产和流通环节实际缴纳的增值税和消费税。该制度的目的是使出口货物以不含税的价格进入国际市场，增强其在国际市场上的竞争能力，并避免对跨国流动物品重复征税，以促进对外出口贸易。对出口产品实行退税是国际通行的做法，且符合世贸组织的规则。

针对B2B模式，出口退税货物必须满足以下条件：属于增值税、消费税征税范围的货物；报关离境的货物；在财务上已做销售处理的货物；出口收汇并已核销的货物。而针对B2C模式，财政部和国家税务总局于2013年12月30日发布了《关于跨境电子商务零售出口税收政策的通知》，对相关政策作了具体规定。

（1）电子商务出口企业出口货物（财政部、国家税务总局明确不予出口退（免）税或免税的货物除外，下同），同时符合下列条件的，适用增值税、消费税退（免）税政策：1）电子商务出口企业属于增值税一般纳税人并已向主管税务机关办理出口退（免）税资格认定；2）出口货物取得海关出口货物报关单（出口退税专用），且与海关出口货物报关单电子信息一致；3）出口货物在退（免）税申报期截止之日内收汇；4）电子商务出口企业属于外贸企业的，购进出口货物取得相应的增值税专用发票、消费税专用缴款书（分割单）或海关进口增值税、消费税专用缴款书，且上述凭证有关内容与出口货物报关单（出口退税专用）有关内容相匹配。

（2）电子商务出口企业出口货物，不符合上一条件，但符合下列条件的，适用增值税、消费税免税政策：1）电子商务出口企业已办理税务登记；2）出口货物取得海关签发的出口货物报关单；3）购进出口货物取得合法有效的进货凭证。

（3）电子商务出口货物适用退税、免税政策的，由电子商务出口企业按现行规定办理退税、免税申报。

（4）适用该通知退税、免税政策的电子商务出口企业，是指自建跨境电子商务销售平台的电子商务出口企业和利用第三方跨境电子商务平台开展电子商务出口的企业。

（5）为电子商务出口企业提供交易服务的跨境电子商务第三方平台，不适用本通知规定的退税、免税政策，可按现行有关规定执行。

单元四　跨境电子商务出入境检验检疫法律法规

跨境电子商务出入境检验检疫法律法规主要包括《进出口商品检验法》《进出境动植物检疫法》《国境卫生检疫法》《食品安全法》等。这些法律法规对跨境电子商务出入境检验检疫工作作出了明确的规定和要求，包括对进出口商品、进出境动植物、国境卫生、食品安全等方面的检验检疫要求和标准等。此外，各地也会根据实际情况制定相应的跨境电子商务出入境检验检疫法规和规章。这些法规和规章是对国家法律法规的细化和补充，能够更好地适应和指导跨境电子商务出入境检验检疫工作。跨境电子商务出入境检验检疫法律法规是保障跨境电子商务活动顺利开展的重要法律基础，应当严格遵守相关法律法规和标准，确保跨境电子商务活动的合法性和安全性。

一、跨境电子商务检验检疫概述

出入境检验检疫，是指海关依照法律、行政法规和国际惯例的要求，对出入境的货物、交通工具、人员等进行检验检疫、认证及签发官方检验检疫证明等监督管理工作。

（一）跨境电子商务检验检疫监管的法律溯源

1. 国际法溯源

有关出入境检验检疫方面的重要国际条约包括《马拉喀什建立世界贸易组织协定》和《国际卫生条例（2005）》。这些条约为我国对进出境货物的检验检疫提供了国际法律依据。例如，《技术性贸易壁垒协定》（TBT 协定）规定："任何国家在其认为适当的程度内采取必要措施，保证其出口产品的质量，或保护人类、动物或植物的生命或健康及保护环境，或防止欺诈行为。但是，这些措施的实施方式不得构成在情形相同的国家之间进行任意或不合理歧视的手段，或构成对国际贸易的变相限制，并应在其他方面与本协定的规定相一致。"

2. 国内法溯源

我国涉及出入境检验检疫的主要法律有四部，包括 2021 年修正的《进出口商品检验法》、2009 年修正的《进出境动植物检疫法》、2024 年修订的《国境卫生检疫法》和 2021 年修正的《食品安全法》。此外，还有其他相关法律，如《对外贸易法》《海关法》《农产品质量安全法》《固体废物污染环境防治法》，也含有出入境检验检疫的相关规定。

涉及出入境检验检疫的行政法规包括《进出口商品检验法实施条例》《进出境动植物检疫法实施条例》《国境卫生检疫法实施细则》《认证认可条例》《国务院关于加强食品等产品安全监管管理的特别规定》《进出口货物原产地条例》《食品安全法实施条例》等。此外，国家市场监督管理总局还发布了多项指导意见和政策，包括《关于进一步发挥检验检疫职能作用促进跨境电子商务发展的意见》《关于加强跨境电子商务进出口消费品检验监管工作的指导意见》《跨境电子商务经营主体和商品备案管理工作规范》等文件。

（二）跨境电子商务清单管理制度

我国海关对入境电子商务商品实施清单分类管理制度，该制度建立了负面清单和高风险商品清单，并将不在此两类清单中的商品划分为一般风险商品。根据规定，列入负面清单的商品不得以跨境电子商务的方式入境，而列入高风险商品清单的商品则需要接受质量安全风险重点监测。

1. 负面清单

下列商品禁止以跨境电子商务的形式入境。

（1）《进出境动植物检疫法》规定的禁止入境物。

（2）未获得检验检疫准入的动植物产品及动植物源性食品。

（3）列入《危险化学品目录》、《危险货物品名表》、《联合国关于危险货物运输的建议书规章范本》（附录三《危险货物一览表》）、《易制毒化学品的分类和品种名录》和《中国严格限制进出口的有毒化学品目录》的物品。

（4）特殊物品（取得进口药品注册证书的生物制品除外）。

（5）可能危及公共安全的核生化等涉恐及放射性等产品。

（6）废旧物品。

（7）法律法规禁止入境的其他产品和原国家质检总局公告禁止入境的产品。

以国际快递或邮寄方式入境的商品，还应符合《禁止携带、邮寄进境的动植物及其产品名录》的要求。

2. 高风险商品清单

被列入高风险清单的商品，属于国家实施质量安全许可管理或列入法检目录的产品。对于这些产品，需要进行现场核查，并实施以风险分析为基础的质量安全监管。同时，将依据相关规定对其质量安全进行监测。

3. 一般风险商品

一般风险商品是指除前两个清单外的其他商品，国家对此类商品采取基于风险分析的质量安全监督抽查机制，实施事后监管。

（三）跨境电子商务备案管理制度

根据《跨境电子商务经营主体和商品备案管理工作规范》的规定，我国海关对跨境电子商务的经营主体和商品实行备案管理制度。跨境电子商务经营主体应通过信息平台提交以下备案信息：

（1）《跨境电子商务经营主体备案信息表》。

（2）《质量诚信经营承诺书》。

（3）企业法定代表人身份证复印件、营业执照复印件或同等效力的证明文件、组织机构代码证复印件或同等效力的证明文件。

跨境电子商务经营主体和商品备案信息实行一地备案、全国共享的管理模式。同一经营主体在备案地以外的检验检疫机构辖区从事跨境电子商务业务时，无须再次备案。对于同一经营主体在备案地以外的检验检疫机构辖区销售同一种跨境电子商务商品的情况，也无须再次备案。

二、违反检验法律规定的行为及法律责任

根据《进出口商品检验法》和《进出口商品检验法实施条例》，违反进出口商品

检验法律规定的行为主要归纳为以下几种：

（一）逃避进出口商品法定检验的行为

逃避进出口商品法定检验的行为包括以下几个方面：

（1）擅自销售、使用未报检或者未经检验的属于法定检验的进口商品，或者擅自出口未报检或者未经检验的属于法定检验的出口商品的。

（2）未经许可擅自销售、使用应当申请进口验证而未申请的进口商品，或者未经许可擅自出口应当申请出口验证而未申请的出口商品的。

如有逃避进出口商品法定检验行为的情况，将由商检机构予以惩处。具体处罚措施包括没收违法所得，并处以货值金额5%以上、20%以下的罚款。如构成犯罪的，将依法追究刑事责任。

（二）进出口假冒伪劣商品的行为

商检机构规定，对于进口或出口过程中出现掺杂掺假、以假充真、以次充好的商品行为，应责令停止进口或出口，没收违法所得，并处以货值金额50%以上、3倍以下的罚款。若构成犯罪，将依法追究刑事责任。

（三）进出口不合格商品的行为

针对销售、使用或出口经法定检验、抽查检验或验证不合格的进口商品，或出口经法定检验、抽查检验或验证不合格的商品的行为，出入境检验检疫机构将进行相应的处罚。具体的措施包括责令停止销售、使用或出口相关商品，没收违法所得以及违法销售、使用或出口的商品，并处以罚款。罚款金额将在违法销售、使用或出口的商品货值金额等值以上、3倍以下范围内进行确定。如果上述行为已经构成犯罪，将依法追究相关人员的刑事责任。

（四）伪造单证的行为

报检人如有伪造、变造、买卖或者盗窃检验证单、印章、标志、封识、货物通关单或者使用伪造、变造的检验证单、印章、标志、封识、货物通关单，构成犯罪的，依法追究刑事责任；尚不够刑事处罚的，由出入境检验检疫机构责令改正，没收违法所得，并处商品货值金额等值以下罚款。

（五）违反报检管理规定的行为

违反报检管理规定的行为主要包括以下几种：

（1）收货人、发货人、代理报检企业或出入境快件运营企业、报检人员未如实提供进出口商品的真实情况，并取得出入境检验检疫机构的有关单证。针对此类行为，规定由出入境检验检疫机构没收违法所得，并处以商品货值金额5%以上、20%以下的罚款。

（2）收货人、发货人、代理报检企业或出入境快件运营企业、报检人员对法定检验的进出口商品不予报检，逃避进出口商品检验。针对此类行为，规定由出入境检验检疫机构没收违法所得，并处以商品货值金额5%以上、20%以下的罚款。

（3）收货人或发货人委托代理报检企业、出入境快件运营企业办理报检手续，但未向代理报检企业、出入境快件运营企业提供所委托报检事项的真实情况，并取得出入境检验检疫机构的有关证单。针对此类行为，规定由出入境检验检疫机构没收违法所得，并处以商品货值金额5%以上、20%以下的罚款。

（4）代理报检企业、出入境快件运营企业、报检人员对委托人所提供情况的真实性未进行合理审查或者因工作疏忽，导致骗取出入境检验检疫机构有关证单的结果。针对此类行为，规定由出入境检验检疫机构对代理报检企业、出入境快件运营企业处以2万元以上、20万元以下的罚款。

（5）代理报检企业、出入境快件运营企业违反国家有关规定，扰乱报检秩序。针对此类行为，规定由出入境检验检疫机构责令改正，没收违法所得，可以并处10万元以下罚款，海关总署或者出入境检验检疫机构可以暂停其6个月以内代理报检业务。

（6）从事进出口商品检验鉴定业务的检验机构违反国家有关规定，扰乱检验鉴定秩序。针对此类行为，规定由出入境检验检疫机构责令改正，没收违法所得，可以并处10万元以下罚款，海关总署或者出入境检验检疫机构可以暂停其6个月内检验鉴定业务。

（六）擅自调换样品、商品或商检标志的行为

（1）报检人若擅自调换出入境检验检疫机构抽取的样品或者擅自更换检验合格的进出口商品，出入境检验检疫机构将责令其改正，并给予警告。若情节严重，将对其处以商品货值金额10%以上、50%以下的罚款。

（2）报检人若擅自调换、毁损出入境检验检疫机构加施的商检标志、封识，将被出入境检验检疫机构处以不超过5万元的罚款。

（七）使用不合格包装容器或运载工具的行为

包装危险货物的容器以及运载冷冻食品的交通工具都需要经过出入境检验检疫合格方可使用。

（1）出口危险货物包装容器的鉴定和易腐烂变质食品、冷冻品的适载检验是必要的程序。违反规定，未经过出入境检验检疫机构的鉴定或检验，将出口危险货物包装容器或易腐烂变质食品、冷冻品出口的，将受到出入境检验检疫机构的罚款处罚，罚款金额在10万元以下。

（2）对于提供或使用经出入境检验检疫机构鉴定为不合格的包装容器装运出口危险货物的行为，以及提供或使用经出入境检验检疫机构检验不合格的集装箱、船舱、飞机、车辆等运载工具装运易腐烂变质食品、冷冻品出口的行为，出入境检验检疫机

构将依法处以 20 万元及以下的罚款。

（八）违反进出口商品注册登记管理规定的行为

根据相关法律法规，对于某些重要的出口商品，必须进行进出口商品卫生注册登记。对于未获得卫生注册登记的生产企业所生产的食品，一旦发现其违法行为，出入境检验检疫机构将采取措施，如责令停止进口或出口，没收违法所得，并处以商品货值金额 10%～50%的罚款。对于已获得卫生注册登记的进出口食品生产企业，如果经检查发现不符合规定要求或其他违法行为，海关总署或出入境检验检疫机构将要求其限期整改。如果整改仍未达到规定要求或情节严重的，将吊销其卫生注册登记证书。

（九）违反进口固体废物管理规定的行为

根据《固体废物进口管理办法》的规定，只有获得国务院质量监督检验检疫部门颁发的注册登记证书的国外供货商，方可进口可用作原料的固体废物。如果进口的可用作原料的固体废物的国外供货商或国内收货人未取得注册登记，或者未进行装运前检验，则应按照国家有关规定责令退货；情节严重的，由出入境检验检疫机构处以相应的罚款，罚款金额在 10 万元以上、100 万元以下。

（十）国家商检部门及其工作人员违反管理规定的行为

（1）国家商检部门或商检机构的工作人员如果违反《进出口商品检验法》的规定，泄露其所知悉的商业秘密，应依法给予行政处分，有违法所得的，没收违法所得；构成犯罪的，依法追究刑事责任。

（2）出入境检验检疫机构的工作人员有下列违法行为之一的，将依法给予行政处分：滥用职权，故意刁难当事人；徇私舞弊，伪造检验结果；玩忽职守，延误检验出证。

（3）出入境检验检疫机构的工作人员如违反有关法律、行政法规规定签发出口货物原产地证明的，将依法给予行政处分，没收违法所得；构成犯罪的，依法追究刑事责任。

实例链接

A 进出口有限公司未向海关申报进口商品检验案

A 公司委托申报进口一批油墨，报关单号为 52072019107912××××。该批货物由粤 ZES××港货车承载，申报进口油墨 3 894 千克，商品编号为 321519××××。然而，经海关查验发现，实际进口货物中有 840 千克油墨的商品编号应为 321511××××。而商品编号 321511××××项下的商品属于法定检验商品，但当事人 A 公司未向海关申报进口商品检验，因此违反了《进出口商品检验法》第 11 条的规定。

以上行为有《××××海关检查（查验）记录表》《陈述报告》《海关进口货物报

关单》《询问笔录》，以及现场照片等为证。

解析：

根据《进出口商品检验法实施条例》第45条第1款的规定，决定对当事人作出如下行政处罚：

处罚款人民币壹仟壹佰伍拾肆元整（1 154.00元）。

当事人应当自本处罚决定书送达之日起15日内，根据《行政处罚法》第66条、第67条、第69条的规定，履行上述处罚决定。

当事人不服本处罚决定的，依照《行政复议法》第2条、第27条，《行政诉讼法》第46条的规定，可自本处罚决定书送达之日起60日内向海关申请行政复议，或者自本处罚决定书送达之日起6个月内，直接向人民法院起诉。

根据《行政处罚法》第72条的规定，到期不缴纳罚款的，每日可以按罚款数额的百分之三加处罚款。

根据《海关法》第93条、《海关行政处罚实施条例》第60条的规定，当事人逾期不履行处罚决定又不申请复议或者向人民法院提起诉讼的，海关可以将扣留的货物、物品、运输工具依法变价抵缴，或者以当事人提供的担保抵缴；也可以申请人民法院强制执行。

三、违反检疫法律规定的行为及法律责任

根据《进出境动植物检疫法》的规定，违反进出境动植物检疫法律的行为主要包括以下方面：

（一）逃避动植物检疫的行为

根据《进出境动植物检疫法》的规定，输入动物、动物产品、植物种子、种苗及其他繁殖材料的，必须事先提出申请并办理检疫审批手续。未经报检或未依法办理动植物检疫审批手续的，将由口岸动植物检疫机关依法处以罚款。

（二）违反动植物检疫管理规定的行为

（1）未经口岸动植物检疫机关许可擅自将入境动植物、动植物产品或者其他检疫物卸离运输工具或者运递的违法行为，将由口岸动植物检疫机关处以罚款。

（2）擅自调离或者处理在口岸动植物检疫机关指定的隔离场所中隔离检疫的动植物的违法行为，将由口岸动植物检疫机关处以罚款。

（3）报检的动植物、动植物产品或者其他检疫物与实际不符的违法行为，将由口岸动植物检疫机关处以罚款；已取得检疫单证的，予以吊销。

（4）擅自开拆过境动植物、动植物产品或者其他检疫物的包装的违法行为，将由动植物检疫机关处以罚款。

（5）擅自将过境动植物、动植物产品或者其他检疫物卸离运输工具的违法行为，将由动植物检疫机关处以罚款。

（6）擅自抛弃过境动物的尸体、排泄物、铺垫材料或者其他废弃物的违法行为，将由动植物检疫机关处以罚款。

（三）追究刑事责任的行为

（1）引起重大动植物疫情的违法行为，依法追究刑事责任。

（2）伪造、变造检疫单证、印章、标志、封识的违法行为，依法追究刑事责任。

（四）检疫人员违反管理规定的行为

动植物检疫机关的检疫人员，若存在滥用职权、徇私舞弊、伪造检疫结果或玩忽职守、延误检疫出证等行为，构成犯罪的，将依法追究其刑事责任；若未构成犯罪的，将给予其行政处分。

实例链接

A公司违反《进出境动植物检疫法》案

2024年6月24日，当事人A公司报关进口一批中华鳖卵，用于种用及繁殖，入境申报单编号为11900000443××××，数重量为100箱/2 400千克，货物总值为12 000美元，原产地为中国台湾。该批货物经口岸查验后于2024年6月25日上午调入位于当事人A公司场区的指定隔离检疫场，实施为期至少14天的隔离检疫。

6月29日，当事人A公司工作人员在对该批隔离检疫的中华鳖卵进行质量检查时发现，由于航班延误，部分中华鳖卵已经变质，在未通知海关的情况下，A公司将19箱中华鳖卵用柴火焚烧方式在公司农场内自行销毁，焚烧后的残渣被用作肥田。由于担心质量问题，另外19箱未变质的中华鳖卵于当天被外发给个体养殖户B，并在B的养殖场中孵化。

案情发生后，A公司积极配合海关调查，如实陈述违法事实并如实提供相关证据材料，隔离检疫期间剩余进口中华鳖卵未发生疫情疫病。该批次其余62箱中华鳖卵均在隔离场中接受隔离检疫，未违规处理、外发。

解析：

本实例中当事人A公司的行为违反《进出境动植物检疫法》第14条、《进境水生动物检验检疫监督管理办法》第35条、《进境动物隔离检疫场使用监督管理办法》第26条第8项、第11项的规定，构成擅自调离、处理在指定隔离场所中隔离检疫的进境水生动物的违法行为。案发后A公司积极配合海关调查，如实陈述违法事实并如实提供相关证据材料，隔离检疫期间剩余进口中华鳖卵未发生疫情疫病，具有从轻处罚情节。根据《进出境动植物检疫法》第 39 条第 3 项、《进出境动植物检疫法实施条例》第 60 条第 2 项、《质量监督检验检疫行政处罚裁量权适用规则》第 16 条第 8 项的规定，决定对当事人作出如下行政处罚：

罚款人民币陆仟元整（6 000.00 元）。

当事人应当自本处罚决定书送达之日起 15 日内，根据《行政处罚法》第 66 条、第 67 条、第 69 条的规定，履行上述处罚决定。

当事人不服本处罚决定的，依照《行政复议法》第 2 条、第 27 条，《行政诉讼法》第 46 条的规定，可自本处罚决定书送达之日起 60 日内向海关申请行政复议，或者自本处罚决定书送达之日起 15 日内，直接向人民法院起诉。

根据《行政处罚法》第 72 条的规定，到期不缴纳罚款的，每日可以按罚款数额的百分之三加处罚款。

根据《海关法》第 93 条、《海关行政处罚实施条例》第 60 条的规定，当事人逾期不履行处罚决定又不申请复议或者向人民法院提起诉讼的，海关可以将扣留的货物、物品、运输工具依法变价抵缴，或者以当事人提供的担保抵缴；也可以申请人民法院强制执行。

单元五　跨境电子商务争议解决

跨境电子商务争议解决是指在跨境电子商务交易中，当买卖双方出现争议时，通过一定的方式和程序来解决争议的过程。在跨境电子商务中，由于涉及不同国家和地区的法律体系和司法实践，争议解决可能会更加复杂。因此，建议在跨境电子商务交易中，买卖双方应当充分了解相关的争议解决机制和程序，并在合同中明确约定争议解决的方式和地点，以保障自身的合法权益。

一、跨境电子商务争议的特点

跨境电商争议比普通电商争议更为复杂，其主要特点有如下几个。

（1）从争议数量来看，随着互联网的快速发展和全球一体化的趋势，跨境电商贸易数量快速增长，同时争议数量急剧上升。

（2）从争议金额来看，B2C 模式下的案件涉及的争议金额一般较少。

（3）在跨境电商中，商品销售者和消费者属于不同的国籍，涉及不同的法律法规、产品质量标准和鉴定规定，以及退货或换货所涉及的快递、报关、税务等争议，没有统一的法律来处理。

（4）在 B2C 模式中，消费者和商家实际上处于不平等的地位。消费者在与商家的谈判过程中往往处于劣势，商家可能在谈判过程中利用自己的经济优势限制消费者的需求。此外，考虑到成本等方面的因素，消费者往往会放弃寻求救济，所以这类争议最终演变为消费者的单方面损失，商家以牺牲消费者的利益来实现自身利益的最大化。

（5）从具体内容上看，跨境电商争议主要包括商品退换、跨境通关障碍、物流运输纠纷等。第一，对于跨境电商商品，一些商家将其定义为在境外购买的商品，因此不需要遵守国内“7 日无理由退换货”的规定，这就会引起买卖双方的争议。在商品退换过程中，往往存在跨境运输、出入境手续复杂等问题。第二，由于不同国家对货物进出口的规定不同，卖方发出的货物可能会被海关截获。在这种情况下，买方无法收到货物自然产生争议。第三，物流运输中可能存在很多问题，导致商品损坏，进而导致买卖双方产生争议。

二、传统争议解决方式的困境

传统争议解决机制主要包括跨国诉讼、国际商事仲裁、国际商事调解以及其他特殊方式。

（一）跨国诉讼

跨境电子商务争议是一种跨境商事争议，而跨国诉讼是一种传统的跨境商事争议解决方式。然而，在跨境电商争议解决中，诉讼方式存在以下困难。

1. 域外执行判决较为困难

即使消费者能够在本国法院获得有效判决，但这种情况的判决往往需要到卖方住所地或其财产所在地的国家去执行。在该类案件中，如果当事人向对自己有利但与争议缺乏实质联系的法院提起诉讼，而执行地法院对该案也享有管辖权，则原判决法院的管辖权很可能会被认定为不合格管辖权，导致判决无法得到承认和执行。

2. 法律适用不确定

跨境 B2C 案件中，常会涉及多个国家（地区）的法律，因而同一个争议情况下的消费者与商家在不同的国家就会有不同的权利义务。

3. 诉讼成本较高

诉讼本身是一个需要耗费大量时间和精力的过程。因此，理性的当事人需要考量所投入的成本能否获得更大的产出。然而，B2C 案件的一大特点就是所涉及的标的金额较小，比如阿里巴巴平台每年处理的纠纷超过 400 万件，其中超过 80%的纠纷交易金额在 1 000 元以内。

4. 诉讼管辖权的确定非常困难

一笔跨境交易往往涉及多国因素，如买卖双方所在地、网络服务器所在地都位于不同的国家，导致管辖权很难确定，目前没有形成普遍的规则。

（二）国际商事仲裁

国际商事仲裁作为一种解决国际商事争议的方式，具有自治性、民间性、专业性、保密性、一审终局性等独特优势，尤其是跨国执行性。根据联合国国际贸易法委员会 1958 年《承认及执行外国仲裁裁决公约》，国际商事仲裁裁决可以在 100 多个国家得到承认和执行，这在一定程度上弥补了跨国诉讼在执行上的缺陷。

然而，仲裁裁决的跨国执行涉及复杂的跨国司法程序，消费者需要支付高额的法律成本。此外，适用国际商事仲裁解决国际争议的成本本身也比较高昂，因此，对于跨境电子商务交易的当事人而言，与跨境诉讼类似，跨国商事仲裁更像一种理论上的可能性，而非一项切实可行的选择。

（三）国际商事调解

调解是一种非约束性的争议解决方式，相较于诉讼和仲裁，具有以下特点：氛围友好、程序便捷、成本低廉、结果可控。然而，跨境交易涉及的双方位于不同国家，使得传统的面谈调解难以实施。更重要的是，调解完全取决于当事人的意愿，如果一方不配合，调解协议很难达成。即使达成调解协议，其本身也不具备强制执行力。

各国均设立了消费者协会、商事协会、公共行政管理机关等机构，以受理消费者对经营者的投诉。这些机构的权限通常仅限于处理本国经营者的案件，因此在解决跨境电子商务争议时存在很大的局限性。此外，一些电子商务企业也在内部设立了投诉机构，以处理消费者的投诉。然而，争议能否得到解决主要取决于企业的自律性。

（四）其他特殊方式

跨境电子商务争议的解决中，除了跨国诉讼、国际商事仲裁、国际商事调解等诉讼方式外，还包括其他非诉讼解决方式，如欧洲小额诉讼程序（ESCP）和平台内部解决机制。这些非诉讼解决方式可能在某种程度上能够弥补诉讼方式的缺陷，但是它们仍然存在局限性。

1. 欧洲小额诉讼程序

欧洲小额诉讼程序适用于除丹麦外的整个欧盟地区，该程序旨在简化跨境民商事小额索赔诉讼程序并降低成本，从而提高获得司法救济的机会。ESCP 主要用于解决在布鲁塞尔制度下标的额在 5 000 欧元以下的跨境争议案件。然而，实际上，消费者在跨境案件中很少通过 ESCP 来寻求救济。这可能是由于消费者不完全了解 ESCP 的可用性，或者即使知道 ESCP 的可行性，但仍面临一些实践障碍，如填写索赔表、不熟悉外国法律和司法程序以及翻译费用等问题。

2. 平台内部解决机制

平台内部解决机制是指在线交易平台经营者自行设立的处理消费者投诉、与消费者沟通、解决消费争议的机制。这一机制是国际通行的规定。经济合作与发展组织（OECD）在《电子商务中消费者保护指南的建议》附件第 2 部分第 2 款中明确规定："企业和消费者代表应加强建立公正、高效且透明的内部机制，通过公平和快速的方法反映消费者的困境并加以解决，避免给消费者带来不合理的费用及负担。"

平台内部的争议处理通常有两种方式：一是与商家协商解决；二是当消费者与商家无法达成一致时，请求电商平台介入处理。许多国内电商平台都设立了内部争议解决机制。然而，电商平台并非司法机构，无法确保公正、客观地处理消费者维权需求。一些电商平台对此专门发表了声明。

比如天猫国际争议处理规范规定：天猫国际并非司法机关，对凭证、证据的鉴定识别及处理争议的能力有限，不能保证争议处理结果满足买家和（或）卖家的期望，也不对根据本规范作出的处理结果承担任何责任。京东全球购平台管理总则也提到，规则行为的认定与处理，基于京东全球购从普通人角度结合双方提供的凭证认定的事实，依据相关规则严格执行。京东全球购用户在适用规则上一律平等。

三、跨境电子商务争议解决的理想模式——在线争议解决

（一）跨境电子商务在线争议解决的优势

在线争议解决（Online Dispute Resolution，ODR）是一种新型的争议解决方式，是通过将计算机的信息处理能力与互联网的网络通信设施相结合来解决争端的方法。网络交易意味着来自不同地区和司法管辖区域的人之间产生合同关系。毋庸置疑，网络交易导致了很多争议的爆发。随着电子商务的发展，有意向选择网络消费的消费者越来越多，因此有效解决争议，保障消费者对网络市场的信任对于这一市场的发展至关重要。然而，这些争议往往因其没有非常激烈的本质，涉及数额不大而很少会采取传统的跨境诉讼、仲裁等方式加以解决，这也使得 ODR 得以发展。ODR 的出现主要是为了解决不同国家商家与消费者之间的跨境小额电子商务争议。它可以增强消费者进入电商市场的信心，如联合国《电子商务与发展报告》所指出的，它对建立消费者的信心有益，消费者在衡量是否进入新的网络市场时会将其作为考虑因素之一。在线争议解决与电子商务使用相同的媒介——互联网，可以满足电子商务争议快速、经济解决的要求，其优势可表现为以下几个方面。

1. 争议解决灵活快捷高效

在在线争议解决机制下，从案件受理、审理直至裁决的执行都可以在网上进行，并且整个过程耗时很短，有利于带来贸易量的增长。

2. 争议解决成本低

ODR 的成本较低，自身财力以及案件标的额已经不是当事人解决争议时所主要考虑的因素。跨境 B2C 争议中当事人若选择诉讼或仲裁等方式，将极大地增加成本。

3. 节约行政司法资源

跨境电商交易中存在大量的小额交易争议，如果每一个争议都由公权力来解决，行政机关和司法机关，包括小型诉讼法院，都会承受巨大的工作量，将不堪重负。

4. 交易方可以保留寻求法律救济的权利

法律是保护公民权利的最后一道屏障。在使用法律手段之前，必须用尽其他手段。在跨境电子商务交易争议中，争议首先应通过网络来解决。

5. 争议解决的对抗性减弱

在线争议解决机制避免了当事人直接会面，大大减少了双方见面可能增强对抗性的问题，这对于双方当事人在解决争议后持续保持良好的合作关系非常重要。

（二）跨境电子商务在线争议解决服务

在线争议解决机制首先强调的是要有一个在线解决争议的平台，在这个平台上开展调解、仲裁等。ODR 机制为协商、调解、仲裁提供一种保证效果的支撑服务，具体来说，包括在线协商、在线调解、在线仲裁、在线诉讼等 4 个方面。

1. 在线协商

在线协商分为自助性协商和协助性协商两种。在自助性协商中，中立的第三方通常是一个虚拟的电脑程序，该程序能够在当事人互相不知道彼此提出的数额的情况下，自动产生一个作为谈判结果的中间数额。当事人也可以选择公开报价。首先，各方陈述其初始立场并确定潜在利益，软件以中立的方式列出所有问题。其次，调解人帮助各方进一步重新确定其根本利益、优先事项和每个问题的相对重要性，以及他们对诉讼的期望。最后，该软件生成各种软件包，相互权衡各种问题，计算不同问题上最有效的利益分配，以得到最有效的解决方案。该种方式简单直接，最适用于经济索赔。在协助性协商中，中立的第三方引导当事人逐步达成妥协与和解，但最终决定权仍掌握在当事人手中。

2. 在线调解

在线调解是一种争议解决方式，其特点在于通过第三人（调解员）的协助，在争议双方之间寻求解决方案。在这个过程中，调解员与当事人之间的交流以及当事人彼此间的交流都非常重要。调解员使用信息技术工具，如电子邮件或专门设计的网页（提供虚拟房间供当事人在线交流），来帮助当事人协商解决争议。与传统的线下调解相比，在线调解依赖于网络信息技术，因此更适用于某些特定情形的争议解决。

3. 在线仲裁

在线仲裁是使用信息通信技术来复制传统线下仲裁的过程，包括事实发现、裁决制定等环节，互联网技术贯穿于仲裁协议订立、仲裁程序进行、仲裁裁决作出的全过程。中国国际经济贸易仲裁委员会网上争议解决中心制定的《网上仲裁规则》将在线仲裁分为在线普通程序、简易程序及快速程序。在仲裁过程中，当事人可以自由选择准据法和仲裁员。然而，在线仲裁面临的主要问题在于仲裁协议的有效性及执行问题。

4. 在线诉讼

在线诉讼即将线下开展的诉讼流程搬到线上进行。这种方式兼具法院的权威性和在线机制的便捷性。对于当事方来说，也是更有保障的一种方式。

（三）跨境电子商务在线争议解决平台的规制

跨境电子商务在线争议解决平台是跨境电子商务中不可或缺的一环，其运作效率直接关系到争议各方的权益保护和纠纷解决。为确保跨境电子商务在线争议解决平台的有效运作，以下是几方面的建议：

1. 信息披露充分

首先，跨境电子商务在线争议解决平台应当在在线平台上正确公开自己的相关信息，包括联系电话、电子邮件、地址以及注册地点。这种方式有助于寻求争议解决服务的一方识别提供服务的机构，以便在需要时能够及时有效地与该机构联系。同时，在该机构有任何违法行为时，相关法律执行机构也能够查找到该机构并给予相应的惩处。

其次，跨境电子商务在线争议解决平台应当公开争议处理服务的相关信息，具体包括：

（1）公开网上争议的处理条款和限制，普及网上争议处理的基础知识。

（2）描述并解释有关争议的处理方法和特定的处理方法，并公开有关的诉讼规则。

（3）说明不同的争议处理方法，如在线调解、在线仲裁中的第三人的角色。

（4）公开解决争议的期限、费用、解决结果的性质，如对当事人的约束及其约束力的大小。

为了方便用户寻找相关的服务，跨境电子商务在线争议解决平台应为每个网上争议处理方法提供简洁的流程。

最后，跨境电子商务在线争议解决平台应当建立评估与反馈、定期汇报等制度。平台应当定期发布有关网上争议的受理数量、争议解决数量、解决成功率等方面的数据，以及双方当事人的诉讼胜利案例数目、诉讼的平均处理周期、争议当事人所支付的平均成本等信息。这些信息有助于提高平台的透明度，为用户提供更加可靠的服务。

2. 保障解决争议的公正和中立

（1）跨境电子商务在线争议解决平台的资格和胜任力是解决争议公正中立的关键因素。跨境电子商务在线争议解决平台必须具备以下条件：一定的谈判技巧，能够促进双方进行网上磋商；了解并掌握一些网上争议处理方法，如不开放的价格体系；具备相关的背景，如技术背景、全球化背景和法律背景等。在技术水平方面，中立者应能够有效地利用和处理网络资源，进行项目开发，并指导双方的交流。在职业道德方面，中立者必须具有职业操守，公平公正地处理争议，并采取风险控制的战略，确保自动化项目的安全性和保密性。

（2）跨境电商在线争议处理流程应遵循适当的诉讼规范。工作人员应公平地处理争议，确保当事人有充分的理由提出自己的诉求，不受争议解决过程中的资讯和技术上的不利影响。跨境电商在线争议处理网络应运用技术方法，使各方能够熟练运用跨境电商在线争议处理机制，防止由于技术上的不足而导致各方陷入纠纷的局面。同时，跨境电子商务在线争议解决平台内部也应进行严格的程序管理，以确保公正性。

（3）跨境电子商务在线争议解决平台必须具备相应的资质。平台应具有独立的法律意识，聘用具有中立、公正、高效的专业人士，建立公正、有效的程序和合理的网络服务体系。此外，跨境电子商务在线争议解决平台应建立自律的行为规范，或加入诚信标签机构，遵守机构制定的规范，并接受监管。这些措施有助于确保跨境电子商务在线争议解决平台的公正性和中立性，从而有效地解决争议。

3. 确保资料的机密性和资料的安全性

（1）跨境电子商务在线争议解决平台应建立起一套安全制度，在组织架构、程序设计等方面采用技术手段对争议各方所提供的资料进行保护，限制资料解释者的权限，并对资料的利用方法进行限制。平台制作统计报表时，应将相关资料删除。另外，跨境电子商务在线争议解决平台应该为当事人的隐私问题提供申诉渠道。

（2）跨境电子商务在线争议解决平台应建立资料安全性保障制度，参与信用标识机构或验证计划，以保障争议各方资料的安全。平台应采用保安防范手段，防止当事人所持资料被非法侵入、破坏、使用或篡改。跨境电子商务在线争议解决平台应建立资料管理系统，将资料安全保障融入系统的设计，对其进行内部监督与动态的管理，并对其进行周期性的评价与修正；同时，还需要制定应急预案，并建立重要的信息发布系统，从而有效地保障用户的信息安全。

（四）跨境电子商务在线争议解决结果的督促与执行

1. 跨境电子商务在线争议解决结果的督促

跨境电子商务在线争议解决的最终成功有赖于一个快捷、低成本的跨境执行机制。因此，建立在线争议解决结果的执行机制是跨境电子商务在线争议解决成功的关键。在跨境电子商务在线争议解决结果中，和解协议、调解协议和非约束性决定等都不具有强制执行力，需要当事人自愿履行。因此，需要采取一定的督促手段来促进和确保争议双方自愿履行解决结果。

这些督促手段包括定期披露和评价反馈。即在网站上定期披露经营者自动履行争议解决结果的信息，包括争议案件的数量、争议解决的结果、经营者是否自主履行、未能自主履行处理结果的原因。此外，还可以将信誉标记纳入跨境电子商务在线争议解决机制，鼓励经营者遵守相关行为准则，自动履行争议解决结果。同时，要求经营者向第三方交易平台交纳一定数额的保证金，在其未按时交货，或货物数量、品质不符合约定，给消费者造成损失的情况下，由第三方交易平台向消费者先行赔付，然后追究经营者的责任。如果争议方不自主履行争议解决结果，第三方交易平台可以采取警告、冻结或关闭其账户、公示等方式予以处罚。

这些督促方式并不互相排斥，合并使用可以实现更好的效果。

2. 跨境电子商务在线争议解决结果的履行

如果跨境电子商务在线争议解决的结果是仲裁裁决，在当事人未能自主履行时，应当借助独立的执行机制。这种执行机制必须与法院无关，否则无法满足跨境电子商务在线争议解决机制对快速、低成本执行争议解决结果的要求。此时需要采用网上执行机制。考虑到电子商务普遍通过第三方支付机构进行付款，交易方通常在第三方支付机构拥有账户，因此网上执行机制目前较为可行的实施方式是与第三方支付机构合作。在争议方未能自主履行争议解决结果时，根据救济的金额，直接从争议方在第三方支付机构的账户上划款，支付给申请执行方。网上执行机制实际上是一种替代执行机制，而非强制执行机制。基于对个人财产的保护，强制执行必须由有权力的机关根据有效的执行依据，按照严格的程序进行。网上执行机制不具备前述条件，其合法性与正当性在于获得具有履行争议解决义务一方的同意。这种同意可以通过在第三方支付机构用户协议中加入相关条款来获得。相关条款可以规定：如果争议方未能自主履行跨境电子商务网上争议解决机制作出的仲裁裁决，第三方支付机构将根据仲裁裁决，将相应的款项从争议方的账户划转到申请执行方的账户。

跨境电子商务争议当事人无须面对面接触，有效降低了争议解决的成本。对先进技术的运用使得信息传递更为快捷，从而大大提高了争议解决的效率。

微课

避免跨境电子商务纠纷的小技巧

引入案例分析

法院经审理认为，被告人A、B经与他人通谋，在机场免税店采购，通过不向海关申报、偷运出海关监管区或选走无申报通道等方式走私涉案化妆品等货物，偷逃应缴税额特别巨大，其行为均已构成走私普通货物、物品罪。本案涉及的偷逃税额高达425万余元，法律规定的基准刑为有期徒刑10年，同时考虑到两被告人犯罪事实、性质及分别系主从犯、坦白、自愿认罪认罚、退缴违法所得、预缴罚金等情节。在共同犯罪中，A系主犯，应当按照其所参与的全部犯罪处罚；B系从犯，依法减轻处罚。

综上，法院当庭做出判决，以走私普通货物、物品罪分别判处被告人A有期徒刑10年，并处罚金150万元；判处被告人B有期徒刑3年，缓刑3年，并处罚金人民币100万元；违法所得予以追缴，供犯罪所用的本人财物予以没收。

特别提醒，旅客免税携带行李物品的额度一般不超过8 000元，如果超量携带而未申报的，可能会被海关监管部门行政处罚；如果个人从免税商店购买大批量免税商品后再擅自销售牟利，偷逃应缴税额达10万元以上的，将被追究刑事责任。

思考与练习

一、简答题

1. 简要介绍我国目前与跨境电子商务相关的法律法规。
2. 简述跨境电子商务经营者的法律责任。
3. 跨境电子商务出口代码分类情况如何？简述报关流程。
4. 简述违反检疫法律规定的行为及法律责任。
5. 简述传统跨境电子商务争议解决的途径。
6. 什么是ODR？ODR服务包括哪些方面？

二、案例分析

某知名跨境电商平台商品没有中文标签，女子提起10倍赔偿

2022年8月，女子A在某知名跨境电商平台B购买了英国进口的“HB水解胶原蛋白片”1瓶、“HB巴西莓片”1瓶。

2023年9月，A在B平台购买了新西兰进口的“麦卢卡蜂蜜”1瓶、英国进口的“HB液体钙软胶囊”1瓶、新西兰进口的“康维他蜂王浆胶囊”1瓶。

2023年11月，A在B平台购买了澳大利亚进口的“Swisse鱼油胶囊”2瓶。

2024年3月，A在B平台购买了新西兰进口的“RedSeal红印黑糖”2瓶、“麦卢卡蜂蜜”1瓶，澳大利亚进口的“Healthy Care月见草油胶囊”1瓶，美国进口的“莱萃美Nature Made多种复合维生素B群片”1瓶、“莱萃美Nature Made银杏精华胶囊”1瓶，澳大利亚进口的“Bioglan葡萄籽精华”1瓶。

B平台网页做了中文说明告知商品可能没有中文说明书。在A每次下单购买的过程中，B平台的消费者告知书中写道：在您选购境外商品前，麻烦您仔细阅读此文，同意本文所告知内容后再进行购买。(1) 您在本网站上购买的境外商品等同于境外购买。(2) 您购买的境外商品适用的健康、安全、卫生、标示等方面标准均为原产地标准，可能与我国质量安全标准不同。在使用过程中由此可能产生的尚未危害或损失及其他风险，将由您个人承担。(3) 由于您所购买的境外商品从大陆（不含港澳台）以外的地区发出，可能无中文标签及说明书。同时，B平台网页上对涉案商品的名称、产地、保质期、成分、规格、适用人群等都作出了中文说明。

据统计，A购买这些产品共计支付货款3 787元。这之后，A以其购买的各类保健品均无中文标签及中文说明书为由，将B平台起诉到法院，要求退货并进行10倍的赔偿。

思考：A的诉求能成立吗？

活动项目设计

跨境电商平台规则分析

现在，企业或个人进行跨境电子商务经营大多会使用国内外知名的电子商务平台，如全球速卖通、敦煌网、亚马逊等，每个平台都有相应的交易规则。当选定某个平台作为跨境电子商务经营场地后，首先需要熟悉平台规则。图 7－1 为敦煌网跨境电子商务平台规则页面。

图 7－1　敦煌网跨境电子商务平台规则页面

请进入敦煌网、全球速卖通或其他跨境电子商务平台，认真阅读并分析平台规则，回答以下问题：

1. 按照该跨境电子商务平台规定，卖家产品被投诉后如何查询产品的知识产权情况？卖家如何切实保护知识产权？

2. 列举跨境电子商务平台的禁售商品，切实规避经营风险。

3. 如果卖家经营违规，平台有哪些处罚措施？

模块八 电子商务其他相关法律法规

学习目标

素养目标：

1. 加强个人信息保护，推动形成全社会共同参与个人信息保护的良好环境。

2. 具备数据安全意识，落实数据安全责任。

3. 能够自觉运用电子商务相关法律法规维护公民及自身合法权益。

知识目标：

1. 理解不正当竞争行为认定及表现。

2. 理解网络购买商品七日无理由退货范围及商品完好标准。

3. 理解个人信息保护处理规则。

4. 理解数据安全等级标准及数据等级保护。

能力目标：

1. 能够合理运用《反不正当竞争法》应对电子商务业界的不正当竞争行为。

2. 能够正确合规运用《网络购买商品七日无理由退货暂行办法》维护电子商务经营和消费者的合法权益。

3. 能够正确合规运用《个人信息保护法》保护自身及消费者个人信息不受侵害。

4. 能够正确合规保护电子商务经营中的数据安全。

引入案例

网购家居服试穿后退货纠纷

王女士在移动购物平台上选购了一套家居服，试穿后发现尺码不合身。在其他网购经历中，王女士享有7日内无理由退货的权益，但此次购买家居服时未购买运费险。考虑到自行承担运费退回商品较为昂贵，她向商家提出了无理由退货。然而，商家对王女士提出的请求并未给予合理回应，以家居服属于贴身衣物类商品为由，拒绝了退货申请。

深感商家有意规避退款的王女士认为，商家已侵犯了其合法权益。双方发生纠纷后，争论无果。商家并未退让，王女士决定通过法律途径维权，要求退回货款178元，并依据《消费者权益保护法》第24条规定，要求法院判定商家的条款无效。

党的二十大报告强调：“推进科学立法、民主立法、依法立法，统筹立改废释纂，增强立法系统性、整体性、协同性、时效性。”电子商务领域法律法规建设也要体现系统性、整体性、协同性、时效性。除了《电子商务法》《消费者权益保护法》《电子签名法》《快递暂行条例》外，还有很多法律法规与电子商务直接或间接相关。这些法律法规包括《网络安全法》《反不正当竞争法》《网络购买商品七日无理由退货暂行办法》《个人信息保护法》《数据安全法》《反电信网络诈骗法》《生成式人工智能服务管理暂行办法》等。

单元一 《网络安全法》

微课

《网络安全法》简介

《网络安全法》是我国制定的第一部全面规范网络空间安全秩序的基础性法律，它的出台填补了网络安全领域的法律空白。

一、网络安全法立法目的

《网络安全法》第1条阐明了其立法目的：“为了保障网络安全，维护网络空间主权和国家安全、社会公共利益，保护公民、法人和其他组织的合法权益，促进经济社会信息化健康发展，制定本法。”

（一）保障网络安全

《网络安全法》作为我国网络安全领域的基础性法律，其首要任务是保障网络安全。该法律涵盖了网络运行安全制度及网络信息安全制度，其中网络运行安全制度既包括网络安全等级保护制度等一般制度，也包括关键信息基础设施运行安全制度，以及网络信息安全制度中的个人信息保护制度、违法信息监管制度、数据跨境传输制度。此外，《网络安全法》还涉及网络安全支持与促进制度、网络安全监测预警与应急处置制度，以及网络安全法律责任制度等。

（二）维护网络空间主权

遵循常规的理解，网络空间主权包括以下要素：首先，是国家的国内主权，这表现在国家对其领土范围内的网络基础设施、网络活动及信息的管理权；其次，是依赖性主权，即国家在跨界网络活动中的管理权，这种权力的实现往往需借助国际合作；再次，是独立主权，即独立制定政策并自主处理国内外网络事务，而不受他国干涉的权力；最后，是自卫主权，这表现为国家对他国网络攻击进行自卫的权力。

（三）维护社会公共利益

社会公共利益体现了社会大部分人的共同价值观及对其客观需求的映射。如今，网络作为一种公共基础设施，已经与不特定多数人的利益密切相关，承载着巨大的社会公共利益。因此，保护网络安全成为当务之急。这就要求在网络中提供的产品和服务必须安全、可靠，存储、传输的信息必须真实、准确、完整，以防止网络安全事件对社会公众利益产生危害。

（四）保护公民、法人和其他组织的合法权益

在网络空间里，公民、法人以及其他组织扮演着涉及各种网络活动的重要利益相关者的角色。网络安全法律不仅需要保障每个公民、法人或其他组织接入并使用网络的权利，也要明确其需承担的法律责任。同时，该法律还需要设立一个机制，以确保在合法权益受到侵害时，公民、法人和其他组织可以及时获得相应的救济。

（五）促进经济社会信息化健康发展

在数字化转型过程中，信息技术被广泛运用，信息资源被深度共享，以释放出人的智力和社会物质资源的潜在价值，实现个人行为、组织决策和社会运作的合理化。这一理想状态是基于信息技术产业的发展与信息技术在社会经济各领域的扩散，并运用信息技术持续地改造传统的经济和社会结构，从而实现上述理想状态的持续演进。网络安全与信息化是相互依存的。安全是发展的必要条件，发展是安全的前提，安全和发展需要同步进行。通过制定网络安全法，可以为经济社会信息化发展提供制度保障。经济社会信息化发展能为网络安全实践提供更多的支持。

二、网络安全法适用范围

《网络安全法》的适用范围就是其空间效力与调整对象。《网络安全法》第 2 条规定："在中华人民共和国境内建设、运营、维护和使用网络，以及网络安全的监督管理，适用本法。"

（一）空间效力

《网络安全法》的空间效力在我国全部法域范围之内。"在中华人民共和国境内"的要求，体现了属地管辖的基本原则。考虑到跨境网络活动的特殊性，《网络安全法》还规定了其特定的域外效力，具体如下：

第 5 条："国家采取措施，监测、防御、处置来源于中华人民共和国境内外的网络安全风险和威胁，保护关键信息基础设施免受攻击、侵入、干扰和破坏，依法惩治网络违法犯罪活动，维护网络空间安全和秩序。"

第 50 条："国家网信部门和有关部门依法履行网络信息安全监督管理职责，发现法律、行政法规禁止发布或者传输的信息的，应当要求网络运营者停止传输，采取消除等处置措施，保存有关记录；对来源于中华人民共和国境外的上述信息，应当通知有关机构采取技术措施和其他必要措施阻断传播。"

第 75 条："境外的机构、组织、个人从事攻击、侵入、干扰、破坏等危害中华人民共和国的关键信息基础设施的活动，造成严重后果的，依法追究法律责任；国务院公安部门和有关部门并可以决定对该机构、组织、个人采取冻结财产或者其他必要的制裁措施。"

（二）调整对象

在中华人民共和国境内从事建设、运营、维护和使用网络，以及网络安全的监督管理活动的，都应当遵守《网络安全法》。其主体涉及广泛，包括网络建设者、网络运营者、网络维护者、网络使用者和有关的国家管理机关、事业单位和相关组织等。

三、保障网络安全的规则框架

保障网络安全，既需从战略视角进行宏观布局，也需从实际行动角度贯彻执行。无论是国家、政府，还是企业、个人，都是网络安全的捍卫者。因此，《网络安全法》对国家、社会、企业及个人的网络行为进行了规范性的架构设计。

（一）国家机构职责

国家在网络安全领域承担关键角色，其职责主要包括四方面：（1）监测并抵御来自境内外的网络风险与威胁；（2）保护关键信息基础设施免受攻击、入侵、干扰和破坏；（3）依法打击网络违法行为；（4）维护网络空间的安全与秩序。最终目标是维护网络空间的安全。为了实现这一目标，国家采取了各种措施来监测、防御和处置各类网络安全风险和威胁。关键信息基础设施对国家安全、公共利益和民生保障至关重要，应重点确保其免受攻击、入侵、干扰和破坏。网络违法犯罪活动具有严重的社会危害性，需要依法惩处。

2016 年 4 月 19 日，习近平总书记在网络安全和信息化工作座谈会上的讲话中指出："网络安全是共同的而不是孤立的。网络安全为人民，网络安全靠人民，维护网络安全是全社会共同责任，需要政府、企业、社会组织、广大网民共同参与，共筑网络安全防线。"

随着网络科技的飞速进步和深度推广，网络安全问题日益成为与每一位社会成员紧密相连的关注焦点。在国家推动构建全社会积极参与共同维护网络安全的积极氛围过程中，应当倡导诚信、健康和文明的网络行为，积极传播社会主义核心价值观，并采取有效措施提升全社会的网络安全意识和能力。

（二）网络运营者的义务

《网络安全法》第 9 条规定："网络运营者开展经营和服务活动，必须遵守法律、行政法规，尊重社会公德，遵守商业道德，诚实信用，履行网络安全保护义务，接受政府和社会的监督，承担社会责任。"

网络运营者是指网络的所有者、管理者和网络服务提供者。按照《网络安全法》的要求，网络运营者开展经营和服务活动应当履行的普遍性义务有：（1）遵守法律、行政法规；（2）尊重社会公德；（3）遵守商业道德；（4）诚实信用；（5）履行网络安全保护义务；（6）接受政府和社会的监督；（7）承担社会责任。

《网络安全法》第 10 条规定："建设、运营网络或者通过网络提供服务，应当依照法律、行政法规的规定和国家标准的强制性要求，采取技术措施和其他必要措施，保障网络安全、稳定运行，有效应对网络安全事件，防范网络违法犯罪活动，维护网络数据的完整性、保密性和可用性。"

这里概括规定了建设、运营网络或通过网络提供服务应当遵循的维护网络安全的总体要求：（1）保障网络安全、稳定运行；（2）有效应对网络安全事件；（3）防范网络违法犯罪活动；（4）维护网络数据的完整性、保密性和可用性。网络安全事件是指由于人为原因、软硬件缺陷或故障、自然灾害等，对网络和信息系统或者其中的数据造成危害，对社会造成负面影响的事件，可分为有害程序事件、网络攻击事件、信息破坏事件、信息内容安全事件、设备设施故障事件、灾害性事件和其他事件。网络数据是指通过网络收集、存储、传输、处理和产生的各种电子数据。

（三）网络使用者的义务

对于网络使用者的义务，《网络安全法》第 12 条第 2 款规定："任何个人和组织使用网络应当遵守宪法法律，遵守公共秩序，尊重社会公德，不得危害网络安全，不得利用网络从事危害国家安全、荣誉和利益，煽动颠覆国家政权、推翻社会主义制度，煽动分裂国家、破坏国家统一，宣扬恐怖主义、极端主义，宣扬民族仇恨、民族歧视，传播暴力、淫秽色情信息，编造、传播虚假信息扰乱经济秩序和社会秩序，以及侵害他人名誉、隐私、知识产权和其他合法权益等活动。”

在网络世界中，权利与义务的关系如同在现实世界中，彼此相匹配。鉴于此，国家通过提升网络接入普及程度，改善网络服务质量，为社会提供安全、便捷的网络服务，确保信息的合法有序自由流动，从而切实保障公民、法人及其他组织依法享有的网络使用权利。然而，每一个使用网络的个人和组织，也都有其基本的义务，这些义务包括：遵守宪法、法律、公共秩序，尊重社会公德；不从事可能损害网络安全、危害国家安全、破坏经济和社会秩序、侵犯他人合法权益的行为。

实例链接

甲假日酒店管理有限公司诉联通乙分公司网络安全隐患案例

2016 年 7 月，上诉人甲假日酒店管理有限公司（以下简称“甲酒店”）就经营场所内使用通信业务与被上诉人中国联合网络通信有限公司某市分公司（以下简称“联通乙分公司”）签订《接入合同》。合同约定了违约条款和免责条款。合同签订后，联通乙分公司为甲酒店接入合同约定的集团固定电话、互联网专线业务。甲酒店开始使用并缴纳月租费。2021 年 7 月 22 日，该县公安局某派出所对甲酒店进行网络安全检查，认为其属于互联网使用单位，向公众提供 Wi-Fi 无线上网服务的公共场所，未落实上网实名认证、上网行为审计、日志留存等网络安全技术措施问题，民警随后口头告知工作人员张某，须在 2021 年 8 月 31 日前落实网络安全保护技术措施，并自行选择安装已取得公安部“计算机信息系统安全专用产品销售许可证”的安全专有设备。2021 年 8 月 29 日，甲酒店通过微信通知联通乙分公司工作人员解除合同。

联通乙分公司提起诉讼，请求判令：甲酒店支付违约金 21 000 元。

一审法院判决甲酒店支付联通乙分公司违约金 21 000 元。

甲酒店提起上诉，请求：撤销原判，改判驳回联通乙分公司的诉讼请求。

解析：

根据《网络安全法》第 9 条、第 10 条、第 21 条第 3 项、第 24 条的规定，落实上网实名认证、日志留存等网络安全技术措施是网络运营者的责任和义务。甲酒店与联通乙分公司签订《接入合同》的时间早于《网络安全法》的颁布时间，故此时联通乙分公司提供给甲酒店的网络服务未落实网络安全措施不影响其提供的服务的合法性。但在《网络安全法》正式实施后，联通乙分公司作为网络运营者应当按照法律规定及时完成网络安全技术措施以保证其提供给客户使用的网络具有安全性和合法性，该责任不仅是合同义务，更是作为网络运营者的联通乙分公司的法定义务，甲酒店没有义务通知联通乙分公司履行其法定义务。因联通乙分公司未及时采取网络安全技术措施导致甲酒店被公安机关查处并限期整改，属联通乙分公司违约且该违约行为导致甲酒店不能合法、正常使用该网络并由此给甲酒店经营造成影响。在此情况下，甲酒店向联通乙分公司发出通知要求解除合同并不构成违约。

判决结果：

（1）撤销一审民事判决结果。

（2）驳回联通乙分公司的诉讼请求。

单元二　《反不正当竞争法》

《反不正当竞争法》是为了保障社会主义市场经济健康发展，鼓励和保护公平竞争，制止不正当竞争行为，保护经营者和消费者的合法权益而制定的，于 1993 年 12 月 1 日起施行，经 2017 年 11 月 4 日第十二届全国人民代表大会常务委员会第三十次会议修订、2019 年 4 月 23 日第十三届全国人民代表大会常务委员会第十次会议修正。《反不正当竞争法》包括总则、不正当竞争行为、对涉嫌不正当竞争行为的调查、法律责任、附则共 5 章 33 条。《反不正当竞争法》是一部旨在规范社会主义市场经济秩序，倡导公平有序竞争的法律。此法对于保护合法市场参与者的权益和打击不法市场经济行为有着重要意义。

微课

《反不正当竞争法》简介

一、不正当经营行为的主体

《反不正当竞争法》第 2 条规定："经营者在生产经营活动中，应当遵循自愿、平等、公平、诚信的原则，遵守法律和商业道德。本法所称的不正当竞争行为，是指经营者在生产经营活动中，违反本法规定，扰乱市场竞争秩序，损害其他经营者或者消费者的合法权益的行为。本法所称的经营者，是指从事商品生产、经营或者提供服务（以下所称商品包括服务）的自然人、法人和非法人组织。"由此，不正当经营行为的主体包括以下四类：（1）合法登记的经营者（企业、个体户等）；（2）无照经营者（组织、个人）；（3）特殊主体（政府部门、非经济类法人参与经营等）；（4）非营利机构参与经营（如学校、科研院所等事业单位）。

只要主体的行为实质影响市场竞争秩序，无论资质如何，均可成为《反不正当竞争法》的规制对象。

二、不正当竞争行为的特征

不正当竞争行为具有以下特征：首先，存在违反商业道德和诚信原则的不正当竞争行为；其次，此类行为表现为协议垄断、支配地位滥用、价格歧视或其他不正当的企业兼并，以实现排斥竞争对手和主导市场的目标；最后，在某些情况下，不正当竞争行为通过行政干预来实现。

三、不正当竞争的法律规定及行为

（一）法律规定

《反不正当竞争法》的条款界定了不正当竞争的概念，即经营者违反法规，对其他经营者的合法权益造成损害，同时扰乱社会经济秩序的行为；同时，该法律还明确列举了不正当竞争行为的诸多具体表现，其中包括为排挤竞争对手，以低于成本的价格销售商品。

（二）不正当竞争行为

不正当竞争行为包括市场混淆、商业贿赂、虚假宣传、侵犯商业秘密、低价倾销、违反规定的有奖销售、诋毁商誉等。

市场混淆行为是指经营者在市场经营活动中，以种种不实手法对自己的商品或服务作虚假表示、说明或承诺，或不当利用他人的智力劳动成果推销自己的商品或服务，使用户或者消费者产生误解，扰乱市场秩序、损害同业竞争者的利益或者消费者利益的行为。

商业贿赂行为是指经营者为争取交易机会，暗中给予交易对方有关人员或者其他能影响交易的相关人员以财物或其他好处的行为。

虚假宣传行为是指经营者利用广告和其他方法，对产品的质量、性能、成分、用途、产地等所作的引人误解的不实宣传。

侵犯商业秘密行为是指以不正当手段获取、披露、使用他人商业秘密的行为。

低价倾销行为是指经营者以排挤竞争对手为目的，以低于成本的价格销售商品。低价倾销违背企业生存法则及价值规律，在市场竞争中往往引发价格大战、中小企业纷纷倒闭等恶性竞争事件，甚至导致全行业萎缩的严重后果。

违反规定的有奖销售行为，即经营者在销售商品或提供服务的过程中，以奖励名义所采取的欺诈或其他不当行为，侵犯用户、消费者或其他经营者的利益，或损害其他经营者的合法权益。

诋毁商誉的行为，指的是经营者通过捏造、散布虚假事实，损害竞争对手的商业信誉和商品声誉，从而降低其竞争力。

四、电子商务中不正当竞争行为认定

在电商领域，竞争的主体为拥有各自经济利益的多个商户，它们为争取在电商领域获得最大收益，以其他利益相关者为目标，采用商业策略以争取更多交易机会，追求最大化的市场份额。为了推动电商的持续发展，需要规范市场主体间的正当竞争，抵制不合规的竞争行为。我国《反不正当竞争法》第2条规定，不正当竞争即经营者违反该法规定，损害其他经营者的合法权益，破坏社会经济秩序的行为。电子商务中的不正当竞争，指商户在电商领域采用虚假、欺骗、损人利己等违法手段，损害其他商户的合法权益，破坏电商运营秩序的行为。

依据《反不正当竞争法》的规定，在电子商务中构成不正当竞争应当具备以下要件：

（1）电子商务中不正当竞争行为的主体应当是参与电子商务的经营者。《反不正当竞争法》的管辖范围，只涵盖那些由商户所实行的不正当竞争行为，并不包含在市场消费立场上的民事主体。电子商务领域中的不正当竞争主体，只限于参与电子商务运营的经营者。参与竞争的主体常常为两个以上，而且它们的行业属性或相似，在经济利益上存在利益冲突。

（2）电子商务中不正当竞争所侵害的对象主要是同业经营者的利益。只有同行业的经营者对市场有所竞争，每一家企业对市场的占据或扩大，都暗示着其他同行业的经营者在市场上的占有或收窄。竞争的目的在于争夺市场，积极谋求交易的机会。

（3）电子商务中不正当竞争行为具有违法性。电子商务中不正当竞争行为违反了《反不正当竞争法》的规定，既包括违反该法的原则规定，也包括违反该法列举的禁止不正当竞争行为的各种具体规定，还包括违反上述市场交易应当遵循原则的规定。

（4）电子商务中不正当竞争行为具有危害性。这种负面影响体现在对其他电子商务参与者权益的侵害、对消费者权益的危害，以及对电子商务秩序和社会经济秩序的干扰。

五、电子商务中不正当竞争行为的表现

（一）电子商务中的主体混淆行为

（1）将他人财物的商标、商号、厂商名称或知名商品特有的名称、包装、装潢纳入自己网页的图标或构成网页的一部分，有可能会产生令公众混淆的现象。

（2）在自己网页上将他人的注册商标、商号、厂商名称或者知名商品特有的名称、包装、装潢用作链接标志。

（二）电子商务中的商誉侵权

（1）贬损他人商业信誉，借由网络广告进行不正当竞争。商家滥用网络广告，对他人财物或服务予以恶意贬损，但对自身商品或服务却夸大其词，甚至吹捧至遥不可及之境地。

（2）使用互联网进行商誉侵权。第一种情况是市场主体故意捏造并散布虚假信息，损害竞争对手的商业声誉。第二种情况是匿名进行网络上的诽谤行为。在网络上，随意发布诋毁他人、损害他人商业声誉的匿名诽谤行为已经成为电子商务中的一个顽固问题。

（三）电子商务中的侵犯商业秘密

网络环境下侵犯商业秘密在构成要件、行为表现方面与传统意义上的侵犯商业秘密基本一致，只是涉及网络技术。

（四）电子商务中的域名抢注

关于域名与商标间冲突的两种表现形式：一是，名称抢注。当人们登录网络时，通常会遵循一种惯例：在没有域名地址簿的情况下，他们会习惯性地输入企业的“商标或商号＋COM”以访问企业站点。这就使得“商标或商号＋COM”结构的域名相对于其他结构的域名具备了更高的经济价值。域名具有唯一性，其特性与网络习惯相互作用导致了域名抢注现象。关于域名恶意抢注的判定标准，主要集中在“恶意”上，其具体表现是抢注的域名使用了他人知名度较高的商标或商号；抢注的目的具有牟利性质。二是，巧合雷同。有时，域名注册者并没有恶意抢注的意图，而仅仅是出于自身原因使用了某个域名，结果导致与他人的商标或商号出现巧合雷同现象。

（五）电子商务中的垄断

在我国科技领域持续进步和消费趋势持续变革的双重作用下，我国电商行业的寡头垄断化特征已持续显著化，且该趋势在不断强化中。在此过程中，我国电商寡头的垄断化形态、内容、结构、布局和辐射力等都经历了深度演化。寡头垄断化的特征也日益显现为移动化、服务化、一体化、全球化和全域化。

伴随着我国电子商务的快速发展，不正当竞争、涉嫌垄断等问题也引起了人民群众的广泛关注。典型的电商垄断表现有：垄断性电商平台要求电子商务平台经营者在竞争性平台间进行“二选一”；“大数据杀熟”滥用市场支配地位；拒绝交易及其他滥用市场支配地位的行为。

电商行业的管理需加强，包括强化电子商务的诚信体系建设，鼓励电商企业积极参与诚信承诺，构建完善的诚信档案，以及推动行业的自我管理。与此同时，也要实行严格的管控措施，推动电子商务相关法规的健全与实施，监督平台企业合规运作，防止资本过度扩张，并与相关部门携手维护公正公平的市场环境。

实例链接

A公司销售快手外挂软件不正当竞争

快手公司拥有对“快手”APP的独家许可使用权。快手公司在经营过程中发现A公司通过网站等方式宣传并销售“X智能营销手机”，主要可实现手机批量管理以及对快手自动化、批量化操作等功能，妨碍了快手平台的正常运行，快手公司主张A公司的行为构成不正当竞争。诉讼过程中，快手公司向法院申请行为保全，请求责令A公司停止对外提供影响快手平台运行的脚本，并停止销售安装了影响快手平台运行软件的手机的行为。

解析：

在当前案例中，A公司使用平台活跃度提升工具的生产和分发被认定为扰乱短视频市场秩序和用户间竞争秩序，同时对快手公司的声誉造成实质损害。根据《反不正当竞争法》第2条的规定，A公司存在构成不正当竞争的较大可能性。结合被告竞争行为仍在持续发生的情况，若不立即采取保全措施，快手公司的合法权益将面临持续侵害，造成无法挽回的损失。因此，法院依法支持快手公司的行为保全申请。本案对于不正当竞争案件具有借鉴意义，特别是涉及刷量软件和设备的提供和销售以及行为保全的处理。通过对刷量软件和设备提供者发出禁令，法院旨在维护短视频行业的良性竞争，推动行业健康有序发展。

在A公司的运营过程中，存在一个对外销售“X智能营销手机”的行为，并且这款手机提供了自动化、批量化外挂软件为快手用户点赞、关注和私信的功能，这些脚本对快手平台的正常运行产生了影响。这一行为破坏了快手用户间的正常竞争秩序，并对快手平台的正常运行秩序造成了干扰，同时降低了公众对快手服务的评价，对快手公司的商业信誉造成了损害。A公司的这种行为违背了诚信和公认的商业道德，存在不正当竞争的可能性。因此，如果不尽快采取行为保全禁令来禁止A公司的这种行为，随着该产品市场的扩大，可能会导致更大范围侵权行为的发生，对快手公司造成的损害也将进一步扩大。

判决结果：快手公司的申请符合法律规定，故法院裁定A公司立即停止相关行为。

微课

《网络购买商品七日无理由退货暂行办法》简介

单元三　《网络购买商品七日无理由退货暂行办法》

《网络购买商品七日无理由退货暂行办法》（以下简称《办法》）于2017年1月6

日由国家工商行政管理总局令第90号公布，2020年10月进行了修订。《办法》是为保障《消费者权益保护法》七日无理由退货规定的实施，保护消费者合法权益，促进电子商务健康发展，根据《消费者权益保护法》等相关法律、行政法规而制定的。

一、明确无理由退货范围

消费者在网上购物的过程中，经常会遇到这类情况，即消费者认为商品应具备无理由退货权，然而，在退货时，卖家却坚持认为商品不符合无理由退货的标准，导致双方产生争议。为了解决这一问题，《办法》对此进行了规定。除了《消费者权益保护法》第25条规定的四类商品，无须遵循七日无理由退货规定外，《办法》第7条还增加了三类商品，只要消费者在购买时确认，就可以不适用七日无理由退货规定。这些商品包括：一旦拆封可能影响人身安全或者生命健康的商品，或者拆封后可能导致商品品质发生变化的商品；一经激活或试用后价值贬损较大的商品；销售时已明示的临近保质期的商品、存在瑕疵的商品。《办法》采用了概括加列举的方式，以更好地适应网络交易的实际情况，增强了实践中的可操作性。同时，《办法》明确了不适用后悔权的商品类型，以及经明示后可以不适用后悔权的商品类型，以最大限度地减少平台或销售者利用解释权或格式合同破坏后悔权适用的可能性。此外，《办法》还加入了不适用明示的规定，以平衡特殊商品的豁免和消费者知情权的保障。

二、界定商品完好标准

《消费者权益保护法》第25条第3款规定："消费者退货的商品应当完好。"尽管对商品完好的具体标准未有明确说明，但在实际执行过程中，一些网络商家不仅要求商品本身无损，还要求商品包装完整，甚至限制消费者拆封或试用商品，从而在某种程度上削弱了消费者的权益。《办法》第8条明确规定，消费者退回的商品应保持完好。若商品能保持原有品质、功能，且商品本身、配件和商标标识齐全，则视为商品完好；另外，若消费者为查验商品或确认品质、功能进行适度调试，且不影响商品完好，则也应认定商品完好。然而，若商品因超出查验或确认品质、功能的需求而被使用，导致价值贬损较大，则应视为商品不完好。针对不同行业的经营特点和不同类别商品的性质，《办法》进一步明确了三类商品"不完好"的判定标准：一是食品（含保健食品）、化妆品、医疗器械、计生用品的必要一次性密封包装被损坏的；二是电子电器类商品未经授权的维修、改动，破坏、涂改强制性产品认证标志、指示标贴、机器序列号，以及有难以恢复原状的外观类使用痕迹，或产生激活、授权信息、不合理的个人使用数据留存等数据类使用痕迹的；三是服装、鞋帽、箱包、玩具、家纺、家居类商品商标标识被摘除、标识被剪断或商品受污、受损的。

界定商品完好标准，将为消费者网购退货提供更好的依据，比如基于检验拆开包装视为完好，商家以后将不能以此为理由拒绝退货。

三、明确七日计算时间标准

《消费者权益保护法》第25条第3款规定："经营者应当自收到退回商品之日起七日内返还消费者支付的商品价款。退回商品的运费由消费者承担；经营者和消费者另有约定的，按照约定。"但是，对于消费者和商家之间解除购买合同的告知义务、"七日"的期限计算方法、卖家返还消费者商品价款的形式等具体程序问题，该规定并未给予充分明确，导致了消费者与商家之间的纠纷屡见不鲜。因此，《办法》对各方主体的行为规范、时间节点、延误责任作出了明确规定，并规定选择无理由退货的消费者应在收到商品之日起七日内向网络商品销售者发出退货通知。七日期间的起算日，应自消费者签收商品的次日开始计算。

《办法》对退货过程作出了详尽的指导，并细致地划分为四个阶段：首先，无理由退货的消费者需在商品签收之日起的七个自然日内，向网络商品销售者发出退货通知；其次，网络商品销售者在收到退货通知后，须在最短时间内向消费者提供准确且真实的退货地址、联系人、联系电话等有效联系信息；再次，消费者在获取上述信息后，应尽快退回商品并保留退货凭证；最后，网络商品销售者应在签收退回商品之日起的七个自然日内，向消费者返还已支付的商品价款。如此，清晰、透明的流程极大地便利了消费者行使无理由退货的权利，并增强了其可行性和可靠性。值得注意的是，《办法》还明确了退款方式需与购买商品的支付方式保持一致，以及在消费者使用积分、代金券、优惠券等优惠、信用卡等情形下的退款方式。

《办法》明确了无理由退货涉及七日的计算方法，从签收商品的次日起算，最大限度地保障了消费者合法权益。《办法》也明确了销售者退款的最终日期，解决了长期以来"退而不还"的尴尬。

四、明确网店及平台责任

除了《消费者权益保护法》规定的经营者一般义务外，《办法》细化了网络商品销售者和网络交易平台提供者履行无理由退货义务的规定。

《办法》是以如下几方面为基础来确定网店和平台的责任：首先，销售者和经营者应清楚标识不可退货商品，并在销售流程中设置明显的提醒步骤，以便消费者确认购买行为；其次，网络交易平台运营者应积极履行管理职责，对平台上经营者执行无理由退货规定的情况进行持续监控，一旦发现违法行为，应立即制止，并向工商部门报告，必要时可中止平台服务；再次，网络交易平台运营者应对消费者权益进行维护，建立消费纠纷调解和消费者自律制度等；最后，《办法》还设立了无理由退货商品检验和再流通制度，对于能完全恢复到初始销售状态的无理由退货商品，可以作为新商品进行再次销售，对于不能完全恢复到初始状态的无理由退货商品再次销售的，应明确标识商品的实际情况。

针对销售者和平台服务提供者未遵循无条件退货原则，相关法规已设立两种惩戒条例：首先，依据《消费者权益保护法》第 56 条的规定执行，如网络商品销售者在未征得消费者同意的情况下，擅自以商品不适用七日无理由退货为由拒绝退货，或以消费者已开箱查验、影响商品完整为由拒绝退货；在消费者提出退货要求后，十五日内未完成退货流程；未向消费者提供真实、准确的有效联系方式，导致退货流程无法顺利进行；在收到退回商品后十五日内未退还商品价款。其次，依据《行政处罚法》的授权，设定警告、令其改正甚至罚款等处罚，如网络交易平台提供者未在平台显著位置公示七日无理由退货规则及其配套制度，或未在技术上确保消费者可便捷、完整地查阅和保存相关规则；若销售不能完全恢复至原状的无理由退货商品，未通过显著方式明确标识商品实际情况。

《办法》再次重申倡议建立主体责任制度，如经营者和平台的先行赔付制度和首问制度。另外，《办法》列明了工商部门对于不履行规定的经营者和平台不仅有处罚制度，而且还有信用处罚制度和公示制度，更好地保护了消费者权益。

实例链接

二手商品可以不支持网购商品七日无理由退货?

2024 年 11 月 18 日，沈某在一家二手交易平台的 A 商贸公司店铺购买了二手卡地亚戒指一枚，总价款为 6 100 元。A 商贸公司在商品的快照中明确表示“本商品不支持七日无理由退货”。2024 年 11 月 21 日，沈某收到购买的戒指。2024 年 11 月 23 日，沈某通过交易平台向 A 商贸公司提交了无理由退货的申请。A 商贸公司在平台上回应，根据双方的约定，无法接受该申请。沈某认为 A 商贸公司的行为侵犯了他的合法权益，因此他将 A 商贸公司告上了法庭。

解析：

消费者在网络上购买二手商品是否能够适用七日无理由退货制度，必须同时考察二手商品自身的特性，以及经营者是否已经得到了消费者的明确同意。虽然经营者在商品详情页上注明“不支持七日无理由退货”，但这样并不足以被认定为消费者已经进行了确认。二手商品的完好性，应依据商品是否因为消费者的原因而出现明显的价值减损来判断。

根据《消费者权益保护法》第 25 条第 2 款的规定，对于在消费者购买时已经确认不宜退货的商品，不适用于无理由退货。案涉商品为二手戒指，由于其性质为“二手”商品，不存在大幅降低商品价值或给经营者带来重大损失的可能性，因此，该商品并不因为其性质为“二手”而不能适用无理由退货。根据《网络购买商品七日无理由退货暂行办法》的规定，二手戒指不属于“不适用七日无理由退货”的商品范围。

判决结果： A商贸公司于判决生效之日起10日内返还沈某货款6 100元，沈某将案涉商品返还给A商贸公司。本案适用小额诉讼程序审理，判决已生效。

单元四　《个人信息保护法》

近年来，我国在个人信息保护领域的力度持续加大。然而，许多企业、机构甚至个人，因追逐商业利益，不考虑法律风险，不择手段地收集、违法获取、过度使用、非法买卖个人信息。这些行为严重扰乱了社会公共秩序，对人们的生命健康和财产安全构成威胁。其中一个突出表现是，商家在数字技术应用方面越发熟练，如大数据“杀熟”、个人信息泄露等，致使消费者的权益被侵害，个人隐私已沦为商家的无本之利，用以牟取商业利益。为保障个人信息安全，维护互联网秩序，以及推动数字经济的健康发展，个人信息保护法便应运而生。

一、《个人信息保护法》概述

微课

个人信息简介

2021年8月20日，十三届全国人大常委会第三十次会议表决通过《中华人民共和国个人信息保护法》（以下简称《个人信息保护法》）。这里重点介绍《个人信息保护法》中与电子商务相关的规定。

（一）个人信息相关术语

个人信息：是以电子或者其他方式记录的与已识别或者可识别的自然人有关的各种信息，不包括匿名化处理后的信息。

个人信息的处理：包括个人信息的收集、存储、使用、加工、传输、提供、公开、删除等。

敏感个人信息：一旦泄露或者被非法使用，容易导致自然人的人格尊严受到侵害或者人身、财产安全受到危害的个人信息，包括生物识别、特定身份、医疗健康、金融账户、行踪轨迹等信息，以及未成年人的个人信息。

（二）个人信息处理原则

《个人信息保护法》明确规定了处理个人信息应遵循的原则，主要包括合法、正当、必要和诚信原则，公开、透明原则。这些原则旨在确保个人信息处理活动始终在合法范围内，同时具有明确、合理的目的。个人信息处理需要限定在实现处理目的的最小范围内，应当与处理目的直接相关，采取对个人权益影响最小的方式，并向公众公开处理规则。处理个人信息时需要确保其准确性，并采取有效的安全保护措施。这些原则贯穿于个人信息处理的整个过程和各个环节。

确立以“告知—同意”为核心的个人信息处理一系列规则，遵循的原则包括：在处理个人信息前，需给予充分的通知并征得个人的同意，个人有权在特定情况下撤销此同意。一旦重要事项发生变更，需重新征得个人同意。不得以个人未同意为由，拒绝提供产品或服务。考虑到经济社会生活的多元性以及信息处理方式的多样性，《个人信息保护法》也为在个人同意之外的合法处理个人信息的情形作出了规定。

（三）个人信息跨境提供规则

关键信息基础设施的运营商和个人信息处理量达到国家网信部门规定标准的组织，确需向境外提供个人信息，必须通过由国家网信部门组织的安全审查；而对于需要向境外提供个人信息的组织，国家亦对经专业机构认证等方式作出规定。《个人信息保护法》对跨境提供个人信息的“通知—授权”提出了严格的要求。未经我国主管机关批准，个人信息处理者不可向境外司法或执法机构提供位于我国境内的个人信息。

《个人信息保护法》对从事损害我国公民个人信息权益等活动的境外组织、个人，以及在个人信息保护方面对我国采取不合理措施的国家和地区，规定了可以采取的相应措施。

（四）个人信息处理活动中个人的权利和处理者的义务

《个人信息保护法》与《民法典》的有关规定相衔接，明确规定在个人信息处理活动中个人的各项权利，包括知情权、决定权、查询权、更正权、删除权等，并要求个人信息处理者建立个人行使权利的申请受理和处理机制。明确规定个人信息处理者的合规管理和保障个人信息安全等义务。明确规定提供基础性互联网平台服务、用户数量巨大、业务类型复杂的个人信息处理者的义务。

（五）个人信息新技术的应用规定

在利用个人信息执行自动决策时，管理者务必确保决策的透明度和公平性，避免对个人在交易价格等要素上实施违反逻辑的差异化对待。无论是使用自动化决策的方式向个人提供信息还是进行商业营销，管理者都必须提供不涉及个人特点的选项或便捷的拒绝途径。若自动化决策对个人权益产生重大影响，个人有权要求信息处理者提供详尽解释，同时有权拒绝仅通过自动化决策的方式进行决策。

在当前的社会背景下，广大用户群体对用户画像、算法推荐等创新科技及应用予以高度的关注，同时对产品与服务中可能产生的信息扰民、大数据“杀熟”等问题反映强烈。《个人信息保护法》的核心目标是维护广大人民群众在网络空间中的合法权益，对于利用个人信息进行自动化决策的行为，制定了有针对性的规范，要求提供个人拒绝的选项。

（六）针对公共场所安装摄像头的规定

在公共场所设置图像采集、身份识别设备，必须基于维护公共安全的必要性，遵守国家相关法律法规，并设置明确的提示标识。收集的个人图像、身份识别信息，只能用于确保公共安全的目的，不得用于其他目的，除获得个人单独同意的情况外。

人脸识别技术是 AI 技术的一项关键应用，它在提高人们的生活便捷性的同时，也引发了个人信息安全方面的问题。例如，在 2022 年的“3·15”晚会上，揭露的滥用人脸识别的行为，以及在“中国人脸识别第一案”中，强制消费者激活人脸识别系统的行为，这些都体现了人脸识别技术广泛应用与个人信息保护之间的冲突日益加剧。根据《个人信息保护法》的规定，人脸识别技术的应用只能限于公共安全领域。

微课

《个人信息保护法》简介

二、侵害个人信息的典型场景

中国消费者协会于 2022 年 11 月聚焦于四大侵犯消费者个人信息的典型场景，这四大场景分别涵盖了手机应用软件过度索求个人信息、大数据引发的价格不公、非法发送广告信息以及个人信息被非法泄露等问题。

（一）手机 APP 过度索权

依据《消费者权益保护法》，中国消费者协会对移动应用的个人信息收集行为进行了严格的审查。部分移动应用违反了相关法律法规，过度收集消费者的个人信息，具体表现如下：第一，这些移动应用在没有得到消费者许可的情况下，收集了超过必要范围的个人信息，导致消费者在拒绝提供非必要信息的权限后无法正常使用相关应用。第二，这些移动应用在没有经过消费者明确同意的情况下，擅自使用了它们所收集的个人信息。第三，这些移动应用在收集个人信息时，未能在法律允许的范围内使用，即在个人信息未经脱敏的状态下超出了合理的使用范围。第四，这些移动应用在收集个人信息时，并未明确告知消费者。

（二）大数据“杀熟”

某些互联网平台通过收集和分析消费者个人信息进行大数据“杀熟”。如针对同一类产品或服务，平台通过对消费者年龄、身份、历史消费能力等数据进行分析，就同一种产品或服务向不同的消费者推送不同的显示价格。

（三）非法推送商业信息

某些企业为了实现精准营销，根据消费者的购买记录等个人信息，在未获得消费者同意的情况下，向消费者发送商业广告。虽然有的提示可通过回复短信退订，但毫无作用。

（四）个人信息被非法泄露

某些企业为追求利益，存在泄露、买卖消费者个人信息的违法行为，导致消费者个人信息权益受到侵害。

三、消费者个人信息保护

为了保护个人信息，消费者有必要了解《个人信息保护法》相关法律法规，熟悉个人信息和敏感个人信息的处理规范、商家在信息处理活动中的权益及义务，同时，理解并掌握个人信息权益受到侵害时的救济途径。此外，消费者应关注最简化原则、公开透明原则、消费者知情权、消费者撤回权、自动化决策、个人信息公开等方面的相关条款。这样，消费者能在法律的引导下，形成个人信息保护的意识和能力，并将之付诸消费实践。

消费者在注册平台会员时，要仔细阅读相关的隐私政策及条款，了解经营者处理个人信息的方式、范围、目的和依据等，养成“非必要不提供”的良好习惯。

消费者发现个人信息权益受到侵害时，应及时关闭个性化推送。一些应用程序的个性化广告推荐选项默认开启，建议消费者加强隐私保护意识，当发现个人信息被过度收集或者被滥用时，可以选择关闭个性化推送。

消费者需谨慎对待带有个人信息的资料和单据，及时销毁载有个人信息的资料和单据，以防因不当处置造成个人信息泄露。消费者应妥善处理未脱敏的快递单据等含个人信息的单据和资料，一旦使用完毕，应立即销毁，或将关键信息涂抹后再予以丢弃；在向他人提供身份证等重要证件的复印件时，建议显著标明复印件的用途；对于包含个人敏感信息的电子数据，如证件照片等，建议在使用完毕后立即删除或采用加密方式存储。

在经营者进行个人信息处理活动时，消费者应有权利实施监督。一旦发现个人信息权益受到侵害，或者发现经营者存在违法处理消费者个人信息的行为，消费者应主动向个人信息保护管理部门或消费者协会投诉、举报，提供案件线索和相关凭证，以保护自身权益，从而对侵害个人信息权益的行为起到有效遏制。

单元五　《数据安全法》

在我国，数字经济正蓬勃发展，数据流量呈现爆炸式增长，且持续积累。“十三五”期间，我国数据年增长率超过50%，占全球数据总量的20%，使得我国在数据的数量和类型上具有明显的优势，成为全球数据量最大、数据类型最丰富的国家之一。当前，数据已被提升至与土地、劳动力、资本、技术等同等的地位，作为一种基础战略性资源，数据已经受到各方面的高度重视。我国高度重视数据安全工作，经过近三年的部署与起草，2021年6月10日，十三届全国人大常委会第二十九次会议通过了《中华人民共和国数据安全法》（以下简称《数据安全法》），自2021年9月1日起施行。

微课

《数据安全法》简介

一、《数据安全法》概述

《数据安全法》共计7章55条，涵盖了总则、数据安全与发展、数据安全制度、数据安全保护义务、政务数据安全与开放、法律责任和附则。作为数据领域的基础法律，《数据安全法》具有独特的价值和意义。一方面，它深化了总体国家安全观的执行，并为后续的数据领域的配套制度、规则和标准提供了有力的依据。另一方面，它保护了人民群众的合法权益，通过法律途径规范了参与者的活动，让人民群众增强了对数字安全的信心和获得感。此外，该法为我国数字经济的发展和网络强国、数字中国的建设提供了基础的安全保障。

（一）统筹兼顾，数据安全与产业发展并重

《数据安全法》第2章强调了安全与发展的双重价值，主张通过数据的开发与利用，以及产业的发展，实现数据安全。同时，数据的安全保障，也为数据的开发与利用，以及产业的发展，提供了必要的支持。这两者是相辅相成、相互促进、共同发展的。此外，《数据安全法》也重视数据的基础资源功能，以及数据作为创新引擎的角色，鼓励数据的开发与利用、安全检测评估和认证等服务，以及交易流通等业务与应用，并明确规定，省级以上人民政府，应当将数字经济的发展，纳入本级国民经济和社会发展规划，并根据需求，制定数字经济的发展规划。这样的规定，旨在确保数据资源在地方社会经济发展中发挥更大的价值。

（二）顶层出发，建立健全数据安全制度

以提升国家数据安全为目标，《数据安全法》对数据安全制度作出了明确规定，设定了数据分类分级、数据安全审查、风险评估、监测预警及应急处理等基本策略，通过建立各种制度和措施，提升国家数据安全保障能力。在制度构建中，强调了数据分类分级保护制度，制定了国家、各地区及各部门的重要数据目录，为接下来的深度数据管理和运用奠定了坚实的基础。

（三）责任为先，明确数据安全保护义务

《数据安全法》第4章明确了数据处理者、关键信息基础设施运营者、个人等业

内各方参与者的数据安全保护义务，为各主体开展相应的数据安全保护工作指明了方向。在重要数据的出境安全管理方面，对关键信息基础设施运营者和其他数据处理者重要数据的出境安全管理进行了相应规范，同时明确了非经我国主管机关批准，境内的组织、个人不得向外国司法或者执法机构提供存储于我国境内的数据，为进一步加强重要数据的出境安全管理提供了有力依据。此外，《数据安全法》规定了数据交易中介服务机构的数据来源核查义务，为促进数据交易的有序开展提供了法律助力。

（四）用管结合，推动政务数据安全开放

《数据安全法》第 5 章规定了政务数据的科学性、准确性和时效性要求，明确了国家机关在处理政务数据的收集、使用等活动中的法律责任，以支持国家积极运用政务数据，构建智慧、高效和协同的数字政府。这一法律规定明确了国家机关和受托方在处理政务数据时应履行的义务，并对政务平台、系统建设服务商的行为进行了法律限制，从而避免了政务数据在未经许可的情况下被擅自储存、使用和泄露的风险。此外，《数据安全法》规定了应按照规定及时、准确地公开政务数据，为构建数字政府和形成新型治理模式提供了关键支持。

（五）重拳出击，明确法律责任、加大处罚力度

《数据安全法》第 6 章规定了未能履行法定义务或违反法律规定所应承担的法律责任，对于未履行义务或违反规定的行为，最高罚金可达 1 000 万元或其违法所得的 10 倍，对于构成犯罪的，将依法追究其刑事责任。严厉的处罚体现了国家对数据安全问题的高度重视，以及对于破坏数据安全行为一追到底的坚决态度。此外，《数据安全法》还对数据交易领域违法行为的处罚进行了规定，为进一步规范数据交易活动提供了明确的法律依据。

微课

《数据安全法》关键条款解读

二、《数据安全法》的侧重点

《网络安全法》、《数据安全法》和《个人信息保护法》被认为是中国网络数据安全的三大基础法律。《网络安全法》的主要立法目标是保护网络的安全，确保网络空间的主权和国家安全，以及保护社会公众的利益，主要关注网络本身的安全问题。然而，数据安全和个人信息安全并不属于网络自身的安全问题。《个人信息保护法》在关注个人信息安全的同时，也致力于推动信息的合理流通与利用。但与《数据安全法》旨在保护国家安全和社会公众利益的目的不同，《个人信息保护法》更关注保护个人的权益，尤其是保护个人的隐私、人格尊严以及财产权益。《数据安全法》则旨在保障数据安全，同时关注数据处理活动和数据开发与利用。在内容上又进一步覆盖了非电子数据，比如纸质的信息。

三、关于数据安全等级保护制度

数据安全等级保护制度，是指那些接入互联网的公司，在其系统涉及重要数据、敏感数据时，对不同安全等级的信息采取相应的措施来实施保护。毫不夸张地说，该制度对于每个人的生活都有着深远影响。以 2021 年 5 月美国石油管道遭黑客攻击致 18 个州进入紧急状态的案例为例，这正是石油管道的系统安全等级保护工作没有得到妥善处理的后果。在《网络安全法》和《数据安全法》两部法律中，均已确立了安全等级保护制度。《网络安全法》要求网络运营者按照网络安全等级保护制度的要求，履行网络安全保障义务，并详细列出了网络运营者应采取的具体措施，包括制定内部安全规范、确定网络安全负责人、采取防范病毒攻击的技术措施、监测网络运营、留存网络日志、采取加密措施等。

《数据安全法》规范的数据处理活动远超网络运营者的网络信息处理活动。此法旨在规范所有数据管理活动，包括收集、储存、使用、加工、传输、提供、公开以电子方式或其他形式记录信息的行为。任何在互联网等信息网络上开展的数据处理活动，都必须在遵守等级保护制度的基础上，履行数据安全保护义务，具体包括建立全面的数据安全管理制度、进行数据安全教育培训、采取合适的技术手段和其他必要措施等。

四、关于数据出境

一直以来，关于数据跨境传输的法律问题受到广泛关注，特别是涉及金融数据的跨国传输更是敏感。在全球化的趋势下，中国公司进行内部业务经营时，也可能面临数据出境的问题。例如，我国一家公司在美国加利福尼亚州设立研发中心，在那里工作的美国研究人员可能需要访问中国境内服务器上的数据，这就涉及数据出境的问题。

《网络安全法》和《数据安全法》分别在不同层面对数据出境进行了规定。《网络安全法》第 37 条规定："关键信息基础设施的运营者在中华人民共和国境内运营中收集和产生的个人信息和重要数据应当在境内存储。因业务需要，确需向境外提供的，应当按照国家网信部门会同国务院有关部门制定的办法进行安全评估；法律、行政法规另有规定的，依照其规定。"

《数据安全法》并未对"个人信息"和"重要数据"予以明确区分，而是设立了国家数据分类分级保护制度。该制度由国家数据安全工作协调机制主导，相关部门将制定重要数据目录，在目录中的数据就是"重要数据"。如果关键信息基础设施的运营者需要将"重要数据"传输出境，就要依据《网络安全法》的相关规定；其他数据处理者如果需要处理"重要数据"，要依据由国家网信部门联合国务院的相关部门制定的相关管理办法。

此外，《数据安全法》也对境外司法和执法机构提出的数据要求进行了特别规定，即依据国家缔结或加入的国际条约、协定，依据平等互利的原则，对相关的请求进行处理。同时，任何组织或个人在未得到主管机关批准前，均不得向境外司法和执法机构提供数据。

实例链接

A 公司开发的“驾培平台”存在安全漏洞，学员个人信息被篡改

A 公司在成功开发一款 APP 系统后，因未尽到数据安全保护责任，导致系统存在的安全漏洞被不法分子利用。从 2021 年 10 月下旬起，A 公司频繁接到投诉，有第三方人员冒充其工作人员，并自称能绕开 A 公司研发的“驾驶培训平台”的车载终端打卡机制，使驾校学员在未参加现场练车的情况下仍能在系统中累积练车学时，从而达成监管部门对驾考练车学时的要求。经过警方调查，最终发现了一个作案团伙。该团伙利用技术手段非法破解“驾驶培训平台”系统，向平台服务器发送虚假的培训数据包，对学员个人信息和学时进行篡改，以协助学员快速完成培训和驾校快速盈利。该团伙的非法行为对道路交通安全构成严重威胁，滥用个人信息，且情节极其恶劣。

解析：

根据《数据安全法》第 27 条、第 29 条和第 30 条的规定，企业数据合规体系的构建被明确为基础和必备要求，同时，企业需要确保对个人信息的保护是充分和到位的。企业数据合规体系的构建包含以下关键元素：符合商业模式的合规规范、技术和计算机系统的有效保障措施、全流程数据安全管理制度、数据安全教育培训的组织实施、应急预案的设置、定期的风险评估、出口管制合规等。此外，基于关键信息基础设施或重要数据等方面，部分合规内容应予以强化。例如，按照《数据安全法》的规定，针对利用互联网等信息网络开展数据处理活动的情况，数据处理者应在网络安全等级保护制度的基础上，遵守相应的数据安全保护义务。

在本案中，A 公司研发的“驾驶培训平台”详细记录了 1 070 多万名驾校学员的姓名、身份证号、手机号、个人照片等信息。遗憾的是，该公司并未制定数据安全管理制度和操作规程，这意味着对于在日常经营活动中采集到的驾校学员个人信息，公司未采取去标识化和加密的措施。此外，这个系统存在未经授权访问的漏洞，暴露出严重的数据安全风险，违反了《数据安全法》的相关规定。

单元六 《反电信网络诈骗法》

为了预防、遏制和惩治电信网络诈骗活动，加强反电信网络诈骗工作，保护公民

和组织的合法权益，维护国家安全和社会稳定，根据宪法，制定《中华人民共和国反电信网络诈骗法》（以下简称《反电信网络诈骗法》）。《反电信网络诈骗法》由第十三届全国人民代表大会常务委员会第三十六次会议于 2022 年 9 月 2 日通过，自 2022 年 12 月 1 日起施行。

一、《反电信网络诈骗法》概述

微课

《反电信网络诈骗法》简介

《反电信网络诈骗法》所称电信网络诈骗，是指以非法占有为目的，利用电信网络技术手段，通过远程、非接触等方式，诈骗公私财物的行为。打击治理在中华人民共和国境内实施的电信网络诈骗活动或者中华人民共和国公民在境外实施的电信网络诈骗活动，适用《反电信网络诈骗法》。

《反电信网络诈骗法》共计 7 章 50 条，涵盖了总则、电信治理、金融治理、互联网治理、综合措施、法律责任及附则等。该法的核心宗旨在于，反电信网络诈骗工作始终以人民为中心，统筹兼顾发展与安全两大方面，针对电信网络诈骗的各环节与全链条实施精准防范与打击，为维护公众利益提供坚实的法律保障。

二、《反电信网络诈骗法》的主要规定

《反电信网络诈骗法》是为了预防、遏制和惩治电信网络诈骗活动，维护人民群众合法权益，维护国家安全和社会稳定。主要规定如下：

（1）任何组织与个人不得非法买卖、出租、出借电话卡、物联网卡、电信线路、短信端口、银行账户、支付账户、互联网账号等，不得提供实名验证服务；不得假冒他人身份或虚构代理关系以开立上述卡、账户、账号等。

（2）电信服务的运营者及互联网服务的供应者，应负起对防范、减少及打击电信网络诈骗的主要责任。具体行动包括：建立并加强反电信网络诈骗的内部控制体系，监管工作人员、用户、网络、设备等；搭建并提升监测预警体系，及时捕获违法犯罪线索；建立及完善用户信息安全制度；建立及完善内部管理体系，明确反电信网络诈骗的责任部门和人员；建立及提升安全防范体系，及时发现和解决异常状况；建立及深化教育培训机制，加强对员工和用户的培训等。

（3）在反电信网络诈骗工作的推动中，公安机关应承担起主导职责，主要职责包括：建立完善打击治理电信网络诈骗工作机制，加强专门队伍和专业技术建设；组织、策划并进行反电信网络诈骗的教育宣传活动；实施反电信网络诈骗的技术监测和预警工作；依法打击、防范、治理电信网络诈骗行为；引导、支持相关部门和单位运用技术手段和其他必要的措施，以防范、控制和打击电信网络诈骗行为；指导、支持相关部门和单位依法追究电信网络诈骗违法犯罪行为的法律责任；依法支持、协助相关部门和单位维护电信行业的正常秩序。

（4）金融、电信、网信、市场监管等有关部门在反电信网络诈骗工作中，应当密切协作，履行监管主体责任，确保反电信网络诈骗工作的顺利开展。

（5）任何单位和个人发现电信网络诈骗违法犯罪活动的，应当及时向公安机关举报，并提供相关线索和证据。公安机关应当对举报人的信息保密，保护举报人的合法权益。

三、《反电信网络诈骗法》规定的法律责任

《反电信网络诈骗法》在处理涉及电信网络诈骗及其相关违法行为人时，作出了没收非法所得、处以罚款及实施拘留，并将其记录于信用体系，以及对其实施限制出境等方面的相关规定。除了依照《刑法》等法律对电信网络诈骗分子依法惩处外，该法进一步完善了其他相关惩处措施，主要包括以下 5 个方面：

（1）对尚不构成犯罪的，规定了行政处罚措施，包括没收违法所得、罚款和拘留。

（2）对电信网络诈骗犯罪和关联犯罪的人员，可以按照国家有关规定记入信用记录，并规定了有关惩戒措施。

（3）电信网络诈骗违法犯罪人员，除依法承担刑事责任、行政责任以外，造成他人损害的，还要依法承担民事责任。

（4）对前往电信网络诈骗活动严重地区且出境活动存在重大涉诈活动嫌疑的，以及因从事电信网络诈骗活动受过刑事处罚的人员，可以限制出境。

（5）对从事各类涉诈“黑灰产”活动进行处罚，包括：非法买卖银行卡、电话卡的，非法生产、销售 GOIP 等涉诈设备的，提供有关涉诈支持、帮助活动的，都规定了罚款和拘留措施，情节严重的，还要根据《刑法》规定追究其刑事责任。

单元七　《生成式人工智能服务管理暂行办法》

《生成式人工智能服务管理暂行办法》（以下简称《办法》）是由国家互联网信息办公室联合国家发展和改革委员会、教育部、科学技术部、工业和信息化部、公安部、国家广播电视总局共同制定的一项管理法规。该办法于 2023 年 7 月 10 日公布，自 2023 年 8 月 15 日起施行。该办法的制定旨在促进生成式人工智能（GenAI）的健康发展和规范应用，维护国家安全和社会公共利益，保护自然人、法人和非法人组织的合法权益。

一、立法依据与适用范围

《办法》第 1 条明确指出了其立法依据，即根据《网络安全法》《数据安全法》

《个人信息保护法》《科学技术进步法》等法律、行政法规制定。

《办法》适用于利用生成式人工智能技术向中华人民共和国境内公众提供生成文本、图片、音频、视频等内容的服务（以下简称“生成式人工智能服务”）。对于利用生成式人工智能服务从事新闻出版、影视制作、文艺创作等活动，如果国家另有规定的，从其规定。行业组织、企业、教育和科研机构、公共文化机构、有关专业机构等研发、应用生成式人工智能技术，但未向境内公众提供生成式人工智能服务的，不适用该办法的规定。

二、监管原则与鼓励措施

《办法》第 3 条强调了国家坚持发展和安全并重、促进创新和依法治理相结合的原则，采取有效措施鼓励生成式人工智能创新发展，对生成式人工智能服务实行包容审慎和分类分级监管。《办法》第 4 条进一步规定了提供和使用生成式人工智能服务应当遵守法律、行政法规，尊重社会公德和伦理道德，并详细列出了需要遵守的五项规定：（1）坚持社会主义核心价值观，不得生成煽动颠覆国家政权、推翻社会主义制度，危害国家安全和利益、损害国家形象，煽动分裂国家、破坏国家统一和社会稳定，宣扬恐怖主义、极端主义，宣扬民族仇恨、民族歧视，暴力、淫秽色情，以及虚假有害信息等法律、行政法规禁止的内容；（2）在算法设计、训练数据选择、模型生成和优化、提供服务等过程中，采取有效措施防止产生民族、信仰、国别、地域、性别、年龄、职业、健康等歧视；（3）尊重知识产权、商业道德，保守商业秘密，不得利用算法、数据、平台等优势实施垄断和不正当竞争行为；（4）尊重他人合法权益，不得危害他人身心健康，不得侵害他人肖像权、名誉权、荣誉权、隐私权和个人信息权益；（5）基于服务类型特点，采取有效措施，提升生成式人工智能服务的透明度，提高生成内容的准确性和可靠性。

三、鼓励创新与国际合作

《办法》第 5 条规定：鼓励生成式人工智能技术在各行业、各领域的创新应用，生成积极健康、向上向善的优质内容，探索优化应用场景，构建应用生态体系。支持行业组织、企业、教育和科研机构、公共文化机构、有关专业机构等在生成式人工智能技术创新、数据资源建设、转化应用、风险防范等方面开展协作。《办法》第 6 条规定：鼓励生成式人工智能算法、框架、芯片及配套软件平台等基础技术的自主创新，平等互利开展国际交流与合作，参与生成式人工智能相关国际规则制定。推动生成式人工智能基础设施和公共训练数据资源平台建设，促进算力资源协同共享，提升算力资源利用效能。推动公共数据分类分级有序开放，扩展高质量的公共训练数据资源。鼓励采用安全可信的芯片、软件、工具、算力和数据资源。

四、服务提供者的责任与义务

《办法》对生成式人工智能服务提供者（以下简称“提供者”）的责任与义务作出了明确规定。《办法》第 7 条要求提供者应当依法开展预训练、优化训练等训练数据处理活动，并详细列出了需要遵守的五项规定：（1）使用具有合法来源的数据和基础模型；（2）涉及知识产权的，不得侵害他人依法享有的知识产权；（3）涉及个人信息的，应当取得个人同意或者符合法律、行政法规规定的其他情形；（4）采取有效措施提高训练数据质量，增强训练数据的真实性、准确性、客观性、多样性；（5）《网络安全法》《数据安全法》《个人信息保护法》等法律、行政法规的其他有关规定和有关主管部门的相关监管要求。《办法》第 8 条规定了在生成式人工智能技术研发过程中进行数据标注的，提供者应当制定符合《办法》要求的清晰、具体、可操作的标注规则，开展数据标注质量评估，抽样核验标注内容的准确性，并对标注人员进行必要培训，提升遵法守法意识，监督指导标注人员规范开展标注工作。《办法》第 9 条进一步规定了提供者应当依法承担网络信息内容生产者责任，履行网络信息安全义务。涉及个人信息的，依法承担个人信息处理者责任，履行个人信息保护义务，并与注册其服务的生成式人工智能服务使用者签订服务协议，明确双方的权利义务。

五、监督检查与法律责任

《办法》第 16 条至第 21 条对监督检查和法律责任作出了明确规定。《办法》第 16 条规定：网信、发展改革、教育、科技、工业和信息化、公安、广播电视、新闻出版等部门，依据各自职责依法加强对生成式人工智能服务的管理。国家有关主管部门针对生成式人工智能技术的特点及在有关行业和领域的服务应用，完善与创新发展相适应的科学监管方式，制定相应的分类分级监管规则或者指引。《办法》第 17 条特别指出，提供具有舆论属性或者社会动员能力的生成式人工智能服务的，应当按照国家有关规定开展安全评估，并按照《互联网信息服务算法推荐管理规定》履行算法备案和变更、注销备案手续。《办法》第 18 条赋予了使用者发现生成式人工智能服务不符合法律、行政法规和该办法规定的投诉、举报权利。《办法》第 19 条规定了有关主管部门依据职责对生成式人工智能服务开展监督检查时，提供者应当依法予以配合，按要求对训练数据来源、规模、类型、标注规则、算法机制机理等予以说明，并提供必要的技术、数据等支持和协助。参与生成式人工智能服务安全评估和监督检查的相关机构和人员对在履行职责中知悉的国家秘密、商业秘密、个人隐私和个人信息应当依法予以保密，不得泄露或者非法向他人提供。《办法》第 20 条对来源于中华人民共和国境外向境内提供生成式人工智能服务不符合法律、行政法规和该办法规定的情况做出了处置规定，即国家网信部门应当通知有关机构采取技术措施和其他必要措施予以处置。《办法》第 21 条规定：提供者违反该办法规定的，由有关主管部门依照《网络安全法》《数据安全法》《个人信息保护法》《科学技术进步法》等法律、行政法规的规定予以处罚；法律、行政法规没有规定的，由有关主管部门依据职责予以警告、通报批评，责令限期改正；拒不改正或者情节严重的，责令暂停提供相关服务。构成违反治安管理行为的，依法给予治安管理处罚；构成犯罪的，依法追究刑事责任。

六、《办法》对电子商务的影响

《办法》对电子商务领域产生了深远的影响。

(1)《办法》明确了生成式人工智能服务在提供文本、图片、音频、视频等内容时的合法性和规范性要求，为电子商务中广泛应用的人工智能生成内容提供了法律依据。这有助于提升电子商务平台的内容质量，防止虚假信息、侵犯知识产权等问题的发生，从而保护消费者权益，增强消费者信任。

(2)《办法》对数据的合法性、真实性和多样性提出了更高要求，促使电子商务企业在数据收集和处理过程中更加注重合规性和隐私保护。这有助于建立更健康的数据使用环境，为电子商务的个性化推荐、精准营销等提供更有力的支持。

(3)《办法》鼓励生成式人工智能技术的创新和应用，为电子商务企业提供了更多的技术选择和可能性。例如，通过生成式人工智能优化商品描述、自动生成营销文案等，可以提高电子商务的运营效率和用户体验。

总的来说，《办法》的出台，为生成式人工智能的健康发展提供了法律保障，也对服务提供者、使用者和监管部门提出了明确的要求。该办法的实施将有助于规范生成式人工智能服务的应用，促进技术的创新发展，同时维护国家安全和社会公共利益，保护自然人、法人和非法人组织的合法权益。此外，《办法》为电子商务领域的人工智能应用提供了明确的规范和指导，有助于推动行业的健康发展。

实例链接

全球 AIGC 平台侵权第一案：奥特曼案

2024 年 2 月，广州互联网法院宣判了一起具有里程碑意义的案件，成为全球范围内首例 AIGC（人工智能生成内容）平台侵权案件的生效判决。该案被告某 AI 公司运营的 A 网站因提供 AI 绘画服务生成与“奥特曼”形象相似的图片，被原告 B 公司起诉侵犯著作权。

奥特曼作为全球知名的动漫形象，其系列作品在爱奇艺、腾讯、哔哩哔哩等各大视频网站的热播排名均名列前茅，具有广泛的影响力和知名度。B 公司通过授权获得了奥特曼系列形象在中国（不包括港澳台地区）的著作权独家授权，并享有维权权利。被告某AI公司经营的A网站提供AI绘画服务，用户输入特定文字即可生成相应图片，如输入“生成一个奥特曼”，即可生成与奥特曼形象相似的图片。

B公司发现A网站生成的奥特曼形象与其享有著作权的奥特曼形象构成实质性相似，认为被告未经授权擅自利用原告享有权利的作品训练其大模型并生成实质性相似的图片，且通过销售会员充值及“算力”购买等增值服务获取非法收益，遂起诉要求被告停止侵权行为，并赔偿经济损失及为制止侵权而支出的合理费用共计30万元。

该案件于2024年1月5日立案，经过审理，广州互联网法院于2月8日作出一审判决。法院认为，被告生成的奥特曼图片部分或完全复制了奥特曼作品的独创性表达，且多个关键特征与作品具有极高的相似度，构成实质性相似。同时，考虑到奥特曼作品享有较高的知名度，被告存在接触该特摄作品的可能性。因此，法院认定被告侵犯了原告对奥特曼作品的复制权和改编权。判令被告某AI公司立即停止侵权行为，赔偿原告B公司经济损失10 000元（含合理开支）。

解析：

法院在判决中详细阐述了被告侵权行为的认定依据及责任承担。首先，法院依据“实质性相似＋接触”规则，认定被告生成的图片与原告享有著作权的奥特曼形象构成实质性相似，且被告存在接触该特摄作品的可能性。其次，法院认为被告的行为构成对原告著作权的侵犯。部分生成图片完全复制了奥特曼形象的独创性表达，侵犯了复制权；而部分图片在保留独创性表达的基础上形成了新的特征，构成对作品的改编，侵犯了改编权。

此外，法院还强调了被告作为AIGC服务提供者应尽到合理的注意义务。法院指出，被告未建立投诉举报机制、未提示潜在风险、未显著标识生成图片，未尽到合理的注意义务，主观上存在过错，应承担相应的赔偿责任。

该案的判决作为全球首例AIGC平台侵权生效判决，对AIGC行业的发展产生了深远影响。首先，该案为AIGC服务提供者敲响了警钟，提醒其在提供服务时应严格遵守法律法规，尊重他人的知识产权。其次，该案为类似案件的审理提供了可借鉴的司法实践，有助于统一司法判断标准。最后，该案促进了社会对AIGC领域知识产权问题的关注，推动了相关法律法规的完善和行业自律的发展。

随着生成式人工智能技术的迅速发展，AIGC服务在各个领域的应用日益广泛。然而，知识产权侵权问题也随之而来，该案的判决不仅维护了权利人的合法权益，也为AIGC行业的健康发展提供了有力保障。

引入案例分析

根据《网络购买商品七日无理由退货暂行办法》第7条的规定，若商品性质特殊并经消费者购买时确认无法退货，将不适用七日无理由退货规定。此外，按照《消费者权益保护法》第25条的规定，根据商品性质并经消费者购买时确认不宜退货的商品，不适用无理由退货的原则。

王女士申诉的商家，在平台界面上明确公示了其相关声明，阐明该商品被归类为内衣类型，并声明概不接受退货，王女士在购买前应详细阅读此类声明。家居服属于内衣产品，经过贴身试穿接触皮肤后，已经影响了产品的二次销售，商家拒绝退货退款的要求是合情合理的。另外，在调查过程中，王女士承认自己确实阅读了卖家的声明，也就是说，她在明知家居服不能退货的情况下，仍选择支付购买，此行为可以视为对卖家声明的默认，在这种情况下，该产品应属于不可退货的范围。

判决结果：商家胜诉，可以不予退货。

思考与练习

一、简答题

1. 电子商务活动中有哪些不正当竞争行为？

2. 在落实网络购买商品七日无理由退货的过程中，网店及平台有何责任？

3. 如何保护消费者的个人信息？

4. 《数据安全法》对数据出境有什么特别规定？

二、案例分析

电商平台泄露平台内运营者信息法律纠纷

被指控的A公司是在电子商务平台上进行业务活动的当事方，而B公司则是该电子商务平台内支付处理软件的管理者。原告吴某是这个电子商务平台的注册用户。原告吴某主张，他不小心触及了与银行有关的功能列表，并得到了“无可用银行卡进行绑定”的回应。吴某相信这种反馈的出现原因在于被告A公司向银行泄露了他的个人信息。A公司在未经原告同意的情况下，非法地向被告B公司传输了原告的真实身份信息，对原告的个人信息权益造成了严重的侵犯，因此原告向法院提起诉讼。

思考：（1）原告起诉两家公司是否有法律依据？

（2）A公司的做法是否合法？

活动项目设计

【法律实践】

探索在电子商务领域切实保护个人信息的有效措施

1. 实践任务

（1）通过学法，明确个人信息保护法律规定。

（2）通过讨论，探讨在电子商务领域个人信息可能泄露的途径。

（3）通过辩论，明确电子商务领域个人信息保护的有效措施。

2. 实践步骤

（1）认真学习《电子商务法》《网络安全法》《个人信息保护法》《数据安全法》

等相关法律法规条文、释义，明确电子商务领域个人信息保护相关法律规定。

（2）进行头脑风暴，罗列电子商务领域的个人信息以及个人信息泄露的各种可能的途径。

（3）归纳总结，提炼电子商务领域个人信息类型。

（4）讨论发言，提出电子商务领域个人信息保护的途径、策略与方法。

模块九 《刑法》与电子商务领域犯罪行为

学习目标

素养目标：

1. 发扬敢于斗争、善于斗争精神，与电子商务领域犯罪行为做坚决斗争。
2. 警钟长鸣，自觉遵守电子商务领域相关法律法规。
3. 防微杜渐，防止电子商务领域犯罪行为。
4. 通过案例、法律条文解读学习，不断提升电子商务法律意识。

知识目标：

1. 理解商誉及电子商务领域损害商誉犯罪行为。
2. 理解破坏生产经营犯罪行为及其认定。
3. 理解电子商务领域诈骗行为及其认定。
4. 理解电子商务领域非法经营行为的特征。
5. 理解电子商务领域敲诈勒索罪及网络恶势力认定标准。
6. 理解电子商务领域其他类型犯罪行为的特征。

能力目标：

1. 能够分析和识别电子商务领域损害商誉罪行为，并与之斗争。
2. 能够分析和识别破坏生产经营犯罪行为，并与之斗争。
3. 能够分析和识别电子商务领域诈骗行为，并与之斗争。
4. 能够分析和识别电子商务领域非法经营犯罪行为，并与之斗争。
5. 能够分析和识别电子商务领域敲诈勒索犯罪行为，并与之斗争。
6. 能够分析和识别电子商务领域其他犯罪行为，并与之斗争。

引入案例

陈某某利用“极限关键词”敲诈勒索案

从 2021 年 3 月开始，陈某某利用其购买的多个淘宝账号，购买商家商品介绍中含有“纯天然”“最”等极限词汇的商品。在完成付款后，他立即申请退款，并以商品描述过度夸大、虚假宣传或违反《广告法》为由，向淘宝公司举报商家。当淘宝商家收到投诉后，通过陈某某提供的联系方式与其沟通，陈某某要求商家支付人民币 1 000 元以撤销投诉。很多商家担心投诉可能影响商品销售和店铺信誉，被迫向陈某某支付人民币 10 元至 1 000 元的款项。从 2021 年 3 月到 2021 年 8 月，陈某某以这种方式成功敲诈了上百家淘宝商家，总金额达人民币 36 588 元。2021 年 8 月 9 日，陈某某被捕。

在该案的审理过程中，陈某某的家属向法院返还人民币 36 588 元的非法所得，并预先支付了 15 000 元的罚金。

党的二十大报告指出：“全面依法治国是国家治理的一场深刻革命，关系党执政兴国，关系人民幸福安康，关系党和国家长治久安。必须更好发挥法治固根本、稳预期、利长远的保障作用，在法治轨道上全面建设社会主义现代化国家。”网络应用及电子商务发展是建设社会主义现代化国家的有效技术和手段，但电子商务的快速发展也带来一些问题。近年来，电子商务领域违法犯罪行为呈快速蔓延态势，各种电子商务领域侵权和网络违法犯罪行为常见多发，不仅侵犯了人民群众的人身权利和财产权利，也扰乱了社会秩序。电子商务领域的违法犯罪包括损害商誉罪、破坏生产经营罪、诈骗罪、非法经营罪、敲诈勒索罪、侵犯公民个人信息罪、侵犯著作权罪、网络盗窃罪、破坏计算机信息系统罪、非法利用信息网络罪、帮助信息网络犯罪活动罪等。

微课

《刑法》简介

单元一　电子商务领域损害商誉罪

一、损害商誉罪概述

商誉系商业信誉与商品声誉之和。商业信誉是商业活动中的信誉和名誉，包括信用、资产和经营作风。商品声誉体现为商品的良好声誉和荣誉，如性能、质量和价格等。商业信誉和商品声誉与财产权利紧密关联，源于长期的经营过程，是社会对其生产、经营的商品或服务的质量、信用和声誉的客观认识和评价。行为人捏造并传播虚假事实，损害他人的商业信誉和商品声誉，给他人造成重大损失或其他严重后果，构成损害商誉罪。

《刑法》第 221 条对损害商业信誉、商品声誉罪作出了规定："捏造并散布虚伪事实，损害他人的商业信誉、商品声誉，给他人造成重大损失或者有其他严重情节的，处二年以下有期徒刑或者拘役，并处或者单处罚金。"

《最高人民检察院、公安部关于公安机关管辖的刑事案件立案追诉标准的规定(二)》(2022 年修订) 第 66 条规定："〔损害商业信誉、商品声誉案（刑法第二百二十一条)〕捏造并散布虚伪事实，损害他人的商业信誉、商品声誉，涉嫌下列情形之一的，应予立案追诉：(一) 给他人造成直接经济损失数额在五十万元以上的；(二) 虽未达到上述数额标准，但造成公司、企业等单位停业、停产六个月以上，或者破产的；(三) 其他给他人造成重大损失或者有其他严重情节的情形。"

损害商誉罪的犯罪行为方式多样，主要包括在公开场合，如订货会、交易会上公开传播虚假事实等。损害商誉罪的认定，需确认损害行为与损失的因果关系。在认定"重大损失"时，需遵循刑法因果关系原理。在存在第三方行为等案外因素介入的情况下，需综合全案事实、证据来判断被告人行为对损害结果的作用。对于"有其他严重情节"的认定，需重点考虑利用网络手段散布虚假事实的对象的不特定性和影响后果的不可控性。损害商誉罪的责任形式为故意，而被告人的犯罪动机不影响本罪的成立。

二、电子商务领域损害商誉犯罪行为的特征

电子商务是基于互联网开展商品和服务经营活动，在电子商务领域损害商誉的行为一般具有以下特点：

(1) 传播方式的高效率。在全民互动的互联网时代，网络上的诽谤商誉的信息，传播速度迅速，扩散范围广泛，一旦扩散，其控制难度较大。此类信息容易在网络用户间产生交互效应，从而严重干扰市场交易的正常秩序，且对他人造成的潜在损失难以预测。一些企业或个人为了追求商业或个人利益，利用网络信息来攻击他人，这种行为的成本往往较低，但后果严重，损失无法准确估量。

(2) 传播对象的不确定性。比如诋毁商誉的视频一旦在网上发布，其传播将会难以掌控，由此也就无法确定传播对象的多寡以及具体主体。

(3) 影响后果的不可控制性。例如，在本单元的"实例链接"中，在视频发布之前，网络上确实流传了一段标题为"D 牌椰果王果粒饮料中的椰果是塑胶制作的"视频。该视频对 D 牌公司商品声誉的损害和负面影响是不可否认的客观事实。尽管另一段视频的影响力并未改变本案的性质，但它对 D 牌商品声誉的损害仍然

构成了侵权行为。此外，由于受到损害的商品是经过深度加工的可直接食用的食品，食品安全问题比其他商品质量问题更容易引起公众关注，因此法律对其保护应更为严格。

三、电子商务领域损害商誉罪的责任形式

在电子商务领域，对声誉损害的责任承担形式被确定为“故意”，即明知自身行为将损害他人声誉，并且希望或纵容这种结果的发生。在进行损害商誉责任主观构成的认定时，应该坚持故意的认定标准，并且具备损害他人商誉的目的。对于故意的认定，可以区分为直接故意和间接故意。在具体应用上，存在不同的观点：一种观点认为，本罪的主观方面必须是直接故意，间接故意和过失并不构成本罪；另一种观点则认为，本罪的主观故意既可以是直接故意，也可以是间接故意，即明知自身行为将损害他人商誉，希望或纵容该结果的发生，但同时也认为，对于没有商业诽谤的故意，只是听信他人的传言而散布虚假事实，甚至对虚假事实进行某种程度的加工，不应被认定为本罪。

实例链接

网络损害“D牌椰果王果粒饮料”声誉案

2020年10月8日晚，A、B、C在入住的招待所房间休息时，A与C在房间内捏、拽“D牌椰果王果粒饮料”的果粒，并称“D牌椰果王果粒饮料”中的果粒“是胶的”“要吃死人”“不能吃”“害人害己”，B则在旁通过手机录制该过程的视频。视频录制结束后，B将该视频上传至E的微信群，后导致该视频在互联网上广泛传播。其中，该视频被“F万事通”“I网”两个微信公众号转载，阅读量分别达到9 847人次、6 137人次。该视频在互联网的散布损害了D牌食品有限公司的商品声誉，导致多家客户取消“D牌”系列产品订单，金额共计人民币（币种下同）6 638 990元，造成毛利润损失2 398 134.18元。经食品质量监督检验中心检测，未发现“D牌椰果王果粒饮料”中含有邻苯二甲酸二乙酯（DEP）等16种塑化剂；对含有砷、铅、苯甲酸等项目进行检验，检验项目均合格。

2020年10月31日，A在某驾校被抓获归案；2020年10月31日，B向当地派出所投案。

被告人A辩称：其纯属好奇，没有损害D牌公司商品声誉的故意，其在视频中所说的“要吃死人”是口头禅，上传视频的微信群是其亲戚朋友的私密空间，其没有鼓励他人转发视频。A的辩护人提出：(1) A的行为有事实根据，不存在捏造、散布虚假事实，D牌产品中的果粒确实拉拽不动，视频中的“要死了”“能吃吗”等都是

A的口头禅，因为嚼不烂、拉不断，吃多了可能不消化，确实可能会死人，这只是对当时食品物理性状的客观评价，不会损害他人商品声誉。(2) 犯罪的主观方面，不应是直接故意犯罪。A和D牌公司不存在竞争关系，只有竞争对手恶意直接故意损害商品声誉才符合损害商品声誉罪的立法原意，A没有损害D牌公司商品声誉的故意，也不存在放任的情况。(3) 证据显示另一个视频影响力远大于涉案视频，涉案视频出现的地方只有D牌公司内部人员的微信交流记录、通过两个公众号转载，不能证明视频在互联网上传播，以及公众号转载和本案损失的关联性。(4) 关于损失数额，依据的是没有发送货物的销货清单，还有根据清单制作的证人证言，这些所谓损失虽经过鉴定部门鉴定，但可被随意调整或扣减，具有很大随意性，指控损失数额证据不足。被告人B对指控其与被告人A等人录制、上传视频的事实没有异议，但提出其当时按照A的要求录制、上传视频，没有想过会造成影响，对指控的损失数额不认可。B的辩护人提出的辩护意见与被告人A的辩护人提出的辩护意见基本相同。

解析：

本案例中，被告人的行为客观性及背景环境都应被视为主观故意的证据。主要理由如下：(1) 被告人在视频录制过程中意识到视频可能会对D牌公司商品声誉产生负面影响。尽管此类行为在通常情况下往往是为了压制或抹黑竞争对手，而本案中两名被告是基于娱乐的想法和寻求刺激而录制并通过网络上传视频至微信群。此外，被告人在微信群中发表了“D牌千万不要吃，不信你们试一下”的言论，这进一步证明了被告人对可能导致D牌公司商品声誉受损的担忧。(2) 存在一定程度的放任态度。在视频发送至微信群后，虽然被告人因为形象问题欲撤回视频，但在视频无法撤回的情况下，被告人并未阻止他人转发视频或采取措施防止视频进一步传播。通过分析被告人在本案中的具体行为，可认定两名被告人主观上对该危害结果发生的默许态度，表现为损害D牌公司商品声誉的间接故意，并与消费者对商品质量的合理批评、评论有所区别，也不属于因听信他人谣言而散布虚假事实，甚至对虚假事实进行某种程度加工的行为。

被告A、B的目的在于损害他人商品的声誉，以故意和协同的方式在互联网上散布了虚假信息，导致他人商品声誉严重受损，其行为构成了损害商誉罪。公诉机关对此罪名的指控是正确的，但基于会计师事务所的审计结果，认为导致D牌公司产生了2 398 134.18元的重大损失，缺乏事实和法律依据，因此无法被采纳。被告A在被捕后如实交代了自己的主要罪行，应依法从轻处罚。被告B曾因故意犯罪被判处有期徒刑，在刑罚执行完毕后五年内又故意犯罪，应依法从重处罚。B在犯罪后自动投案，如实交代了自己的主要罪行，因此依法从轻处罚。综合考虑本案的犯罪事实、性质、情节和对社会的危害性，以及被告人在归案后的认罪态度，法院最终对被告A、B均判处有期徒刑九个月，并处以罚款5 000元。

单元二　电子商务领域破坏生产经营罪

一、破坏生产经营罪概述

（一）《刑法》的相关规定

《刑法》第276条对破坏生产经营罪作出了规定："由于泄愤报复或者其他个人目的，毁坏机器设备、残害耕畜或者以其他方法破坏生产经营的，处三年以下有期徒刑、拘役或者管制；情节严重的，处三年以上七年以下有期徒刑。"

（二）破坏生产经营罪追诉标准

《最高人民检察院、公安部关于公安机关管辖的刑事案件立案追诉标准的规定（一）》（2017年修正）第34条规定："〔破坏生产经营案（刑法第二百七十六条）〕由于泄愤报复或者其他个人目的，毁坏机器设备、残害耕畜或者以其他方法破坏生产经营，涉嫌下列情形之一的，应予立案追诉：（一）造成公私财物损失五千元以上的；（二）破坏生产经营三次以上的；（三）纠集三人以上公然破坏生产经营的；（四）其他破坏生产经营应予追究刑事责任的情形。"

（三）破坏生产经营罪的构成要件

本罪的客体要件是生产与运营活动的常态，涵盖了工业、建筑业与第三产业，既包括国有单位，也包括非国有单位。客观要件则指向破坏生产与运营活动的行为，可能表现为各种方式，如切断电源、破坏农业机械或其他运输设备，以及砸碎或烧毁生产工具等。然而，无论手段如何，破坏对象都必须与生产和运营活动有直接关联，如破坏用于生产的生产工具、生产工艺或生产对象。犯罪主体为自然人，其主观意图表现为直接故意，且具有泄愤报复或其他个人目的。其他个人目的一般指出于个人恩怨而产生的不正当动机，如对他人的成绩产生敌意、厌恶或不满，或因嫉妒他人的成就而怀恨在心。通常认为只有当具有泄愤报复或其他个人目的时才可能构成此罪。

（四）电子商务领域破坏生产经营罪相关规定

《刑法》第276条对破坏生产经营罪采取了"列举＋概括"的罪状规定方式，即在列举了毁坏机器设备、残害耕畜这两种常见的破坏生产经营的行为方式之后，再用"以其他方法破坏生产经营"来进行兜底规定。"其他方法"应从本罪的实质意义上进行解释，是指法益侵害的同类性，即只要行为具有破坏他人生产经营的法益侵害性质，就应属于本罪中破坏生产经营的其他方法，而不能只限定为毁坏生产资料的行为方式。

电子商务也属于经营活动，因此，破坏电子商务活动的犯罪行为也构成破坏生产经营罪。

二、电子商务领域破坏生产经营犯罪行为的认定

在实体经济中，破坏生产要素的表现方式较为直观，如毁坏机器设备和残害耕畜，这都是具体提及生产设备和生产工具等要素。与此不同，电子商务所依赖的网络世界是虚拟的，在虚拟环境中破坏生产经营的表现形式可能并不明显。键盘输入和鼠标点击等行为可能构成对电子商务经营活动的破坏。因此，我们有理由认为，破坏生产经营活动的行为也可由键盘和鼠标实现，对网络商家的经营活动进行破坏。违法行为人通过浏览器劫持和阻塞式攻击等手段使他人无法正常浏览网络界面，其效果等同于阻止顾客进入店铺购物，这显然属于破坏生产经营行为。换言之，电子商务领域中破坏生产经营活动的行为方式主要针对网络上的生产经营行为，尤其是经营行为，这也包括电子商务经营者的正常经营和商户信誉等无形但重要的因素。

电子商务领域破坏经营的典型手段是恶意篡改价格。产品价格作为电子商务运营的核心要素，不同于实体经济模式。网络购物的显著特性是自助下单，网络商家只要清晰地公布商品价格，并显示有库存，消费者便可自助下单购买，这就形成了合同。这种合同具有法律约束力。一旦消费者以标注的价格购买商品并在线上完成付款结算，商家就必须按照要求向消费者发货，否则，就构成违约，商家应承担相应的违约责任。此外，网络信息传播的快速性和消费者群体的庞大性等特点，导致商品价格在明显降低时可能会在短时间内被消费者抢购。因此，产品价格对于网络经营至关重要。但在实体经营中，价格因素的重要性并没有如此突出，商家可以通过商品价签设置和收银人员的结账检查等多种方式，有效防止此类行为的发生。因此，在实体经营中，此类行为并不常见。

三、电子商务领域破坏生产经营犯罪数额的认定

根据《最高人民检察院、公安部关于公安机关管辖的刑事案件立案追诉标准的规定（一）》（2017 年修正）第 34 条的规定，破坏生产经营罪是造成公私财物 5 000 元以上损失的情形。针对不同的破坏生产经营的行为，造成的财物损失有不同的计算方式。

针对同类罪名破坏计算机信息系统罪的经济损失，根据《最高人民法院、最高人

民检察院关于办理危害计算机信息系统安全刑事案件应用法律若干问题的解释》第11条第3款的规定，“经济损失”包括危害计算机信息系统犯罪行为给用户直接造成的经济损失，以及用户为恢复数据、功能而支出的必要费用。该规定更加严谨，在认定本罪时可以借鉴参考。

在评估犯罪行为对生产经营的损害时，如果是通过破坏工具来实现破坏的，应当将工具的破坏和实际损失以及预期的收益损失共同视为犯罪行为所造成的损失；如果是直接破坏生产经营的，则可以直接将预期的收益损失认定为犯罪的后果。若发生阻碍销售行为导致的经营破坏，损失的判定不能仅依据营业额，而应该去除成本再来衡量。

实例链接

李某恶意修改原单位电商平台商品价格

被告李某在A公司任职期间，因岗位调动产生不满情绪，出于愤怒与报复，在2020年2月至4月期间，离职后的李某未经授权，擅自登录A公司前同事的电子交易平台账户，以违规方式调整商品的上架价格。这一行为导致公司销售的商品单价被大幅下调，使大量商品的销售价格远低于公司的采购成本，进而引发抢购热潮，对A公司的正常经营活动造成了影响，经济损失总计达50余万元。2020年5月7日，被告李某接受调查，在调查过程中，他对上述行为供认不讳。被告李某在案发后，已经向A公司支付人民币20万元，用于弥补公司的损失。

解析：

在此案例中，被告李某出于报复与宣泄的主观意愿，在离职后未经过公司同意，利用他所知的前同事账号非法进入公司后台，修改待售商品的销售价格，导致低价商品在短时间内被消费者抢购一空。A公司不得不依照低价向消费者提供商品，这无疑给A公司带来了严重的经济损失。非法降低网络平台上商品的销售价格的行为，不仅破坏了被害人正常的生产经营秩序，还侵害了被害人的财产所有权，因此可以被认定为网络经济时代破坏生产经营的其他方式。

被告人李某通过降低销售价格的非法手段破坏生产经营，因此在金额的确定上，应根据对被告人有利的原则，根据商品成本价减去实际销售价格来确定损失。根据这一原则，商家的销售价格是预期利益，任何零售商都不可能只按成本价销售商品。然而，如果被告人没有降低某些商品的预定销售价格，这些商品很可能无法销售，从而使被害人的预期利益处于不确定状态，无法明确其具体的经济损失。因此，根据有利于被告人的原则，结合所售商品的热销程度、消费者购买意愿、降低价格的幅度等因素，以商品成本价减去实际销售价格，再以售出所有商品的差额之和来认定损失的方式更符合逻辑。

公诉机关指控被告人李某犯破坏生产经营罪的事实清楚，证据确实、充分，指控罪名成立，量刑建议适当，应予采纳。鉴于被告人李某自愿认罪认罚，对其从轻处罚。据此，对被告人李某依照《刑法》第276条、第67条第3款及第15条之规定作出判决，判处有期徒刑二个月。

单元三 电子商务领域诈骗罪

一、诈骗罪概述

《刑法》第266条对诈骗罪作出了规定："诈骗公私财物，数额较大的，处三年以下有期徒刑、拘役或者管制，并处或者单处罚金；数额巨大或者有其他严重情节的，处三年以上十年以下有期徒刑，并处罚金；数额特别巨大或者有其他特别严重情节的，处十年以上有期徒刑或者无期徒刑，并处罚金或者没收财产。本法另有规定的，依照规定。"

诈骗罪在主观上要求，行为人必须以非法占有为目的，即主观犯意必须足够使行为人产生犯罪行为。

对犯罪分子的非法所得，应当采取追缴或要求赔偿的方式回收；而对于受害人的合法财产，则应迅速归还；对于违禁品和犯罪分子所用的本人财物，应该进行查没。所有查没的财物和罚金，均应全额上缴国库，不得擅自挪用或自行处理。

二、诈骗犯罪数额的认定

《最高人民法院、最高人民检察院关于办理诈骗刑事案件具体应用法律若干问题的解释》第1条规定："诈骗公私财物价值三千元至一万元以上、三万元至十万元以上、五十万元以上的，应当分别认定为刑法第二百六十六条规定的'数额较大'、'数额巨大'、'数额特别巨大'。"

实例链接

被告人李某某利用"翼支付"退款结算漏洞诈骗案

2019年年底，被告人李某某在访问天翼电子商务有限公司的翼支付平台时，他注意到其中存在的退款结算规则漏洞，即用户在完成交易后如需退款，由商户发起退款流程，翼支付平台会以其自有资金先行垫付给用户。然后，翼支付平台从商户的次日待结算交易资金中扣除垫付款。如果商户在退款流程完成后不再产生新的交易，翼支付平台则无法扣除先前垫付的退款。

2020 年 1 月至 9 月，李某某利用这一漏洞，分别使用自己、父亲李某平、母亲张某枝、姐姐李某可、叔叔李某亮、伯父李某虎，以及同事赵某梅、李某培、赵某可、耿某杰、汤某莹和邻居冯某群的翼支付账户，在他控制的“华盛汽车维修”“郑州市二七区龙飞服装店”“好又多购物中心”等 11 家商户进行了 200 多笔虚假交易。在进行了密集的虚假交易后，他集中发起了退款申请。收到翼支付平台先行垫付的退款后，李某某控制的上述商户的翼支付账户已无余额且不再有新的交易，这使得翼支付平台无法扣款。李某某以这种方式骗取了天翼电子商务有限公司垫付的款项共计人民币 529 505.49 元。2021 年 3 月 17 日，被告人李某某主动向公安机关自首，他如实供述了上述犯罪事实，并在家属的帮助下赔偿了被害单位的损失。

解析：

诈骗罪的基础逻辑架构：行为人通过虚构事实和隐瞒真相，使受害人陷入错误的认知，从而交付其财物。因此，受害人的处分意识和处分行为，是构成诈骗罪的必要构成要素。在本案中，被告人李某某的行为虽然针对翼支付平台，但实际受害人是平台背后的翼支付公司。翼支付平台在互联网背景下成为翼支付公司的延伸。换句话说，行为人针对翼支付平台的诈骗行为，实际上侵犯了平台背后的翼支付公司，构成了诈骗罪。

在本案中，被告人李某某以非法占有为目的，采取虚构事实和隐瞒真相的方式，骗取了受害单位的财物，数额巨大，其行为已构成诈骗罪。被告人李某某犯罪后主动投案，并能如实供述其罪行，这一行为构成自首。案发后，被告人李某某主动退还了全部赃款，并取得了受害单位的谅解，这一悔罪表现显示其确有诚意，因此，可以依法减轻处罚，并适用缓刑。

判决结果：

该案审理法院于 2021 年 8 月 17 日作出刑事判决：被告人李某某犯诈骗罪，判处有期徒刑三年、缓刑四年，并处罚金 5 万元。

三、网络购物中恶意退货的行为认定

七日无理由退货的制度设定，旨在让消费者有充分的机会全面掌握产品信息，借此增强消费者在与经营者博弈中的公平性，通过赋予消费者单方退货权利，能有效补偿消费者的劣势地位，以纠正地位失衡导致的合同瑕疵。

网络购物中恶意退货主要有以下四种形式：

（1）以假换真。行为人通过替换网购商品的方式，进行虚假退货，甚至直接发送“空包”，利用卖家因业务忙碌无法有效核实真实性的情况，欺诈卖家，以便成功拿回已支付的款项并非法占有卖家的商品。

（2）以退货为由要挟卖家。行为人购入数量可观的商品后，依据七日无理由退货的法律规定以及电商平台的规定频繁进行退货，对卖家的店铺形象造成了负面影响。行为人甚至扬言，如果不愿意支付费用以解决此事，将持续退货。面对这一态势，卖家只好无奈地接受。

（3）恶意退货直接造成卖家损失。在不知情的第三人或虚假地址之下，行为人大量购入某商家的商品。但因无接收者，商品被迫退回，从而引发卖家的运费损失、受平台处罚等多重消极影响。同时，这种行为亦涉及破坏生产经营罪。

（4）恶意退货骗取保险费。行为人分别以买家和卖家身份注册多个账号，然后向保险公司投保运费险，接着频繁虚构交易和退货事实，从而骗取保险公司的运费理赔。

恶意退货行为人并非理性且诚信地参与商品交易的消费者。他们在主观上故意以非法占有或报复泄愤为目的，而在客观上实施了合同欺诈、敲诈勒索、妨害经营、保险欺诈等不当行为。

四、网络购物中恶意退货行为构成诈骗罪的认定

设定七日无理由退货条款的网购平台，其目的在于维护消费者的合法权益，然而这也可能引发部分行为人利用该制度的漏洞，进行恶意退货行为。行为人在线购物后，通过寄回空包裹制造物流信息的手段，将空包裹送至卖家指定的地点附近，这使得商品被签收，而卖家却无法确认买家退还的商品，进而占有商品。这种退货行为本质上是对法律所赋予的“后悔权”的滥用，行为人以非法占有为目的，通过制造虚假退货商品的事实，使得商家陷入错误认知，并因此作出错误决策，以达到骗取他人财物的目的。这种行为，如果数额较大，则构成诈骗罪，依法应追究恶意退货人的刑事责任。

实例链接

秦某利用淘宝平台虚假退货诈骗

2019 年 10 月至 2020 年 5 月，被告人秦某利用多个淘宝账户，从 A 服装公司的淘宝网店购买连衣裙，随后虚假退货并用网购空盒反馈物流单号，通过将空盒寄至 A 服装公司附近的方式骗取 A 服装公司的信任，从而骗取退款，累计从 A 服装公司获得 107 件连衣裙，总价值达到人民币 19 260 元。

2020 年 7 月至 8 月，被告人秦某采用上述相同方式骗取 B 公司婴儿辅食机 46 台、调奶器 10 台及婴儿专用湿巾 12 连包，共计价值人民币 6 440 元。

2020 年 8 月，被告人秦某采用上述相同方式骗取 C 公司磨脚器 6 台，共计价值

人民币300元。

2020年9月27日，被告人秦某被抓获归案。案发后，被告人秦某已向C公司退赔人民币1 000元，向B公司退赔人民币12 000元，向A公司退赔人民币35 446元，并取得了上述被害公司的谅解。

公诉机关认为，被告人秦某以非法占有为目的，通过虚构事实以及隐瞒真相的方法，采取欺诈手段，骗取他人财物，金额高达人民币26 000元，对社会产生的不良影响极其严重。根据《刑法》第266条的规定，事实清楚，证据确凿，应当依法追究其刑事责任。

被告人秦某陈述，由于经常在淘宝购物，有时候也会选择退货，他发现退货流程非常方便，有时候商家尚未收到所退货物，他就已经收到退款。因此，他便在淘宝上购买热销产品，然后进行虚假退货，要求商家退款，而实际上退回的只是价值在1元以下的物品。秦某将这些物品邮寄至指定的地址，还未被商家签收时，秦某就已经通过购物平台申请退款。秦某通过这种方法骗取了商家的商品。

解析：

本案件涉及的是一种特殊类型的恶意退货行为，被告人通过多次虚假退回空包裹，钻了卖家疏于核实退回货物的管理漏洞，使得卖家不仅返还了被告已支付的货款，而且遭受了财产损失。被告采用邮寄空包裹的方式，使卖家误以为商品已被退回，在此误解下，卖家在购物平台上确认退款，被告在获取未支付对价的商品的同时，也收到了退款。多个商家因此受骗，且遭受了财产损失。被告人的行为符合诈骗罪的构成要件，以非法占有为目的，通过虚构事实和隐瞒真相的手段，使得被害人基于错误认识而处分财产，进而骗取数额较大的公私财产。

被告人秦某归案后如实供述自己的罪行，又在庭审中自愿认罪，依法可以从轻处罚。案发后，被告人秦某赔偿了各被害人的损失，并取得了被害人的谅解，酌情予以从轻处罚。

判决结果：

1. 被告人秦某犯诈骗罪，判处有期徒刑十个月，缓刑一年，并处罚金5 000元。
2. 被扣押在案的手机二部、电脑一台，均予以没收。

五、电信网络诈骗罪

电信网络诈骗活动严重危害人民群众的利益和社会的和谐稳定，在模块八的单元六中已经对《反电信网络诈骗法》进行了介绍。《反电信网络诈骗法》是为专门规制电信网络诈骗行为而制定的一部法律，解决了过去治理电信网络诈骗相关法律分散、针对性不强和法律层级不高等问题。该法更加全面、综合地规制电信网络诈骗各领域、各环节的行为，尤其涉及金融、通信、互联网领域。严重的电信网络诈骗行为违反《刑法》，就构成电信网络诈骗罪。

实例链接

李小姐遭遇“杀猪盘”网络诈骗

2021年1月，李女士在使用某交友APP时，与一名自称“刘迪”的陌生男子展开了交友互动。经过几天的交流，李女士与“刘迪”通过微信建立了联系，两人的关系迅速升温，并确立了恋爱关系。随后，“刘迪”向李女士推荐了一款博彩押注软件，并声称他的姐夫负责维护该网站。李女士在“刘迪”的怂恿下，决定尝试投资2 000元，结果很快获得了2 263元的收益并成功提现。在“刘迪”的激励下，李女士继续投资18次，然而在她尝试提现时，发现网络已无法打开，而“刘迪”也消失不见了。此时，李女士才意识到自己被骗，损失了总计70余万元。

解析：

在本案中，欺诈者通过婚恋或社交应用等方式寻找易受侵害的目标群体，进而通过聊天建立感情以获得对方信任，并将对方引入到赌博、投资或理财等诈骗平台，诱导其进行充值，以骗取受害人的金钱。这个案例是“杀猪盘”现象的典型代表。因此，网络交友时必须保持警惕，避免被对方的甜言蜜语所蒙蔽，不应轻易泄露个人隐私，也不要轻信网友声称的“低风险、高回报”或“稳赚不赔”等投资获利的虚假承诺，应抵制金钱诱惑，防范诈骗。

单元四　电子商务领域非法经营罪

一、非法经营罪概述

《刑法》第225条对非法经营罪作出了规定：“违反国家规定，有下列非法经营行为之一，扰乱市场秩序，情节严重的，处五年以下有期徒刑或者拘役，并处或者单处违法所得一倍以上五倍以下罚金；情节特别严重的，处五年以上有期徒刑，并处违法所得一倍以上五倍以下罚金或者没收财产：（一）未经许可经营法律、行政法规规定的专营、专卖物品或者其他限制买卖的物品的；（二）买卖进出口许可证、进出口原产地证明以及其他法律、行政法规规定的经营许可证或者批准文件的；（三）未经国家有关主管部门批准非法经营证券、期货、保险业务的，或者非法从事资金支付结算业务的；（四）其他严重扰乱市场秩序的非法经营行为。”

《最高人民法院、最高人民检察院关于办理利用信息网络实施诽谤等刑事案件适用法律若干问题的解释》第7条规定：“违反国家规定，以营利为目的，通过信息网络有偿提供删除信息服务，或者明知是虚假信息，通过信息网络有偿提供发布信息等服务，扰乱市场秩序，具有下列情形之一的，属于非法经营行为‘情节严重’，依照刑法第二百二十五条第（四）项的规定，以非法经营罪定罪处罚：（一）个人非法经营数额在五万元以上，或者违法所得数额在二万元以上的；（二）单位非法经营数额在十五万元以上，或者违法所得数额在五万元以上的。实施前款规定的行为，数额达到前款规定的数额五倍以上的，应当认定为刑法第二百二十五条规定的‘情节特别严重’。”

在电子商务领域，信用炒作或称“刷单”就是典型的非法经营行为。另外，在网上经营法律或有关部门明文禁止的物品及服务，如网上开设赌场或经营管制刀具、毒品、枪支等，也属于非法经营。

二、网络非法经营罪量刑标准

根据《最高人民检察院、公安部关于公安机关管辖的刑事案件立案追诉标准的规定（二）》（2022 年修订）第 71 条的规定，对违反国家规定，进行非法经营活动，扰乱市场秩序，涉嫌下列情形之一的，应当立案追诉：

（1）采取租用国际专线、私设转接设备或者其他方法，擅自经营国际电信业务或者涉港澳台电信业务进行营利活动，扰乱电信市场管理秩序，具有下列情形之一的：1）经营去话业务数额在 100 万元以上的；2）经营来话业务造成电信资费损失数额在 100 万元以上的；3）虽未达到上述数额标准，但因非法经营国际电信业务或者涉港澳台电信业务，或者 2 年内因非法经营国际电信业务或涉港澳台电信业务行为受过 2 次以上行政处罚，又非法经营国际电信业务或涉港澳台电信业务的。

（2）以营利为目的，通过信息网络有偿提供删除信息服务，或者明知是虚假信息，通过信息网络有偿提供发布信息等服务，扰乱市场秩序，具有下列情形之一的：1）个人非法经营数额在 5 万元以上，或者违法所得数额在 2 万元以上的；2）单位非法经营数额在 15 万元以上，或者违法所得数额在 5 万元以上的。

（3）非法生产、销售“黑广播”“伪基站”、无线电干扰器等无线电设备，具有下列情形之一的：1）非法生产、销售无线电设备 3 套以上的；2）非法经营数额在 5 万元以上的；3）虽未达到上述数额标准，但 2 年内因非法生产、销售无线电设备受过 2 次以上行政处罚，又非法生产、销售无线电设备的。

三、网络非法经营罪情节严重的认定

网络非法经营达到下述标准的，应该认定为情节严重：

（1）个人非法经营数额在 5 万元以上的，单位非法经营数额在 15 万元以上的。

（2）个人违法所得数额在 2 万元以上的，单位违法所得数额在 5 万元以上的。

(3) 个人非法经营报纸 5 000 份或者期刊 5 000 本或者图书 2 000 册或者音像制品、电子出版物 500 张(盒)以上。

(4) 虽未达到上述数额标准，但具有下列情形之一的：1) 两年内因出版、印刷、复制、发行非法出版物受过行政处罚 2 次以上的，又出版、印刷、复制、发行非法出版物的；2) 因出版、印刷、复制、发行非法出版物造成恶劣社会影响或者其他严重后果的。

网络非法经营达到以下标准的，认定为情节特别严重：

(1) 个人非法经营数额在 15 万元以上的，单位非法经营数额在 50 万元以上的。

(2) 个人违法所得数额在 5 万元以上的，单位违法所得数额在 15 万元以上的。

(3) 个人非法经营报纸 15 000 份或者期刊 15 000 本或者图书 5 000 册或者音像制品、电子出版物 1 500 张(盒)以上的。

网络非法经营罪情节特别严重的，判处 5 年以上有期徒刑，并处以违法所得 1 倍以上 5 倍以下罚金或者没收财产。

四、网络有偿刷单可能构成非法经营罪

信用炒作(或称刷单)一般是以营利为目的创建炒作信用平台(提供经营性互联网信息服务的网站)，为炒作信用双方搭建联系渠道，并组织淘宝卖家通过该平台发布、传播炒作信息，引导部分网上卖家在网购平台上对商品、服务作虚假宣传并以此牟利，扰乱市场秩序，达到一定数额的，构成非法经营罪。

根据《反不正当竞争法》第 8 条第 2 款的规定，经营者不得通过组织虚假交易等方式，帮助其他经营者进行虚假或者引人误解的商业宣传。因此，为店铺刷单属于违法行为。根据《反不正当竞争法》第 20 条的规定，刷单行为人将承担行政责任。若经营者对其商品进行了虚假或者引人误解的商业宣传，或者通过组织虚假交易等方式帮助其他经营者进行虚假或者引人误解的商业宣传，由监督检查部门责令停止违法行为，并处以 20 万元以上 100 万元以下的罚款；情节严重的，处 100 万元以上 200 万元以下的罚款，可以吊销营业执照。因此，网络刷单行为无疑是违法的。

根据《全国人民代表大会常务委员会关于维护互联网安全的决定》第 3 条第 1 项的规定，利用互联网对商品或服务作虚假宣传，构成犯罪的，将依法追究刑事责任。《最高人民法院、最高人民检察院关于办理利用信息网络实施诽谤等刑事案件适用法律若干问题的解释》(以下简称《关于诽谤等刑事案件的解释》) 第 7 条第 1 款明确规定，违反国家规定，以营利为目的，通过信息网络有偿提供删除信息服务，或明知是虚假信息，通过信息网络有偿提供发布信息等服务，扰乱市场秩序，具有下列情形之一，属于非法经营行为"情节严重"，依照《刑法》第 225 条第 4 项的规定，以非法经营罪定罪处罚：(1) 个人非法经营数额在 5 万元以上，或者违法所得数额在 2 万元以上的；(2) 单位非法经营数额在 15 万元以上，或者违法所得数额在 5 万元以上的。

实施上述行为，数额达到上述规定的数额 5 倍以上的，应当认定为《刑法》第 225 条规定的“情节特别严重”。

根据《关于诽谤等刑事案件的解释》第 7 条第 1 款的规定，通过组织虚假交易等手段助推其他经营者进行刷单的行为，实质上属于“明知是虚假信息，通过信息网络有偿提供发布信息等服务”。这样的行为严重损害了互联网交易公开透明的诚信体系，破坏了正当竞争的交易秩序，最终必然导致对互联网交易秩序的扰乱，并进一步造成对市场秩序的扰乱。

根据现状，为谋取利益而替他人刷单的行为可归为一种以营利为目的的违法行为，该行为扰乱市场秩序，形成了对其他行为的严重干扰，根据非法经营罪的核心要点，这种行为属于其构成要素的一部分，因此应以非法经营罪对其进行处罚。

实例链接

被告人 A 建立刷单炒信平台进行淘宝刷单案

2019 年 2 月，被告人 A 在创建了 A 网商联盟网站后，利用 YY 语音聊天工具搭建了一个刷单炒信平台，以吸引淘宝卖家成为会员，并向这些卖家收取费用，费用为 300 元至 500 元不等，同时每位会员都支付了每月 40 元的平台管理和维护费用。被告人 A 制定了刷单炒信的规则和流程，并组织、协助会员在该平台上发布或接受刷单任务。会员在接受任务后，通过在淘宝网上进行虚假交易并给予虚假好评的方式，赚取任务点，从而获得了在该平台上发布刷单任务的能力，使得其他会员可以为自己进行刷单，进而提升自己淘宝店铺的销售量和信誉，欺骗淘宝买家。在此期间，被告人 A 通过向会员销售任务点的方式获取了利益。至 2020 年 6 月，被告人 A 总计获利 90 余万元人民币。经查询，某省通信管理局回函证实，A 网商联盟网站不具备获得增值电信业务经营许可的条件。被告人 A 辩称：（1）其在 2019 年农历新年后加入了“C 军团”，在加入后的 2～3 个月内成为一般管理员，并于 2019 年夏天成为高级管理员，遂将平台改名为“A 网商联盟”。其并未组织会员进行刷单，刷单仅是违规行为。（2）支付宝记录中备注为“买点”的部分钱款并非会员直接向其购买的，而是通过其向客服人员购买刷单积累的任务点，自己直接销售任务点的收入数额在 1 万元左右。（3）如果其行为构成犯罪，请求减轻处罚。

辩护人同意被告人 A 的第（1）点辩解，另提出：（1）不能简单地将《互联网信息服务管理办法》中关于“是否具有经营性互联网服务资格”的规定等同于“国家规定”，被告人 A 收取网站维护费和保证金是一种代为保管的行为，并不违法，且会员是自愿交纳相关费用的，被告人 A 并无非法占有的故意，亦不能因此认为本案所涉网站系经营性网站，且炒信行为涉及的虚假信息发布在淘宝网上，与本案所涉网站没有直接关系，在平台发布任务点并非发布虚假信息，故被告人 A 的行为不属于法律明确规定的构成非法经营罪的情形。(2) 即使网站因没有经营性互联网服务许可而经营需要被查处，亦应属于某省通信管理局、市场监督管理等部门监管的范畴，不属于《刑法》调整的范围。(3) 刷单炒信扰乱的仅为淘宝网的排名秩序，而非市场秩序。(4) 被告人 A 仅代收会员费 4 000 元，维护费 44 400 元，未达到情节严重的标准。(5) 如果被告人 A 的行为构成非法经营罪，被告人 A 系初犯，接电话通知后到案，系自首，并且主动退出平台，系犯罪中止，A 检举他人犯罪，具有从轻或减轻处罚的情节，请求对被告人 A 免予刑事处罚或单处罚金。

经过深入审查，被告人 A 创建并运营了“A 网商联盟”(前身为“C 军团”)，通过 YY 语音聊天工具搭建了刷单炒信平台，吸引淘宝卖家注册并收取相应的会员费，包括 300 元至 500 元不等的保证金、每月 40 元至 50 元的平台管理维护费及体验费。A 制定了刷单炒信规则和流程，并组织会员通过该平台发布或接受刷单炒信任务。会员在接受任务后，通过在淘宝网上与发布任务的会员进行虚假交易并给予虚假好评的方式赚取任务点。这使得他们能够通过悬赏任务点来吸引其他会员为自己刷单炒信，进而提升自己淘宝店铺的销量和信誉，欺骗淘宝买家。在此期间，被告人 A 还通过向会员销售任务点的方式获得了利润。2019 年 2 月至 2020 年 6 月，被告人 A 总共收取了至少 30 万元的平台管理维护费、体验费及任务点销售收入，同时还收取了 50 万元左右的保证金。

另查明，A 网商联盟不具备获得增值电信业务经营许可的条件。

被告人 A 在被捕后曾向有关部门披露他人犯罪行为，然而，相关事实无法得到证实。同时，被告人 A 曾在 2017 年 9 月 30 日因侵犯公民个人信息罪而被批准逮捕。据此，被告人 A 被判处有期徒刑九个月，并处罚款人民币 2 万元。

解析：

本案为“网络组织刷信入刑第一案”。案件的特殊性在于本案系涉互联网案件，行为人组织、实施的刷单炒信的行为是近几年随着网购兴起而催生的，在《电子商务法》出台之前尚无明确规范刷单炒信行为的法律法规或司法解释，更无案例可援引。

被告人 A 违反国家法律，以营利为目的，深知所传播的信息是虚构的，依然通过网络，以有偿方式向公众提供信息发布等服务，导致市场秩序遭受严重破坏。这种行为极其恶劣，已构成非法经营罪。被告人 A 创立并运营“A 网商联盟”(前身为“C 军团”)，通过收取平台维护管理费、体验费及销售任务点等方式，获取利润。据相关规定，提供这种经营性质的互联网信息服务，必须取得互联网信息服务增值电信业务经营许可证。在本案中，炒信行为，即发布虚假好评的行为，虽在淘宝网上完成，但被告人 A 创建了炒信平台，为炒信双方提供联系渠道，并组织淘宝卖家在该平台上发布、传播炒信信息，引导部分淘宝卖家在淘宝网上对商品、服务进行虚假宣传，以此谋取利益。被告人 A 在主观上，具备在淘宝网上发布虚假信息的意图，同时也是引发犯罪的主体。在客观上，这些行为是通过平台会员，即淘宝卖家实施完成的。被告人A的行为完全符合《全国人民代表大会常务委员会关于维护互联网安全的决定》第3条第1项规定的“利用互联网对商品、服务作虚假宣传”，构成犯罪的，依照《刑法》有关规定追究刑事责任。因此，被告人A的行为符合非法经营罪的构成要件，依法应当定性为非法经营罪，且情节特别严重。

判决结果： 人民法院作出判决，以非法经营罪判处被告人A有期徒刑五年六个月，并处罚金人民币90万元；连同原判有期徒刑九个月，并处罚金人民币2万元，予以并罚，决定执行有期徒刑五年九个月，并处罚金人民币92万元。

单元五　电子商务领域敲诈勒索罪

一、敲诈勒索罪概述

《刑法》第274条对敲诈勒索罪作出了规定：“敲诈勒索公私财物，数额较大或者多次敲诈勒索的，处三年以下有期徒刑、拘役或者管制，并处或者单处罚金；数额巨大或者有其他严重情节的，处三年以上十年以下有期徒刑，并处罚金；数额特别巨大或者有其他特别严重情节的，处十年以上有期徒刑，并处罚金。”

敲诈勒索罪的构成要素包括：以非法占有为目的，对被害人使用恐吓、威胁或要挟的手段，非法获取被害人的公私财物。在电子商务领域，这种行为被视为违法行为，即行为人以非法占有为目的，采用欺诈手段，通过互联网等渠道，对电子商务企业或个人实施威胁或要挟，从而非法获取财物或财产性利益的行为。这种行为将对受害人造成经济损失，并对其心理健康造成严重影响。

二、网络恶势力与网络软暴力的认定

根据《最高人民法院、最高人民检察院、公安部、司法部关于办理黑恶势力犯罪案件若干问题的指导意见》（以下简称《指导意见》）第14条的规定，“恶势力”是指经常纠集在一起，以暴力、威胁或者其他手段，在一定区域或者行业内多次实施违法犯罪活动，为非作恶，欺压百姓，扰乱经济、社会生活秩序，造成较为恶劣的社会影响，但尚未形成黑社会性质组织的违法犯罪组织。该定义中，恶势力的惯常作案手段包括暴力、威胁或者其他手段，其他手段包括“软暴力”。根据《最高人民法院、最高人民检察院、公安部、司法部关于办理实施“软暴力”的刑事案件若干问题的意见》第1条的规定，“软暴力”是指行为人为谋取不法利益或形成非法影响，对他人或者在有关场所进行滋扰、纠缠、哄闹、聚众造势等，足以使他人产生恐惧、恐慌进而形成心理强制，或者足以影响、限制人身自由，危及人身财产安全，影响正常生活、工作、生产、经营的违法犯罪手段。

《指导意见》第 9 条规定，黑社会性质组织实施的违法犯罪活动，包括非暴力性的违法犯罪活动，但暴力或以暴力相威胁，始终是黑社会性质组织实施违法犯罪活动的基本手段，并随时可能付诸实施。该条规定还强调，对黑社会性质组织的界定，必须以其犯罪手段中“软暴力”可能转化为暴力或威胁的现实可能性为基础。然而，《指导意见》第 14 条并未对恶势力做出类似规定。值得注意的是，“软暴力”可以作为恶势力形成的关键手段，而并不需要以暴力为基础，甚至不需要暴力的实际实施作为必要条件。

在现实社会向虚拟网络迁移的过程中，在互联网上催生了具有网络性质和特点的新型黑恶势力，对公共安全和社会秩序造成了巨大的负面影响，需要按照法律规定进行制裁和清理，维护网络舆论环境的健康，保障网络秩序的正常运行。对于网络黑恶势力的认定，不能完全照搬传统的黑恶犯罪案件的思维方式，也不能仅依据犯罪手段是否包含硬暴力或是否能随时实施硬暴力作为判断标准。

三、网络恶势力与普通犯罪团伙的辨别

在恶势力定义中的“尚未形成黑社会性质组织的违法犯罪组织”这一表述，明确了恶势力与黑社会性质组织之间的区别和内在联系，同时也界定了恶势力与普通犯罪团伙的区别。作为共同违法犯罪的特殊形式，恶势力在组织形式、行为方式和危害结果等方面与黑社会性质组织具有一定的相似性，虽然尚未达到黑社会性质组织的严重程度，但已经初具雏形，如果不进行限制和打击，就有可能发展成为黑社会性质组织。在认定恶势力时，应深刻理解和准确把握“黑”与“恶”之间的关系，以及恶势力与普通犯罪团伙的区别，避免认定的扩大化和随意化，确保“打准打实”的原则得以落实。

网络恶势力与普通犯罪团伙的辨别，应当从下述几个方面进行。

（一）违法犯罪的有组织性

通常情况下，恶势力构成人员需达到 3 人或以上，其中领导者的地位相对稳固。恶势力的演变过程并非一蹴而就，而是通过一系列有组织的犯罪行为的积累而逐渐形成的。恶势力是否依赖于犯罪组织、是否有明确的行动计划、是否具有随时发动攻击的能力，这对判断其性质有重大意义。此外，在网络环境下，成员之间频繁聚集，虽然组织结构相对松散，但其成员均固定，成员之间分工明确，紧密合作，共同实施犯罪行为的犯罪团伙，已构成网络恶势力的基本要件。

（二）行为方式的公开性

要认真审查违法犯罪活动是否带有“为非作恶、欺压百姓”的特征。与普通犯罪

团伙不同的是，恶势力实施违法犯罪活动一般都不同程度地带有“形成非法影响、谋求强势地位”的意图，并会通过不断积累的非法影响、日益巩固的强势地位攫取不法利益，壮大自身实力，最终形成对一定区域或者行业的非法控制。因此，其实施违法犯罪活动必然具有一定的公开性。网络恶势力的表现形式通常是公开通过恶意投诉、虚构向市场监督管理部门投诉的手段威胁电子商务经营者，使其产生恐惧而形成心理强制，其不仅以“软性恶意”的方式通知他人，而且通过惯用手段将组织影响力传达给对方，不仅使直接受害人心生畏惧，而且追求使潜在被害人产生恐惧心理的效果。

（三）危害后果的多重性

一般而言，普通犯罪团伙往往由具备特定犯罪目标的个体构成，他们在实施犯罪过程中所产生的结果常常具备较为单一的特性。然而，恶势力犯罪团伙所呈现的状态则有所不同。这类犯罪组织在其连续的犯罪行为过程中逐渐形成的组织能力与社会恶名，在侵犯自然人的人身与财产权利的同时，还可能破坏市场经济秩序或社会管理秩序，使得其产生的危害后果呈现出多元化的特征。网络恶势力犯罪活动经常表现为对大量电子商务经营者实施的勒索行为，这种行为不仅严重扰乱了网络营商秩序，并且给社会带来了较为恶劣的影响。

四、对网络敲诈勒索的治理

随着我国信息技术的蓬勃发展，网络平台如微博、微信、QQ、短视频平台、论坛等成为人们发布与删除信息的主要场所。然而，一些犯罪分子以在这些平台上发布、删除等方式处理网络信息为由，威胁或要挟他人，索取公私财物，这一现象呈现出日益突出的态势。为了遏制这类犯罪，2013 年 9 月 6 日，最高人民法院与最高人民检察院共同发布了《关于办理利用信息网络实施诽谤等刑事案件适用法律若干问题的解释》，该解释第 6 条明确规定，将以敲诈勒索罪追究此类行为的刑事责任。具体来说，以在信息网络上发布、删除等方式处理网络信息为由，威胁或要挟他人，索取公私财物，数额较大，或多次实施此类行为的，将按照《刑法》第 274 条的规定，以敲诈勒索罪定罪处罚。

在网络上实施的敲诈勒索犯罪主要可归结为两种形式，即“信息发布型”犯罪和“信息移除型”犯罪。“信息发布型”犯罪是指行为人通过不同途径收集并掌握被害人的负面信息，进而主动与被害人取得联系，告知将在网络上发布有关负面信息，并以威胁和勒索手段要求被害人支付财物。“信息移除型”犯罪是指行为人在网络上发布有关被害人的负面信息后，主动与被害人取得联系，并以支付费用或支付特定金额费用后删除负面信息为由威胁和勒索被害人，索取财物的行为。当被害人主动联系要求移除负面信息，但不同意支付费用，行为人以不支付费用，或未支付指定数额费用就不移除负面信息，甚至进一步炒作为由，威胁和勒索被害人，并要求支付费用的，可以认定为敲诈勒索罪。

要保障我国互联网经济的健康快速发展，就必须为互联网企业创造优良的运营环境。进行扫黑除恶专项斗争，必须全面铺开，增强对网络等领域黑恶势力的打击力度，不让互联网成为黑恶势力敲诈勒索扩散的温床。网络上的“恶势力”和“软暴力”不符合黑社会性质犯罪组织的特征，其在网络上的行为特征复杂多样，给司法实践带来了诸多挑战。要准确认定网络恶势力，依法严厉打击网络恶势力及软暴力犯罪，更好地保障广大人民群众的合法权益。

实例链接

陶某生、吴某丰利用极限词敲诈勒索案

在2020年前后，被告人陶某生与吴某丰在为他人运营淘宝店铺的过程中，对含有“最”“第一”“完美”等极限性商品描述的淘宝店铺进行搜索，将获取的店铺信息提供给他人，从中获取利润。至2021年前后，陶某生在运营自己的淘宝店铺时，因商品描述中含有极限性描述，被他人勒索。陶某生发现这是一种“生财”之道，从2021年下半年开始，陶某生购买了部分淘宝账号，并与吴某丰合作，在淘宝网上从事相关活动。二人寻找含有极限性商品描述的淘宝店铺，陶某生负责购买商品并申请退款，吴某丰负责向淘宝投诉并附加投诉图片，同时附带QQ联系方式。当商家主动添加QQ后，陶某生与商家进行交流，威胁商家支付一定费用以撤销投诉。部分商家因害怕受到市场监督管理部门的处罚，影响店铺投诉率，而被迫支付款项。得到款项后，吴某丰每天进行结算，陶某生、吴某丰共享。

至2022年4月，陶某生又纠集了被告人刘某月，让刘某月负责搜索含有极限性商品描述的淘宝店铺，其余分工不变。得到的款项由吴某丰每天结算，陶某生、吴某丰、刘某月按照陶某生4成、吴某丰4成、刘某月2成的比例分配。三人组成了以陶某生为纠集者，吴某丰、刘某月为其他成员的恶势力犯罪团伙。

该团伙通过恶意投诉和威胁手段，企图对近万家淘宝店铺实施敲诈勒索，其中向近400家淘宝店铺勒索成功，严重破坏了淘宝商家的正常经营秩序，对社会造成了恶劣的影响。经查实，2020年12月至2021年3月间，陶某生、吴某丰通过上述方式敲诈勒索得款37 680元。2021年4月至案发，该恶势力团伙通过上述方式敲诈勒索得款165 201元。

解析：

本案的要点在以下两个方面：

（1）关于本案的定性。本案被告人为谋取不法利益，在网络上通过虚构向市场监督管理部门、网络平台投诉的手段威胁被害人，使其产生恐惧而形成心理强制，以此

违背被害人意志多次强行索取财物，数额巨大，符合敲诈勒索罪的构成要件，应以敲诈勒索罪定性。

（2）关于本案的犯罪团伙是否属于恶势力犯罪团伙。本案的被告人频繁地在网络环境中集会，运用故意投诉的伎俩向淘宝商家施加恐惧的压力，从而形成心理的强制控制。他们不仅通过“软性恶意”的方式通知他人，还运用惯用的手段将其组织的影响力传达到对方，这不仅使得直接的受害者产生恐惧，还试图使潜在的受害者产生恐惧的心理。被告人针对近万家淘宝店铺实施敲诈勒索，其中既遂的行为达数百次。他们的行为恶劣，扰乱了网络营商环境，对社会造成了较为严重的负面影响，应被视为恶势力犯罪团伙。

判决结果：本案在2022年8月23日由审理法院作出刑事判决，被告人陶某生、吴某丰、刘某月被判定为共谋非法占有他人财物，利用互联网进行敲诈勒索。被告人陶某生与吴某丰涉案金额总计为202 881元，被告人刘某月涉案金额总计为165 201元，均达到了数额巨大的标准，其行为均构成敲诈勒索罪。根据他们的犯罪情节和认罪态度，法院分别判决被告人陶某生、吴某丰、刘某月有期徒刑四年六个月、四年、二年六个月，并分别处以6万元、4万元和2万元的罚金，同时要求他们退赔款项。

单元六　电子商务领域其他相关网络犯罪

一、侵犯公民个人信息罪

《刑法》第253条之一对侵犯公民个人信息罪进行了规定：“违反国家有关规定，向他人出售或者提供公民个人信息，情节严重的，处三年以下有期徒刑或者拘役，并处或者单处罚金；情节特别严重的，处三年以上七年以下有期徒刑，并处罚金。违反国家有关规定，将在履行职责或者提供服务过程中获得的公民个人信息，出售或者提供给他人的，依照前款的规定从重处罚。窃取或者以其他方法非法获取公民个人信息的，依照第一款的规定处罚。单位犯前三款罪的，对单位判处罚金，并对其直接负责的主管人员和其他直接责任人员，依照各该款的规定处罚。”

《民法典》第111条规定：“自然人的个人信息受法律保护。任何组织或者个人需要获取他人个人信息的，应当依法取得并确保信息安全，不得非法收集、使用、加工、传输他人个人信息，不得非法买卖、提供或者公开他人个人信息。”

此外，《消费者权益保护法》第14条规定：“消费者在购买、使用商品和接受服务时，享有人格尊严、民族风俗习惯得到尊重的权利，享有个人信息依法得到保护的权利。”该法第29条第2款进一步规定：“经营者及其工作人员对收集的消费者个人信息必须严格保密，不得泄露、出售或者非法向他人提供。经营者应当采取技术措施和其他必要措施，确保信息安全，防止消费者个人信息泄露、丢失。在发生或者可能发生信息泄露、丢失的情况时，应当立即采取补救措施。”

二、侵犯著作权罪

《刑法》第 217 条对侵犯著作权罪作出了规定：“以营利为目的，有下列侵犯著作权或者与著作权有关的权利的情形之一，违法所得数额较大或者有其他严重情节的，处三年以下有期徒刑，并处或者单处罚金；违法所得数额巨大或者有其他特别严重情节的，处三年以上十年以下有期徒刑，并处罚金：（一）未经著作权人许可，复制发行、通过信息网络向公众传播其文字作品、音乐、美术、视听作品、计算机软件及法律、行政法规规定的其他作品的；（二）出版他人享有专有出版权的图书的；（三）未经录音录像制作者许可，复制发行、通过信息网络向公众传播其制作的录音录像的；（四）未经表演者许可，复制发行录有其表演的录音录像制品，或者通过信息网络向公众传播其表演的；（五）制作、出售假冒他人署名的美术作品的；（六）未经著作权人或者与著作权有关的权利人许可，故意避开或者破坏权利人为其作品、录音录像制品等采取的保护著作权或者与著作权有关的权利的技术措施的。”

网络侵犯著作权的犯罪行为主要包括：在网络环境下，以互联网为媒介，传播他人的文字作品、音乐作品、美术作品、视听作品、计算机软件以及其他类型的作品，传播他人制作的录音录像制品。此行为需达到一定的严重程度，方构成犯罪。根据最高人民法院发布的相关司法解释，对于在网络环境下实施侵犯著作权的犯罪行为，并在此过程中销售侵权复制品的，依法应予处罚。同时，若行为人明知销售的是他人的侵权复制品，仍继续进行销售，也应同时以侵犯著作权罪进行处罚，并实行数罪并罚。

三、网络盗窃罪

《刑法》第 264 条对盗窃罪作出了规定：“盗窃公私财物，数额较大的，或者多次盗窃、入户盗窃、携带凶器盗窃、扒窃的，处三年以下有期徒刑、拘役或者管制，并处或者单处罚金；数额巨大或者有其他严重情节的，处三年以上十年以下有期徒刑，并处罚金；数额特别巨大或者有其他特别严重情节的，处十年以上有期徒刑或者无期徒刑，并处罚金或者没收财产。”

网络盗窃，指借助计算机技术，以窃取账户信息、控制账号和修改程序等手段，非法占有无形或有形的财物和货币的行为。网络的迅速发展促进了经济的飞速发展，同时也催生了网络盗窃犯罪行为。其具体实施方式表现为非法窃取、拦截、接收计算机信息系统中储存或传播的虚拟财产。传统盗窃行为的典型特征在于行为人采取秘密窃取的方式，非法占有不属于自身的公私财物。由于网络财产的虚拟特性，网络财产的拥有者不再需要像传统方式那样实际占有财产，而可以通过其他手段来获得财产的所有权，例如通过控制账号和密码便可实现。行为人通过窃取、拦截、控制或破坏权利人的账号和密码，导致财产所有权人丧失对虚拟财产的控制权，即可认定行为人非法占有他人财产。

四、破坏计算机信息系统罪

《刑法》第 286 条对破坏计算机信息系统罪作出了规定："违反国家规定，对计算机信息系统功能进行删除、修改、增加、干扰，造成计算机信息系统不能正常运行，后果严重的，处五年以下有期徒刑或者拘役；后果特别严重的，处五年以上有期徒刑。违反国家规定，对计算机信息系统中存储、处理或者传输的数据和应用程序进行删除、修改、增加的操作，后果严重的，依照前款的规定处罚。故意制作、传播计算机病毒等破坏性程序，影响计算机系统正常运行，后果严重的，依照第一款的规定处罚。单位犯前三款罪的，对单位判处罚金，并对其直接负责的主管人员和其他直接责任人员，依照第一款的规定处罚。"

实施破坏计算机信息系统的犯罪行为多种多样，包括盗用、伪造他人的网上支付账户，电子商务诈骗，侵犯知识产权，非法入侵电子商务认证机构、金融机构的计算机信息系统，破坏电子商务计算机信息系统，恶意攻击电子商务计算机信息系统，虚假认证，网络色情、赌博、洗钱，操纵股市等行为。

五、非法利用信息网络罪

《刑法》第 287 条之一第 1 款对非法利用信息网络罪作出了规定："利用信息网络实施下列行为之一，情节严重的，处三年以下有期徒刑或者拘役，并处或者单处罚金：（一）设立用于实施诈骗、传授犯罪方法、制作或者销售违禁物品、管制物品等违法犯罪活动的网站、通讯群组的；（二）发布有关制作或者销售毒品、枪支、淫秽物品等违禁物品、管制物品或者其他违法犯罪信息的；（三）为实施诈骗等违法犯罪活动发布信息的。"

依据法律的规定，对于非法利用信息网络犯罪的行为，其处罚对象涉及两种预备形式，即作为犯罪行为的预备和作为违法行为的预备。其中，违法行为指的是那些虽然符合《刑法》分则规定的行为类型但尚未构成犯罪的违法行为。具体而言，存在以下几种类型：

（1）建立网站与论坛，例如黑客网络，并提供黑客软件和工具，以及其他专门讨论毒品种植与制造，或枪支制造等主题的论坛。

（2）在微信群或 QQ 群内发布违禁品的销售与制作信息。

(3) 为其他人的诈骗犯罪行为发布信息。

六、帮助信息网络犯罪活动罪

《刑法》第 287 条之二第 1 款对帮助信息网络犯罪活动罪作出了规定："明知他人利用信息网络实施犯罪，为其犯罪提供互联网接入、服务器托管、网络存储、通讯传输等技术支持，或者提供广告推广、支付结算等帮助，情节严重的，处三年以下有期徒刑或者拘役，并处或者单处罚金。"

"互联网接入"主要是指为他人提供访问互联网或者在互联网发布信息的通道，针对的是互联网接入服务提供商。若明知他人利用自己的接入服务实施犯罪，仍继续允许对方使用，且情节严重，就构成了这一规定下的犯罪行为。"服务器托管"是指将服务器和相关设备托管到具备专业数据中心的机房。"网络存储"是指通过网络存储、管理数据的载体空间，如百度网盘、QQ 中转站等。"通讯传输"是指用户之间信息传输的路径。

除了上述明确列出的几种技术支持以外，常见的为他人实施网络犯罪提供技术支持的方式还包括销售赌博网站代码，为病毒、木马程序提供免杀服务，制作网络盗窃、QQ 视频诈骗专用木马程序，以及为设立钓鱼网站提供技术支持等。

实例链接

邱某某为赌博网站提供服务器租赁服务的犯罪行为

2019 年，被告人邱某某按照"××客服"提供的源代码和软件工具，帮助搭建了名称变更为"A 娱乐"的网站。他向对方出租服务器，同时在网站测试过程中发现该网站实质为赌博网站。然而，邱某某仍然为其提供服务器租赁服务，从中收取租赁费和服务费共计 2 300 元。最终，邱某某被判决犯帮助信息网络犯罪活动罪，判处有期徒刑六个月，并处罚金 4 000 元。邱某某的赃款 2 300 元亦被没收并缴纳国库。邱某某的手机和电脑主机，作为他从事违法活动的工具，亦被没收。

引入案例分析

此案例中，被告人陈某某利用网络手段威胁他人索取财物，争议焦点在于其行为是否构成敲诈勒索罪。

敲诈勒索罪，是指行为人以非法占有为目的，对公私财物的所有人或保管人使用威胁或要挟手段，强行索取公私财物，从而构成犯罪。《刑法》第 274 条规定："敲诈勒索公私财物，数额较大或者多次敲诈勒索的，处三年以下有期徒刑、拘役或者管制，并处或者单处罚金；数额巨大或者有其他严重情节的，处三年以上十年以下有期徒刑，并处罚金；数额特别巨大或者有其他特别严重情节的，处十年以上有期徒刑，并处罚金。”第64条规定：“犯罪分子违法所得的一切财物，应当予以追缴或者责令退赔；对被害人的合法财产，应当及时返还；违禁品和供犯罪所用的本人财物，应当予以没收。没收的财物和罚金，一律上缴国库，不得挪用和自行处理。”

在此案例中，被告人陈某某通过购买的多个淘宝账号，在淘宝网购买商品介绍中包含极限关键词（例如“纯天然”“最”等）的商品后申请退货处理，然后利用上述订单对淘宝商家进行投诉并预留联系方式，以此要挟淘宝商家支付款项。至案发时，被告人陈某某敲诈勒索的数额为36 588元。被告人陈某某主观上具有非法强索他人财物的目的，客观上多次采用要挟手段迫使淘宝商家交付财物，数额较大，其行为构成敲诈勒索罪。

判决结果：

人民法院作出刑事判决：

1. 被告人陈某某犯敲诈勒索罪，判处有期徒刑一年八个月，并处罚金人民币15 000元。

2. 被告人陈某某向本院退缴赃款人民币36 588元，依法返还各被害人。

3. 扣押于某市公安局某分局的银行卡四张，金色苹果6手机一部，黑色U盘一个，黑色电脑主机一台，系作案工具，予以没收，由公安机关依法处理。

4. 随案移送光盘一张，系案件证据，随案存查。

思考与练习

一、简答题

1. 如何进行电子商务领域损害商誉犯罪行为与情节的认定？
2. 破坏生产经营罪的构成要件是什么？
3. 网络购物中恶意退货行为达到什么程度才认定为诈骗罪？
4. 网络非法经营犯罪行为在哪些情况下视为情节严重？
5. 如何辨别网络恶势力团伙？
6. 什么是帮助网络犯罪活动罪？

二、案例分析

发布骂人短视频该怎样定性？

2020年1月28日，有网民为取乐和发泄自己的不满情绪，在某短视频平台上传了一段32秒的视频，用侮辱性言语谩骂武汉人，该视频被网民下载，在微信群、朋友圈和微博大量传播。在全国人民都在众志成城为打赢疫情阻击战而努力的时候，此视频伤害了广大人民群众的感情，造成恶劣的社会影响。

思考：该网民的行为是否构成犯罪？

活动项目设计

【法律实践】

拿起法律武器，与电子商务领域的犯罪行为作斗争

1. 实践任务

（1）通过学法，辨别电子商务领域的犯罪行为。

（2）通过讨论，探讨与电子商务领域犯罪行为作斗争的途径和方法。

（3）通过分析，预测电子商务领域犯罪行为的发展趋势。

2. 实践步骤

（1）认真学习《电子商务法》《网络安全法》《消费者权益保护法》《刑法》等相关法律法规条文、释义，掌握电子商务领域违法犯罪行为的特征。

（2）进行头脑风暴，罗列电子商务领域违法犯罪行为关键词。

（3）归纳总结，提炼电子商务领域违法犯罪行为的类型及特点。

（4）讨论发言，提出与电子商务领域犯罪行为有效斗争的途径、策略与方法。

（5）分析电子商务发展趋势，预测电子商务领域犯罪行为的发展趋势，提出预防犯罪行为的建议。

模块十 电子商务职业道德、伦理与行业自律

学习目标

素养目标：

1. 在电子商务活动中自觉遵守法律法规，遵循公序良俗，遵守商业道德，弘扬社会主义核心价值观，营造良好的网络生态。

2. 养成良好的电子商务职业道德素养，树立正确的电子商务伦理观。

3. 具备良好的电子商务有序良性发展意识，促进电子商务行业自律。

知识目标：

1. 理解职业道德的含义。

2. 理解电子商务从业人员职业道德的内容与含义。

3. 理解电子商务伦理问题与应对策略。

4. 理解电子商务行业自律与行业规范。

能力目标：

1. 能够陈述电子商务从业人员职业道德并用其指导自身行为。

2. 能够陈述电子商务伦理问题，正确建设电子商务伦理。

3. 能够正确运用电子商务行业规范来约束自身行为，保障自身权益。

引入案例

电子商务行业道德、伦理与自律

“在电子商务平台和直播间看到的玫瑰花特别饱满，既鲜艳又水灵，没想到送到家里不仅花朵打蔫，好多枝还出现了腐烂的情况。”回忆起5月份在某直播带货平台上购买的玫瑰花，家住上海的刘某音就满心怒火，“当时正值‘520’前夕，本来玫瑰花就是直接快递给女朋友的，这么一弄，节日的气氛瞬间被破坏。”在当天的直播带货中，像刘某音这样的顾客还有很多，虽然经过多方协调，鲜花供应商承诺对消费者进行100%的赔偿，但是这样的消费经历，却让很多被直播带货所吸引、准备跃跃欲试的消费者保持了客观理性的观望态度。

2020年以来，电子商务和直播带货的火热程度超出许多人的预想。从名人纷纷加入，到大批企业家乃至大众的加入，再到淘宝、京东以及快手、抖音的角逐，直播电商俨然成为2020年以来最大的“风口”。单场观看人数破千万、商品上线“秒”光、开场几十分钟成交额过亿元……从最开始贩卖食品、日用品，扩展至汽车、房子，各地方直播销售土特产，直播以迅雷不及掩耳之势快速进入我们的生活，俨然成为电商营销促销的“新法宝”。

但在直播火热的同时，频繁“翻车”、假货不断、刷量造假、质量存疑及售后无门等问题层出不穷，将直播带货推上风口浪尖。目前，在一些国内电商专业消费纠纷调解平台中，就有不少关于电子商务和直播带货的投诉。其中，在新浪黑猫投诉平台上，搜索关键词“电商”“主播”等的投诉消息，投诉量惊人，问题主要集中在虚假宣传、出售假货、退换货以及售后问题上。

“我有过多年在淘宝、京东等电商平台网购的经历，但是直到现在对于电商直播带货还是敬而远之。”26岁的某大学研究生张某天说。电商直播带货的交易过程不仅涉及主播、商家，还涉及供应商，这种错综复杂的关系总让人觉得像“一锤子买卖”。

由此可见，促进电子商务领域道德规范和法律法规约束需要同步推进。

党的二十大报告指出，“提高全社会文明程度”，“实施公民道德建设工程”，“推动明大德、守公德、严私德，提高人民道德水准和文明素养”，“弘扬诚信文化，健全诚信建设长效机制”。电子商务作为互联网普及应用时代典型的商务活动，其从业人员职业道德水平、网络伦理风范，企业行业自律要求等也极为重要。社会舆论与法律法规共同保障电子商务在正确的道路上健康前行。

单元一　电子商务从业人员职业道德

人类总是面临着多种多样的选择，如经济选择、政治选择、文化选择、道德选择等。道德选择是其中最为基本的选择形式，对人类自身的完善具有特殊的意义。较之主流文化的引导与道德规范的建构，道德选择带有更多的自愿性、自主性、自律性。它是在一定的道德理想和道德价值的指导下进行的，能体现道德主体的道德修养与道德水平。电子商务从业人员的职业道德选择在电子商务活动中具有重大意义。

一、电子商务职业的含义

职业是人们维持生计，承担社会分工角色，发挥个性才能的一种持续进行的社会活动。职业也可以理解为人们参与社会分工，利用专门知识、技能为社会创造物质财富或精神财富，获取合理报酬，作为物质生活来源并满足精神需求的工作。电子商务的发展使其从业人员在承担社会分工的基础上，获得了合理的报酬，并发挥了个性才能。电子商务是一个新兴的职业，随着电子商务产业的蓬勃发展，电子商务从业人员的数量也在迅速上升。

二、职业道德的含义

所谓职业道德，是指社会上占主导地位的道德或阶级道德在职业生活中的具体体现，是人们在履行本职工作中所遵循的行为准则和规范的总和。狭义的理解，职业道德是指在一定职业活动中应遵循的、体现一定职业特征的、调整一定职业关系的职业行为准则和规范。职业道德的主要作用是通过调节职业关系，维护正常的职业活动秩序。作为道德在职业实践活动中的具体体现，职业道德的含义包括以下 8 个方面：

（1）职业道德是一种职业规范，受到社会普遍的认可。

（2）职业道德是长期以来自然形成的。

（3）职业道德没有确定形式，通常体现为观念、习惯、信念等。

（4）职业道德依靠文化、内心信念和习惯，通过从业人员的自律来实现。

（5）职业道德大多没有实质的约束力和强制力。

（6）职业道德的主要内容是对从业人员义务的要求。

（7）职业道德标准多元化，即不同组织可能具有不同的价值观。

（8）职业道德承载着组织文化和凝聚力，影响深远。

三、电子商务从业人员的职业道德

现代信息技术的发展将电子商务理论和技术带入服务领域、商品流通领域和产品生产领域，使传统意义上的服务、商品流通、产品生产等概念和内涵发生了理念上的变化。随着信息技术的发展，商务-计算机-信息一体化的电子商务成为企业发展的必然趋势。我国开始推行电子商务从业人员的职业培训，并加强电子商务从业人员的职业操行教育。

为了适应互联网时代的竞争形势，电子商务从业人员的培训工作必须紧扣当前社会经济和科技文化变革的时代脉搏。作为21世纪的新型人才，电子商务从业人员必须提高自身素质，加强职业道德修养。

职业道德是人们在一定的职业活动范围内所遵守的行为规范的总和。电子商务从业人员的职业道德是电子商务从业人员在职业活动中的行为规范。电子商务从业人员的职业道德修养，主要是指职业责任、职业纪律、职业情感以及职业能力的修养。优良的职业道德是新时代电子商务从业人员高效率从事电子商务工作的规范，是电子商务从业人员职业活动的指南，也是电子商务从业人员自我完善的必要条件。

电子商务发展迅速，电子商务技术、商业模式、职业及就业岗位不断变迁，其职业道德也在演变中。综合来说，电子商务从业人员的职业道德可以表述为下述八个方面。

（一）遵纪守法，诚实守信

遵纪守法是电子商务从业人员职业活动能够正常进行的重要保证。遵纪守法指的是电子商务从业人员要遵守职业纪律和与职业活动相关的法律、法规。电子商务从业人员必须诚实守信，维护企业的商业信用，维护自己的个人信用。要遵守诺言，遵守时间；言必信，行必果。在商务活动中，电子商务从业人员应当严格按照合同办事。通过网络安排的各种活动，要事先做好准备工作，避免因个人的疏忽对工作造成不良影响。

（二）恪尽职守，坚持原则

各行各业的工作人员都要恪尽职守，热爱本职工作，这是职业道德的一条主要规范。作为电子商务从业人员，恪尽职守就是要忠于电子商务特定的工作岗位，自觉履行电子商务岗位的各项职责，认真做好各项工作。电子商务从业人员要有强烈的事业心和责任感，坚持原则，坚持弘扬社会主义核心价值观，反对不良思想和作风。

（三）兢兢业业，吃苦耐劳

电子商务岗位的工作性质决定了从业人员不仅要在理论上有一定的造诣，还要具有实干精神。电子商务从业人员能够脚踏实地、埋头苦干、任劳任怨；能够围绕电子商务开展各项活动，招之即来，来之能干。在具体而紧张的工作中，电子商务从业人员能够不计个人得失，有着吃苦耐劳甚至委曲求全的精神。

（四）谦虚谨慎，办事公道

电子商务从业人员要谦虚谨慎，对领导、对群众、对同行、对用户都要一视同仁，秉公办事，平等相待。切忌因人而异、亲疏有别，更不能趋附权势。只有谦虚谨慎、公道正派的电子商务从业人员，才能做到胸襟宽阔，在工作中充满朝气和活力。

（五）保守秘密，注重安全

电子商务从业人员的一个显著特点是掌握的机密信息较多，特别是商业机密。因此，电子商务从业人员必须具备严守机密的职业道德，无论是上机操作还是文字工作都要严格遵守国家的有关保密规定，加强保密观念，自觉遵守《网络安全法》《个人信息保护法》《数据安全法》等相关法律法规，防止机密泄露。发现盗窃机密的行为和相关不法分子，应做坚决斗争，并应及时报告公安、保密部门。

（六）严控质量，服务热情

电子商务活动的基础是产品和服务，产品和服务的质量就是电子商务企业的生命力。因此，电子商务从业人员必须严控所提供产品或服务的质量。电子商务从业人员，特别是电子商务客服人员或直播电商人员，由于其工作是为用户提供服务，因此热情的服务可以赢得用户的信赖。

（七）刻苦学习，勇于创新

电子商务工作头绪繁多、涉及面广，要求电子商务从业人员具有尽可能广博的知识，做一个“通才”和“杂家”。此外，现代社会科学技术的发展突飞猛进，知识更新速度加快，也要求电子商务从业人员具有广博的科学文化知识，以适应工作的需要。作为电子商务从业人员，对自身素质的要求应更严格、更全面，甚至更苛刻一些。是否具有良好的素质，是能否做好电子商务工作的重要影响因素，也是评价电子商务从业人员是否称职的基本依据。因此，电子商务从业人员必须勤奋学习、刻苦钻研，努力提高自身的思想素质和业务水平。

现在各行各业的劳动者，都在破除旧的观念，勇于开创新的工作局面。作为复合型人才的电子商务从业人员更应具有创新意识和创新精神。要勇于创新，不空谈、重实干，在思想上是先行者，在实践上是实干家，不断提出新问题，研究新方法，走出新路子。

（八）团队协作，敬业爱岗

在电子商务运营中起关键作用的是团队之间的协作。团队之间的协作体现在各个环节，为电子商务企业的正常运转提供了有力保障，因此提高团队协作水平对电子商务企业的发展意义重大。电子商务从业人员要根据自身分工的不同和形势发展的需要，掌握电子商务活动所需要的技能，如计算机技能、网络技能、电子商务技能、电子支付技能等。这些技能都必须随着电子商务技术的发展和自身工作的需要，在实践中不断地提高。同时，电子商务从业人员还应掌握电子商务活动中的各种管理知识，将网络技术与商业管理结合起来，提高企业应用电子商务的能力，促进企业经济效益的提高。

单元二　电子商务伦理

电子商务伦理是指利用电子信息网络进行商品和服务交易活动的伦理准则。电子商务活动是以信息网络为载体的新的经济运作模式，采用电子方式进行商务数据交换和开展商务业务活动。在电子商务活动中，交易双方以电子方式而不是通过当面交换或直接面谈方式进行商业活动。

一、电子商务中的欺诈问题

（一）虚假信息泛滥

网络环境的虚拟特性和网络行为的自由度，使得电子商务过程中充斥着大量的虚假信息。在网络交易中，商流和物流的时间分离，可能会导致库存商品陈旧、外观残缺、尘埃覆盖、商品质量无保障等问题。消费者在最后取得商品时，所获得的信息资料与他们在网络上所见的可能不符。一些公司为牟取暴利，在网络上发布各式各样的广告信息，对其所售商品进行虚假标注或以欺诈手段诱使消费者购买，并以此扩大商业影响。这种行为的严重程度已经超出了道德的底线，导致很多消费者对网络交易丧失了信任。

（二）商品品质无保证

商品品质缺失问题是电子商务中最常见、最主要的问题。网络商品品质问题，主要指假借或盗用其他企业商品品牌、网上样品与实际销售商品不一致、赠品缺失、虚假宣传等。在电子商务发展过程中，相关的法律法规还处于初步发展阶段，网络交易秩序和伦理规范仍不完善，一些企业受利益驱使不讲信誉、以假换真、以次充好，这些问题均严重阻碍了电子商务的发展。

二、电子商务中的知识产权问题

由于互联网所具备的隐蔽性与迅猛发展态势，知识产权的相关法律保护机制在电子商务领域一直明显滞后。电子商务凭借其交易时空的无限广阔、表达方式的丰富多彩、市场成长性与销售便捷性的优势，为现代营销提供了前所未有的便捷通道，吸引了大批商家的积极加入。然而，这一发展过程中也涌现出了许多伦理问题，尤其是在知识产权伦理方面，诸如侵犯著作权、商标权、专利权等问题令人关注。随着互联网全球化进程的加速与数字化技术的飞跃进步，人们下载、复制各种具有知识产权的信息变得更为容易，这就使得一些企业受利益驱使，在电子商务活动中作出诸多侵权行为，例如，一些企业在开展电子商务活动时，完全无视知识产权权利人的权益，采用欺诈手段获得消费者的信任，这不仅严重破坏了电子商务环境的和谐，也违背了商业伦理道德。

三、电子商务中的隐私权问题

隐私权问题在电子商务伦理问题中越来越受到关注。在电子商务活动中，消费者个人信息的收集对企业而言是十分重要的。随着网络技术的进步和网络软件的不断升级，在未经消费者许可的情况下，消费者的个人信息，甚至包括个人银行账号、一些绝密信息在网络上都可以很容易获取。在进行网络交易过程中，企业网站往往要求消费者提供个人信息，并且承诺对消费者信息进行保密。但部分企业受利益驱使，违背承诺，私自公开或出卖消费者个人信息并以此牟利，严重侵犯了消费者的隐私权。

例如，电子邮件是一种成本低廉的营销手段，其营销效果毋庸置疑，然而源源不断、不请自来的网络广告邮件极大地侵犯了消费者的私人空间，浪费了消费者的时间和精力，让消费者苦不堪言。同时，这可能引发一种更深层次的伦理问题，那就是企业在向消费者发送广告邮件时可能将消费者的个人信息通过电子邮件用于非法目的或用于获得暴利。

四、电子商务多元道德冲突问题

与传统营销的道德观念相比，电子商务的道德观念展现出多元化与多层次的特性和发展趋势。网络依托其独特的交流方式、管理方式和生活方式，将不同文化背景、风俗习惯和个性的人们汇聚一堂，构成一个多元道德共存的社会。在电子商务活动中，道德因生产关系的复杂性而展现出不同的表现形式，然而在每一个特定的社会背景中，只有一种道德扮演主导角色，其余的道德则处在从属的、受制约的地位。

随着电子商务的国际化，不同国家之间的不同文化和习俗导致网络交易出现越来越多的冲突和矛盾。解决这些矛盾已然成为企业和社会发展的重要议题。伦理问题关乎人类社会，电子商务从业者和消费者有责任进行伦理教育和规范自身伦理行为，增进不同国家电子商务参与者之间的理解，在矛盾中寻求共识，最终实现网络交易的和谐，并把电子商务的伦理水平提升至更高水平。

五、人工智能与 AI 大数据模型伦理问题

随着人工智能技术的不断发展，越来越多的大数据模型（如 ChatGPT、文心一言、Bard、360 智脑、WPS AI、DeepSeek 等）被应用于各个领域。这些模型可以收集和分析大量的个人数据，对人们的行为和生活产生深远的影响。因此，人工智能与 AI 大数据模型的相关伦理问题也日益引起人们的关注。

（1）数据隐私和安全：AI 系统会收集大量的个人数据，包括身份信息、位置信息、浏览记录等，这可能会对个人隐私造成威胁。同时，黑客也可能会攻击 AI 系统，导致数据被泄露和信息被盗窃等问题。

（2）算法歧视和公平性：AI 系统可能会存在偏见和歧视，这可能会导致不公平和不平等的决策结果。例如，贷款机构可能会使用 AI 系统来决定是否给予贷款，如果系统存在偏见，会对某些人产生不公平的影响。

（3）透明性和可解释性：AI 系统的决策和行为应该是透明和可解释的，让人们了解其决策的依据和过程，然而，一些 AI 系统可能是黑箱模型，其决策过程难以解释，这可能会引发人们的担忧和疑虑。

（4）责任和义务：AI 系统对其决策和行为负责，但有时候很难确定责任方。例如，如果 AI 系统建议医生进行不必要的手术，导致病人受伤，谁应该承担责任？是医生还是 AI 系统的开发者？

以上是人工智能和 AI 大数据模型相关的一些伦理问题，解决这些问题的关键是通过合作、公开讨论和制定相关法律和道德准则来确保人工智能技术的安全和可持续发展。随着人工智能技术的不断发展，我们需要更加注重伦理问题，确保人工智能的应用能够真正造福人类。

六、电子商务伦理建设的途径

（一）加强电子商务伦理观的建设

电子商务伦理观念的构建，在整个电子商务伦理体系中占据主导地位，事关电子商务在未来的可持续发展。强化网络伦理建设，首先必须确立科学的利益观、诚信观、价值观和竞争观，其次是引导企业和个人积极参与电子商务伦理规范的制定。在全社会范围内积极推广电子商务伦理的知识和实践，以促使公平、自愿、诚实、守信

的营销道德规范深入人心，使企业和公众深刻理解电子商务伦理建设的时代性和社会性要求，这也是电子商务发展的必然路径。

需要结合国内外优秀的伦理观念和实践经验，对公众进行网络伦理教育，以提升公众的社会责任感和伦理意识。公众作为社会的主人，是网络交易的主体，每个人都有责任和义务推动社会和谐发展。企业要以积极的态度营造良好的工作氛围，倡导员工自觉抵制和制止不道德行为，将遵守营销伦理规范视为光荣，违反营销伦理规范视为可耻，并将其融入企业文化建设，从正面引导网络伦理与文化新风尚的形成。同时，有关部门或社会组织应广泛开展新闻媒体宣传，提高公众对不道德的网络营销行为的防范意识，使公众认识到抵制不道德的网络营销行为是自己的权利和义务，从而在全社会树立起电子商务伦理的新风潮。

（二）加强电子商务伦理行为的建设

电子商务伦理作为一种价值取向，本质上是需要企业自我约束。因此，企业必须加强电子商务伦理行为的建设，通过集结社会各方力量，运用管理、法律、技术安全及伦理教育等各种手段进行全面治理。

1. 建立监督和奖惩制度

从企业的角度看，应当把企业网络交易的伦理规范纳入日常的规章制度中，建立监督和奖惩制度并严格执行，使得“先做人，后做事”的理念深入人心，引导员工树立正确的伦理意识，自觉抵制不道德行为，使电子商务从业人员在进行网络交易中有章可循。另外，随着网络交易的范围越来越广泛，为了减少因虚假交易带来巨大的损失，企业可采取建立交易损失保障金制度、评级方法等来保障交易双方的利益。

2. 完善网络交易法治建设，建立完善的法律体系

由于网络环境的特殊性，国家在健全法律体系时必须制定网络经营的进入准则、经营准则、竞争准则，使网络经营有法可依，必须提高法律的可操作性，严厉打击违反电子商务伦理的行为，使人们养成遵守法律和伦理的习惯。

3. 提高企业经营管理者的素质

对电子商务人才的培养仅仅考虑技术层面是不够的，更重要的是要帮助电子商务从业人员树立正确的营销观念和提高企业管理者的素质。管理者在加强自身伦理、道德文化修养的基础上，应加强对员工伦理素质的培养。电子商务是通过网络计算机系统进行营销，以电子方式将消费者与经销商连接起来，它面临着接触的消费者有限、购买量有限、质量无保障、混沌和杂乱的信息等安全问题和道德问题。这些问题要得到根本的解决仅仅依靠立法还不够，还必须要从思想观念上树立诚信意识，加强诚信管理。

（三）加强社会各界的舆论监督作用

在消费者主导的市场语境下，舆论监督在遏制企业营销行为的不道德倾向方面，

发挥着关键的引领作用。一旦企业在其运营过程中，出现违反营销伦理的行为，新闻媒体能够迅速揭露并批判，从而有力制止这种不当的经营行为。这种舆论监督的力量，不仅能有效遏制不道德行为，而且也对企业的经营决策者产生约束作用，对企业的诚信形象具有积极的提升作用。

企业的形象反映了其声誉，正面、积极的企业形象，需要有良好的舆论监督进行引导和维系。网络环境的开放性与自由度，使消费者能在网络中自由表达观点、交流信息，形成网络舆论监督。网络新闻在网络快速发展的背景下，已成为新闻领域的一个新兴分支，网络新闻舆论在当前信息沟通异常发达的环境下，对企业伦理行为的监督显得尤为重要。同时，网络环境也为消费者提供了高效便捷的购物环境，使消费者之间的交流变得越发便捷，消费者可以在网络平台上发表对企业商品或服务的意见，对企业的良好服务与优质产品给予肯定。然而，值得注意的是，消费者在网络活动中，也要积极提升自身素质，公正客观地评价电子商务企业的商品与服务。

单元三　电子商务行业自律

一、电子商务行业自律的含义

电子商务行业自律，是指电子商务行业组织及参与者为规范自身行业行为，协调同行利益关系，维护行业间的公平竞争和正当利益所构建的自我约束机制。它是对政府行政管理体制的补充与配合，主要通过发挥电子商务行业组织的社会职能，推动企业与行业的自律诚信建设，逐步构建政府监管、行业组织监督引导、电子商务经营者自律、消费者监督等多方共同参与、多元共治的格局。

推动电子商务的稳健发展，行业自律的作用不可忽视。由于电子商务市场具有虚拟性、复杂性、不确定性等特点，过于依赖法律制度和相关行政部门的监管与治理，可能需要付出较高的行政管理和执法成本。通过发挥电子商务行业自律的优势，可以降低管理的刚性，降低成本，提升效率。在当前阶段，电子商务行业组织在规范电子商务市场中面临的问题有：影响力不足、自身机制不健全等。这些问题限制了电子商务行业组织的发展，难以有效约束成员的经营行为。

在保护电子商务经营者和消费者权益、对电子商务市场进行监管的过程中，行业组织可以依据市场发展情况及时调整监管范围、方式以及相关标准等，从而为电子商务乃至整个互联网行业的发展创造良好的空间，并有效应对电子商务新技术对法律提出的挑战。

比如，为了保障我国 B2B 行业的规范发展，确保企业经营行为的合规性，维护市场秩序，并且推动 B2B 电子商务行业的健康成长，2017 年 12 月，中国 B2B 行业的三十多家领先企业在第四届中国 B2B 电子商务大会上共同签署并发布了《中国 B2B 电子商务行业自律公约》，将其视为行业发展的最高准则。

二、电子商务行业规范

电子商务行业规范，是指电子商务行业组织依法制定的章程、自律公约等自律性规范。电子商务行业规范对其成员具有约束力，成员违反行业规范的，行业组织有权依照其章程和自律公约等进行处理。

在电子商务市场中，为了调整商务交易行为，需要由电子商务行业组织制定公约、市场各方主体自律规则、电子商务交易习惯或者惯例等行业规范，以及各类网络交易平台服务规范等。例如，2021 年 4 月 23 日，国家互联网信息办公室等七部门联合发布了《网络直播营销管理办法（试行）》。此举的背景是，在网络直播营销领域，特别是在这个行业迅猛发展的同时，由于相关法律监管规范尚未完全到位，违法违规行为尤为突出。在网络直播营销中发现了一些问题，如直播营销人员行为失范，利用未成年人直播牟利，以及平台的主体责任落实不到位，虚假宣传和数据造假等问题。对于这些问题，我们有必要及时出台相应的制度规范，以维护网络市场的秩序，保护广大消费者的合法权益，促进新业态健康有序的发展。

总而言之，电子商务行业自律的适应性与效率将有利于行业的进步。电子商务行业规范的设计，充分融入行业实践中，通过舆论指导与道德规范的融合，确保规范的实施，可以迅速应对产业发展的挑战，并规范电子商务产业的发展。

微课

《网络直播和短视频营销平台自律公约》简介

三、《网络直播和短视频营销平台自律公约》

在北京市市场监督管理局和北京市海淀区市场监督管理局的指导下，抖音（北京微播视界科技有限公司）、快手（北京快手科技有限公司）、京东（北京京东世纪贸易有限公司）、百度（北京百度网讯科技有限公司）、小红书［行吟信息科技（上海）有限公司］共同倡导发起了《网络直播和短视频营销平台自律公约》（以下简称《自律公约》）。这几家企业成为加入《自律公约》的首批倡议企业，《自律公约》自 2020 年 10 月 1 日起开始执行。

（一）公约总则

为了促进直播和短视频营销业态健康发展，引导网络市场营销活动更加规范，保护消费者合法权益，根据相关法律、法规、规章等有关规定，北京京东世纪贸易有限公司、北京百度网讯科技有限公司、北京微播视界科技有限公司、北京快手科技有限公司和行吟信息科技（上海）有限公司共同倡导发起《自律公约》。

（1）倡议广大网络直播和短视频营销平台经营者加入《自律公约》，积极促进行业自律，共同规范网络经营行为，维护消费者合法权益，营造良好网络市场环境。

(2)《自律公约》所称网络直播和短视频营销是指直播间或短视频运营者在网络直播和短视频营销平台上，以发布直播和短视频内容等形式，向用户推广平台内经营者销售的商品或者服务的商业活动。

(3)《自律公约》遵循合法合规、自律自愿、诚信合作、多元共治的原则。

(4) 网络直播和短视频营销平台接受政府监管、社会监督，遵守行业协会规范，在有关部门指导下，共同制定并签署《自律公约》，构建良好社会共治格局。

(二) 平台自律

平台自律，是指平台应持续遵守法律法规，承担企业的主体责任，不断加强自身的自律基础。平台应主动接受社会监督，保持举报渠道的畅通，并优化受理流程，以提升监督效果。平台还应将社会监督与内部自律进行有机结合，以形成一种互相监督、互相激励、共同发展的积极氛围，这便是平台自律的本质需求。

(1) 平台积极履行入驻核验登记义务，依法对申请开通商品或者服务推广功能的直播间或短视频运营者提供的身份、地址、联系方式、行政许可等信息进行登记，建立登记档案，平台可积极采取技术措施进行核验。直播间或短视频运营者的上述信息发生变化的，应当及时更新其信息，并向平台报备。

(2) 建立网络直播营销信息公示制度。商家在网络直播和短视频营销平台上以直播形式推广商品或服务的，应当以直播场次为单位，在虚拟直播场所以链接方式公示直播营销的商品或服务名称，并以明确方式展示、说明商品或服务提供者的店铺名称。若网络直播间运营者及短视频运营者隶属于网络直播营销主播服务机构，也需同时公开服务机构名称。

(3) 遵循公开、公平、公正的原则，建立健全网络直播和短视频营销服务协议与行为规范，明确开通和关闭商品或者服务推广功能、商品服务质量、商业宣传推广、消费者权益保护、知识产权保护等方面的权利和义务，并持续公示服务协议与行为规范等信息，或者上述信息的链接标识。

(4) 制定平台禁止、限制营销的商品或者服务目录，明确禁止、限制营销的商品或者服务事项，督促网络直播间运营者及短视频运营者按照目录要求规范开展营销活动。

(5) 建立网络直播和短视频营销信息检查监控制度。发现网络直播间运营者及短视频运营者存在违法违规行为的，应当及时向有关主管部门报告，并采取必要处置措施。处置措施应当包括但不限于：对违法违规推广内容进行删除或屏蔽；对开展违法违规宣传推广活动并造成一定不良后果的网络直播间运营者及短视频运营者账号做扣除信用分等其他处置；对经核实存在严重违法违规行为的网络直播间运营者及短视频运营者予以清退、终止服务。

（6）直播营销平台应当建立对严重违法违规行为处罚结果的公示机制，对网络直播间运营者及短视频运营者严重违法违规行为采取处置措施的，平台应当以适当方式公示处置结果。

（7）记录保存平台上发布的直播和短视频营销信息及历史直播公示信息，确保信息的完整性、可用性。平台应根据自身实际情况，结合商品或者服务特性，制定营销信息及历史直播公示信息保存规则，确保保存方式和时限的合理性，从而保障消费者合法权益，维护网络直播和短视频营销行业市场秩序。网络直播平台对网络交易活动的直播视频保存时间自直播结束之日起不少于3年。

（8）建立网络直播间运营者及短视频运营者信用管理体系，建立信用评价奖惩机制，对违法违规的网络直播间运营者及短视频运营者实施信用惩戒，强化合规守信意识。信用评价奖惩机制应在平台内进行公示。

（9）加强开展网络直播和短视频营销活动的机构人员培训，督促网络直播营销主播服务机构和从业人员严格遵守法律、法规、相关规定和职业道德，加强考核及管控机制。

（三）多元共治

（1）网络直播和短视频营销平台应当积极配合有关部门对违法违规行为采取必要处置措施，建立联合应急响应机制，提供协查数据，配合协助执法，及时制止违法违规行为。

（2）网络直播和短视频营销平台应当主动向属地市场监管部门报送发现的直播营销人员或平台内经营者严重违法行为，如销售违禁品、违规销售药品、销售假冒伪劣商品、欺诈消费者等行为。

（3）网络直播和短视频营销平台宜与《自律公约》成员单位合作建立联防联控工作机制，防范跨平台违法风险。

（4）网络直播和短视频营销平台宜与广告联盟平台等关联主体建立联防联控工作机制，共同促进直播和短视频营销行业发展。

实例链接

直播带货中常见违规言语或行为

1. 虚假“宠粉”

电子商务行业自律要求必须严格遵循规范，禁止以“宠粉”的名义进行涉及虚假送礼的利益承诺，亦不得借由粉丝数量的增长或抽奖等手段来“吸粉”，以这种方式谋求不正当的利益。违规活动的目的在于实现自身利益的最大化，例如，以虚假承诺的方式提升直播间的热度，从而引导粉丝到其他渠道进行交易。

常见违规言语或行为：

(1)“老铁们，评论区扣666，新进直播间的，每人送一块全自动机械手表。”

(2)“咱家粉丝在评论区刷屏自动涨粉3 000＋，抱团取暖，互帮互助。”

(3)“观看半小时直播可赠送口红、机械手表!”

(4)“所有粉丝9.9元秒杀酸奶，直播间购物车酸奶件数就一件。”

2. 引导私下交易，多渠道导流

电子商务行业自律要求为了保护消费者的权益，明令禁止发布可能含有公开或直接绕过平台进行销售意图的任何内容。

常见违规言语或行为：

(1)“扫客服二维码进群可得秒杀价，机不可失!”

(2)“看我主页有联系方式，咱们线下可免息分期。”

(3)“今天商品数量有限，加我联系方式沟通可快速购买!”

3. 夸大医疗功效描述

电子商务行业自律要求普通食品不得涉及含有调节人体机能、治疗疾病等夸大和不实的宣传内容，不得刻意夸大医疗保健功效。

常见违规言语或行为：

(1)“吃这个饼干，可以消炎。”

(2)“我家的商品对于治疗××有奇效!”

4. 挂机直播、录播

电子商务行业自律要求尽量有真人出现在直播画面中，并与直播间观众做实时互动，耐心讲解商品，传递正向积极的直播内容。

常见违规言语或行为：

(1) 直播中长时间拍摄做饭过程，但全程并没有和粉丝进行互动；

(2) 主播有直播内容但长时间脱离直播镜头；

(3) 全程播放剪辑后的成品视频（没有版权）；

(4) 直播间内录制播放或循环播放纪录片或电影。

5. 衣着暴露

电子商务行业自律要求主播穿着适宜的衣服进行直播，避免穿着过于暴露，直播过程中不要穿低领或过度暴露的服装。

常见违规言语或行为：衣领过低。

6. 语言过激

电子商务行业自律要求使用礼貌的语言，避免使用过度刺激且带有侮辱性质的语言，以吸引他人的关注，并对他人发起挑衅，传递负面信息，进而引发不良后果。禁止对他人进行侮辱、谩骂，或使用低俗语言进行人身攻击。

常见违规言语或行为：

(1)“他的粉丝都跟他一样，是傻×。”

（2）“粉丝都太穷，不给我刷礼物。”

7. 吸烟、饮酒

电子商务行业自律要求在直播中不能有吸烟、饮酒等行为，以及传递负面内容，要确保直播中的内容、元素和氛围始终保持积极、健康和向上的方向。

常见违规言语或行为：

（1）直播过程中吸烟、饮酒；

（2）吸烟不在直播过程中体现，但直播间内可看到烟雾或听到打火机点火、吸烟声音等；在直播间内拍摄到酒瓶。

8. 言语低俗

电子商务行业自律要求传播绿色健康的直播内容，凭实力“带货”。在直播过程中，避免使用有辱行业道德规范的低俗类擦边球话语。

常见违规言语或行为：

（1）直播间内谈论低俗话题；

（2）将正常歌词改编为低俗类语言；

（3）低俗暗示或模拟低俗声音。

9. 封建迷信

电子商务行业自律要求相信科学，禁止宣传封建迷信。

常见违规言语或行为：

（1）“此物放家中保你辟邪，化解小人。”

（2）“让我给你算一卦，看看如来那边给你的备案是什么命。”

（3）“戴上这条项链，一定会镇宅消灾。”

10. 谋取利益

电子商务行业自律要求禁止通过以自称导师/专家卖课教学的形式牟利。

常见违规言语或行为：

（1）“这个课程教你上热门，助你获得大波流量，买不了吃亏，买不了上当，月入六位数。”

（2）“只要课程费998元，手把手教你做互联网电商，在家就能赚钱!”

11. 未成年人单独直播/带货

电子商务行业自律要求未成年人不得独立进行直播或进行带货活动。直播间内不应仅有未成年人进行直播。然而，成年人在直播过程中，出现未成年人是可以的。但需要注意的是，成年人在直播过程中，未成年人对商品进行讲解、推广或不满十周岁的未成年人构成广告代言的行为都是被禁止的。

常见违规言语或行为：

（1）只有未成年人在直播间内单独进行直播；

（2）未成年人在视频中讲解商品。

引入案例分析

网络直播与直播电商乱象的主要表现形式为：商家未能全面、正确地履行证照信息公示义务；部分主播在直播带货过程中，涉嫌存在传播误导性信息或使用绝对化措辞的违规宣传行为；部分平台主播向消费者兜售未经认证的“三无”产品，出现“货不对板”的现象等。实际上，直播带货的本质是一种广告行为，因此，网络主播应对其推荐的产品可能带来的纠纷承担直接责任。此外，若网络主播同时承担代言人和经营者的角色，在直播带货过程中虚报交易量，夸大产品作用，诱导消费者冲动消费，行政机关可根据实际违法情况，依据《电子商务法》《广告法》《反不正当竞争法》《网络直播营销管理办法（试行）》等相关法律法规对其实施罚款。若主播所推销的商品质量不合格，导致消费者购买使用后出现问题，消费者有权依据相关法律规定，要求网络主播及商品生产经营者承担相应的赔偿责任。

目前，直播带货领域确实存在许多问题，其中一些乱象已经背离了社会公序良俗，产生了负面的价值导向，给行业发展带来了不利影响。要解决这些问题，电子商务伦理和职业道德建设就显得至关重要。

思考与练习

一、简答题

1. 什么是道德和职业道德？

2. 电子商务从业人员职业道德的内容包括哪些方面？

3. 典型的电子商务伦理问题包括哪些方面？如何进行电子商务伦理建设？

4. 解释电子商务行业自律。

5. 试述《网络直播和短视频营销平台自律公约》的关键内容。

二、案例分析

直播间购物不发货是伦理道德问题还是法律问题？

2020 年 9 月，国内电商专业消费调解平台“电诉宝”接到用户投诉北京 B 科技有限公司，称该公司主播虚假促销，不发货，平台退货处理引发不满。

山东省的 A 女士于 2020 年 8 月 16 日在 B 公司直播间下单购买小火锅，当时主播说买四盒小火锅另加 0.1 元购小烤箱一个，15 天发货。到 8 月 31 日 B 公司仍没按承诺发货，A 女士咨询小火锅店铺，小火锅店铺表示不知情，咨询小烤箱店铺，一直无人回复。后来 A 女士找到 B 公司在线客服，客服说会协助解决问题，但一直到 9 月 2 日还没有解决。9 月 4 日 A 女士再次联系 B 公司客服，明确表示不接受虚假销售，只要小烤箱。客服说 2 个工作日解决，但到 9 月 10 日仍没有解决。B 公司客服发短信让 A 女士申请退货。A 女士感到很愤怒。

思考：请从道德、伦理、法律法规三个角度分析直播电商不发货的行为。

活动项目设计

虚拟主播的伦理与法律思考

随着AI技术的不断进步，虚拟主播可以达到以假乱真的地步，采用虚拟主播代替真人主播开展网络直播活动越来越多。请结合直播电商运营流程、规范和《电子商务法》《网络直播和短视频营销平台自律公约》等电子商务相关法律法规和行业规范，分析电子商务企业运营虚拟主播代替真人主播开展直播电商活动中可能产生的伦理道德和违法违规行为，并提出应对策略。

主要参考文献

1. 王忠元．电子商务法规．2版．北京：中国人民大学出版社，2016.

2. 电子商务法起草组．中华人民共和国电子商务法解读．北京：中国法制出版社，2018.

3. 杨合庆．中华人民共和国网络安全法释义．北京：中国法制出版社，2017.

4. 龙卫球．中华人民共和国数据安全法释义．北京：中国法制出版社，2021.

5. 吴景明．《中华人民共和国电子商务法》消费者权益保护法律制度：规则与案例．北京：中国法制出版社，2018.

6. 司法部，国家邮政局．快递暂行条例释义．北京：中国法制出版社，2018.

7. 杨合庆．中华人民共和国个人信息保护法释义．北京：法律出版社，2022.

8. 陈伟．中华人民共和国反电信网络诈骗法理解与适用．北京：中国法制出版社，2022.

9. 国家工商行政管理总局反垄断与反不正当竞争执法局．《反不正当竞争法》理解与适用．北京：中国工商出版社，2017.

10. 中华人民共和国民法典．北京：法律出版社，2020.

11. 李玉萍．网络司法典型案例·刑事卷（2019）．北京：人民法院出版社，2020.

12. 李玉萍．网络犯罪典型案例（2020卷）．北京：人民法院出版社，2021.

13. 国家发展和改革委员会．中国电子商务法律法规汇编．北京：法律出版社，2014.

14. 王峰．物流法律法规知识．2版．北京：北京理工大学出版社，2011.

15. 黄建初．《中华人民共和国电子签名法》释义及实用指南．北京：中国民主法制出版社，2004.

16. 李玉萍．网络犯罪典型案例（2021卷）．北京：人民法院出版社，2022.

17. 黄伟．网红经纪合规与法律指南．北京：法律出版社，2023.

18. 中华人民共和国国务院新闻办公室．新时代中国网络法治建设．北京：人民出版社，2023.

19. 徐敬宏．新媒体传播伦理与法规．北京：清华大学出版社，2023.